高等职业教育道路运输类专业新形态教材

道桥材料试验检测

主　编　王加弟　才西月　张永丹

副主编　吕琳琳　佟　鑫　张悦新

　　　　王海兴　王　丽

北京理工大学出版社

BEIJING INSTITUTE OF TECHNOLOGY PRESS

内 容 提 要

本书为讲训一体化的道桥材料试验检测教材，立足于高等院校土建类专业的课程教学需要，突出学生试验岗位职业能力的培养。本书以项目展开，以工作任务为中心组织课程内容。每个任务中均体现课程素养，并将党的二十大精神融进教材。

全书共分为3个项目，包括钢筋水泥混凝土的质量检测、沥青混合料的质量检测和砌体材料的质量检测，共46个任务。书中配有图片、动画等资源，可通过扫描对应二维码观看。

本书可作为高等院校道桥、检测、养护、监理、安全等土建类专业的教材，并可供从事土建类工程的技术人员和管理人员参考使用。

图书在版编目（CIP）数据

道桥材料试验检测 / 王加弟，才西月，张永丹主编
. --北京：北京理工大学出版社，2023.8（2025.9重印）
ISBN 978-7-5763-2752-6

Ⅰ.①道…　Ⅱ.①王…　②才…　③张…　Ⅲ.①筑路材料－材料试验－高等学校－教材②筑路材料－检测－高等学校－教材③桥梁工程－建筑材料－材料试验－高等学校－教材④桥梁工程－建筑材料－检测－高等学校－教材
Ⅳ.①U414　②U444

中国国家版本馆CIP数据核字（2023）第155425号

责任编辑：阎少华		**文案编辑**：阎少华	
责任校对：周瑞红		**责任印制**：王美丽	

出版发行 / 北京理工大学出版社有限责任公司

社　　址 / 北京市丰台区四合庄路6号

邮　　编 / 100070

电　　话 / (010) 68914026（教材售后服务热线）

　　　　　　 (010) 63726648（课件资源服务热线）

网　　址 / http：//www.bitpress.com.cn

版 印 次 / 2025 年 9 月第 1 版第 3 次印刷

印　　刷 / 河北鑫彩博图印刷有限公司

开　　本 / 787 mm×1092 mm　1/16

印　　张 / 15

字　　数 / 346 千字

定　　价 / 45.80 元

前　言

习近平在党的二十大报告中强调，必须坚持科技是第一生产力、人才是第一资源、创新是第一动力。为贯彻落实党的二十大会议精神，更好地培养大批爱党报国、敬业奉献、德才兼备的高素质高技能人才，本书积极探索新时代大学生课程思政教育教学，把党的二十大思想融入实践，培养学生的吃苦耐劳精神、团队合作精神和创新能力。

道桥材料试验检测是高职高专土建类的专业核心课程，本书以高职高专教育人才培养的特点为基础进行编写，并融合了相关职业对知识、技能和态度的要求，便于学生全面掌握道桥材料检测的知识。

本书按照工程材料的试验项目和岗位能力标准，把道桥材料试验的主要检测内容分解为3个项目、46个任务，每一个任务均可在课间实训教学中完成操作。实训任务的设置突出实用性和可操作性，每个任务均可体现课程素养，同时将党的二十大精神融进教材。全书涵盖了道桥材料所需要的试验技能和方法，并配有图片、动画等课程资源，可供土建类各专业的学生使用。

本书由辽宁省交通高等专科学校王加弟、才西月、张永丹担任主编，由大连原鸿建设工程有限公司吕琳琳、大连禾泽建设有限公司佟鑫和辽宁省交通高等专科学校张悦新、王海兴、王丽担任副主编。全书由王加弟统稿。

本书在编写过程中，参考了相关的标准、规范、教材等资料，在此一并表示衷心的感谢。

由于编者水平有限，书中不妥之处在所难免，恳请广大读者提出宝贵的意见，编者将深表感谢。

编　者

2023年6月

目 录

项目 1

钢筋水泥混凝土的质量检测

任务 1.1　水泥细度试验

任务描述

　　本任务要求认真阅读《公路工程水泥及水泥混凝土试验规程》(JTG 3420—2020)、《公路工程质量检验评定标准 第一册 土建工程》(JTG F80/1—2017)等相关技术规范，查阅相关资料；学会水泥细度试验方法。

学习目标

　　1.掌握水泥细度检测目的、检测方法、检测步骤及检测原理；

　　2.掌握水泥细度检测相关的技术规范；

　　3.掌握各种检测仪器的性能及应用方法；

　　4.能够完成试验的数据处理；

　　5.能用定量的方法科学地评定水泥的质量。

工作准备

　　1.阅读工作任务书，熟悉即将要学习的主要内容；

　　2.收集并阅读《公路工程水泥及水泥混凝土试验规程》(JTG 3420—2020)、《公路工程质量检验评定标准 第一册 土建工程》(JTG F80/1—2017)等相关技术规范，查阅相关资料。在线了解路基工程建设中对水泥细度试验检测的要求。

任务实施

　　引导问题1：水泥细度试验的目的是什么？主要的试验仪器有哪些？

_____

_____

引导问题 2：水泥细度试验中取试样多少？

_____

_____

_____

引导问题 3：水泥细度试验中的负压筛筛孔尺寸是多少？

_____

_____

_____

_____

引导问题 4：水泥细度的计算公式是什么？

_____

_____

_____

_____

引导问题 5：水泥细度试验的试验步骤中关键词有哪些？

_____

_____

_____

_____

引导问题 6：水泥细度试验中应注意哪些事项？

_____

_____

_____

_____

_____

任务反馈

教师对学生工作过程与工作结果进行评价，并将评价结果填入表1-1-1中。

表 1-1-1　教师综合评价表

班级：		姓名：		学号：	
任务 1.1		水泥细度试验			
评价项目		评价标准		分值/分	得分/分
考勤(10%)		无无故缺勤、迟到、早退现象		10	
工作过程（60%）	检测目的	正确表述路基工程中水泥细度检测目的		5	
	仪器使用	能独立、正确使用水泥细度检测中的相关仪器		10	
	检测方法及步骤	正确阐述水泥细度的检测方法及检测步骤		10	
	试验报告的完成	按要求完成试验报告的填写，正确处理试验数据		10	
	劳动纪律	遵守试验室的管理条例		5	
	工作态度	态度端正、工作认真、主动，按时完成学生工作活页		5	
	团队意识	与小组成员能有效地合作交流、协调工作		5	
	职业素质	把党的二十大思想融入实践，按要求完成学习任务，及时并准确		5	
	创新意识	通过阅读《公路工程水泥及水泥混凝土试验规程》(JTG 3420—2020)、《公路工程质量检验评定标准 第一册 土建工程》(JTG F80/1—2017)等相关技术规范，查阅相关资料，能更好地理解路基工程中水泥细度试验内容		5	
项目成果（30%）	工作完整	按时完成实训任务		5	
	工作规范	操作符合规范要求		10	
	回答问题	依据规范准确回答		10	
	成果展示	用语规范、表达准确		5	
小计				100	
综合评分					

相关知识点

T0502—2005 水泥细度试验方法(筛析法)

1. 目的、适用范围和引用标准

本方法规定了水泥及水泥混凝土用矿物掺合料细度的试验方法。

本方法适用于通用硅酸盐水泥、道路硅酸盐水泥及指定采用本方法的其他品种水泥与矿物掺合料。

引用标准：

《试验筛 技术要求和检验 第1部分：金属丝编织网试验筛》(GB/T 6003.1—2022)

《水泥标准筛和筛析仪》(JC/T 728—2005)

2. 仪器与材料

2.1 试验筛

(1)试验筛由圆形筛框和筛网组成，分为负压筛和水筛两种，负压筛为45 μm方孔筛，并附有透明筛盖，筛盖与筛上口应有良好的密封性。

(2)筛网应紧绷在筛框上，筛网和筛框接触处应用防水胶密封，防止水泥嵌入。

2.2 负压筛析仪

(1)负压筛析仪由旋风筒、负压源、收尘系统、筛座、控制指示仪和负压筛盖组成。负压筛析仪由筛座、负压筛、负压源及收尘器等组成，其中筛座由转速为30 r/min±2 r/min的喷气嘴、负压表、控制板、微电机及壳体等部分构成。

(2)筛析仪负压可调范围为4 000～6 000 Pa。

(3)喷气嘴上口平面与筛网之间距离为2～8 mm。

2.3 水筛架和喷头

应符合现行《水泥标准筛和筛析仪》(JC/T 728—2005)的规定，但其中水筛架上筛座内径为140^{+0}_{-3} mm。

2.4 天平

量程应不小于100 g，感量不大于0.01 g。

3. 试验准备

水泥样品应充分拌匀，通过0.9 mm方孔筛，记录筛余物情况，要防止过筛时混进其他粉体。

4. 试验步骤

4.1 负压筛法

(1)筛析试验前，应把负压筛放在筛座上，盖上筛盖，接通电源，检查控制系统，调节负压至4 000～6 000 Pa范围内。

(2)试验称取试样10 g，称取试样精确至0.01 g。

(3)试样置于洁净的负压筛中，盖上筛盖，放在筛座上，开动筛析仪连续筛析120 s，在此期间如有试样附着在筛盖上，可轻轻地敲击，使试样落下。筛毕，用天平称量筛余物质量，精确至0.01 g。

(4)当工作负压小于4 000 Pa时，应清理吸尘器内的水泥，使负压恢复正常。

4.2 水筛法

(1)筛析试验前，调整好水压及水筛架的位置，使其能正常运转。喷头底面和筛网之间距离宜为35～75 mm。

(2)称取试样50 g，置于洁净的水筛中，立即用淡水冲洗至大部分细粉通过后，放在水筛架上，用水压为0.05 MPa±0.02 MPa的喷头连续冲洗180 s。筛毕，用少量水把筛余物冲至蒸发皿中，等水泥颗粒全部沉淀后，小心倒出清水，烘干并用天平称量筛余物质量，精

4

确至 0.01 g。

4.3 试验筛的清洗

试验筛必须保持洁净，筛孔通畅，使用 10 次以后要进行清洗。金属框筛、铜丝网筛清洗时应用专门的清洗剂，不可用弱酸浸泡。

5. 结果计算

水泥试样筛余百分数，按式(T0502-1)计算：

$$F = \frac{R_s}{m} \times 100\% \qquad\qquad (T0502\text{-}1)$$

式中　F——水泥试样的筛余百分数(%)；

　　　R_s——水泥筛余物的质量(g)；

　　　m——水泥试样的质量(g)。

结果计算精确至 0.1%。

6. 结果处理

(1)以两次平行试验结果(经修正系数修正)的算术平均值为测定值，结果精确至 0.1%；当两次筛余结果相差大于 0.3% 时，试验数据无效，需重新试验。

(2)负压筛法与水筛法测定的结果发生争议时，以负压筛法为准。

水泥细度试验记录表

水泥品种		试验日期	
试样用途		标准依据	
试验次数	水泥筛余物质量/g	水泥试样的筛余百分数/%	
		个别值	平均值
1			
2			

任务 1.2　水泥密度试验

任务描述

本任务要求认真阅读《公路工程水泥及水泥混凝土试验规程》(JTG 3420—2020)、《公路工程质量检验评定标准 第一册 土建工程》(JTG F80/1—2017)等相关技术规范，查阅相关资料；学会水泥密度试验的操作方法。

学习目标

1. 掌握水泥密度检测目的、检测方法、检测步骤及检测原理；

2. 掌握水泥密度检测相关的技术规范；

5

3. 掌握各种检测仪器的性能及应用方法；

4. 能够完成试验的数据处理；

5. 能用定量的方法科学地评定水泥的质量。

工作准备

1. 阅读工作任务书，熟悉即将要学习的主要内容；

2. 收集并阅读《公路工程水泥及水泥混凝土试验规程》(JTG 3420—2020)、《公路工程质量检验评定标准 第一册 土建工程》(JTG F80/1—2017)等相关技术规范，查阅相关资料。在线了解路基工程建设中对水泥密度试验检测的要求。

任务实施

引导问题1：水泥密度试验的目的是什么？主要的试验仪器有哪些？

_____

_____

_____

引导问题2：水泥密度试验中取试样多少？

_____

_____

_____

引导问题3：水泥密度试验中的负压筛筛孔尺寸是多少？

_____

_____

_____

引导问题4：水泥密度计算公式是什么？

_____

_____

_____

_____

引导问题 5：水泥密度试验的试验步骤中关键词有哪些?

_____

_____

_____

引导问题 6：水泥密度试验中应注意哪些事项?

_____

_____

_____

⚙ 任务反馈

教师对学生工作过程与工作结果进行评价，并将评价结果填入表 1-2-1 中。

表 1-2-1　教师综合评价表

班级：		姓名：	学号：	
任务 1.2		水泥密度试验		
评价项目		评价标准	分值/分	得分/分
考勤(10%)		无无故缺勤、迟到、早退现象	10	
工作过程 （60%）	检测目的	正确表述路基工程中水泥密度检测目的	5	
	仪器使用	能独立、正确使用水泥密度检测中的相关仪器	10	
	检测方法及步骤	正确阐述水泥密度的检测方法及检测步骤	10	
	试验报告的完成	按要求完成试验报告的填写，正确处理试验数据	10	
	劳动纪律	遵守试验室的管理条例	5	
	工作态度	态度端正、工作认真、主动，按时完成学生工作活页	5	
	团队意识	与小组成员能有效地合作交流、协调工作	5	
	职业素质	把党的二十大思想融入实践，按要求完成学习任务，及时并准确	5	
	创新意识	通过阅读《公路工程水泥及水泥混凝土试验规程》（JTG 3420—2020）、《公路工程质量检验评定标准 第一册 土建工程》(JTG F80/1—2017)等相关技术规范，查阅相关资料，能更好地理解路基工程中水泥密度试验内容	5	
项目成果 （30%）	工作完整	按时完成实训任务	5	
	工作规范	操作符合规范要求	10	
	回答问题	依据规范准确回答	10	
	成果展示	用语规范、表达准确	5	
小计			100	
综合评分				

T0503—2005　水泥密度试验方法

1. 目的、适用范围和引用标准

本方法规定了液体排代法测定水泥密度的试验方法。

本方法适用于通用硅酸盐水泥、道路硅酸盐水泥的密度及指定采用本方法的其他品种水泥和粉状物料。

引用标准：

《煤油》（GB 253—2008）

2. 仪器与材料

(1)李氏瓶：由优质玻璃制成，透明无条纹，抗化学侵蚀且热滞后性小，要有足够的厚度以确保良好的耐裂性。李氏瓶横截面形状为圆形。容积为 220～250 mL，带有长 180～200 mm 且直径约为 10 mm 的细颈，细颈刻度由 0～1 mL 和 18～24 mL 两段刻度组成，且 0～1 mL 和 18～24 mL 以 0.1 mL 为分度值，任何标明的容量误差都不得大于 0.05 mL。

(2)天平：量程不小于 100 g，感量不大于 0.01 g。

(3)温度计：量程包含 0～50 ℃，分度值不大于 0.1 ℃。

(4)恒温水槽：应有足够大的容积，使水温可以稳定控制在 20 ℃±1 ℃。

(5)无水煤油：应符合现行《煤油》(GB 253—2008)的规定。

(6)药匙：长度不小于 200 mm。

3. 试验步骤

(1)水泥试样应预先通过 0.90 mm 方孔筛，在 110 ℃±5 ℃温度下干燥 1 h，并且在干燥器内冷却至室温(室温应控制在 20 ℃±0.5 ℃)。

(2)称取水泥 60 g(m)，精确至 0.01 g。在测试其他粉料密度时，可按实际情况增减 称量材料质量，以便读取刻度值。

(3)将无水煤油注入李氏瓶，液面至 0～1 mL 刻度线内(以弯月液面的下部为准)。盖上瓶塞并放入恒温水槽，使刻度部分浸入水中(水温应控制在 20 ℃±0.5 ℃)，恒温至少 30 min，记下无水煤油的初始(第一次)读数(V_1)，精确至 0.1 mL。

(4)从恒温水槽中取出李氏瓶，先将瓶外表面水分擦净，再用滤纸将李氏瓶内零点以 上无煤油的部分仔细擦净。

(5)用药匙将水泥样品一点点地装入李氏瓶，反复摇动李氏瓶，直至没有气泡排出或用超声波振动将气泡排完，再次将李氏瓶静置于恒温水槽，使刻度部分浸入水中，在 相同温度下恒温至少 30min，记下第二次读数(V_2)，精确至 0.1 mL。

(6)第一次读数和第二次读数时，恒温水槽的温度差不得大于 0.5 ℃。

4. 结果计算

水泥密度，按式(T0503-1)计算：

$$\rho = 1\,000 \times \frac{m}{V_2 - V_1}$$　　　　　　　(T0503-1)

式中 ρ——水泥的密度(kg/m³);

m——装入密度瓶的水泥质量(g);

V_1——李氏瓶第一次读数(mL);

V_2——李氏瓶第二次读数(mL)。

结果计算精确至 10 kg/m³。

以两次平行试验结果的算术平均值为测定值,两次试验结果的允许偏差不得大于 20 kg/m³,否则试验数据无效,需重新试验。

水泥的密度试验记录表

水泥品种			试验日期			
试样用途			标准依据			
牛角匙、瓷皿、漏斗及试验前水泥质量/g	加水泥前瓶的初读数/mL	牛角匙、瓷皿、漏斗及试验后水泥质量/g	加水泥后瓶的终读数/mL	水泥密度/(g·cm⁻³)		
				个别值	平均值	

任务 1.3   水泥标准稠度用水量检验

任务描述

本任务要求认真阅读《公路工程水泥及水泥混凝土试验规程》(JTG 3420—2020)、《公路工程质量检验评定标准 第一册 土建工程》(JTG F80/1—2017)等相关技术规范,查阅相关资料;学会水泥标准稠度用水量检验。

学习目标

1. 掌握水泥标准稠度用水量检测目的、检测方法、检测步骤及检测原理;

2. 掌握水泥标准稠度用水量检测相关的技术规范;

3. 掌握各种检测仪器的性能及应用方法;

4. 能够完成试验的数据处理。

1. 阅读工作任务书，熟悉即将要学习的主要内容；

2. 收集并阅读《公路工程水泥及水泥混凝土试验规程》(JTG 3420—2020)、《公路工程质量检验评定标准 第一册 土建工程》(JTG F80/1—2017)等相关技术规范，查阅相关资料。在线了解路基工程建设中对水泥标准稠度用水量检验的要求。

任务实施

引导问题1：水泥标准稠度用水量检验的目的是什么？主要的试验仪器有哪些？

_____

_____

引导问题2：水泥标准稠度用水量检验取试样多少？何谓水泥标准稠度用水量？水泥的标准稠度是不是检验水泥质量的必要指标？测定它的意义何在？

_____

_____

引导问题3：用什么方法测定水泥标准稠度用水量？简述水泥标准稠度用水量检验的目的和主要仪器。

_____

_____

引导问题4：水泥标准稠度用水量检验的计算公式是什么？

_____

_____

引导问题5：怎样判断水泥净浆达到了标准稠度？如超出范围怎样调整？经测定矿渣水泥的标准稠度用水量为29%，其含义是什么？

_____

_____

引导问题6：水泥标准稠度用水量检验应注意哪些事项？

_____

_____

任务反馈

教师对学生工作过程与工作结果进行评价，并将评价结果填入表1-3-1中。

表 1-3-1　教师综合评价表

班级：		姓名：		学号：	
任务 1.3		水泥标准稠度用水量试验			
评价项目		评价标准		分值/分	得分/分
考勤(10%)		无无故缺勤、迟到、早退现象		10	
工作过程 (60%)	检测目的	正确表述路基工程中水泥细度检测目的		5	
	仪器使用	能独立、正确使用水泥标准稠度用水量检验中的相关仪器		10	
	检测方法及步骤	正确阐述水泥标准稠度用水量的检验方法及检测步骤		10	
	试验报告的完成	按要求完成试验报告的填写，正确处理试验数据		10	
	劳动纪律	遵守试验室的管理条例		5	
	工作态度	态度端正、工作认真、主动，按时完成学生工作活页		5	
	团队意识	与小组成员能有效地合作交流、协调工作		5	
	职业素质	把党的二十大思想融入实践，按要求完成学习任务，及时并准确		5	
	创新意识	通过阅读《公路工程水泥及水泥混凝土试验规程》(JTG 3420—2020)、《公路工程质量检验评定标准 第一册 土建工程》(JTG F80/1—2017)等相关技术规范，查阅相关资料，能更好地理解路基工程中水泥标准稠度用水量检验内容		5	
项目成果 (30%)	工作完整	按时完成实训任务		5	
	工作规范	操作符合规范要求		10	
	回答问题	依据规范准确回答		10	
	成果展示	用语规范、表达准确		5	
小计				100	
综合评价	自评 (20%)	小组互评 (30%)	教师评价 (50%)	综合评分	

相关知识点

T505—2020 水泥标准稠度用水量、凝固时间、安定性试验方法(节选)

1. 目的、适用范围和引用标准

本方法规定了水泥标准稠度用水量的试验方法。

本方法适用于通用硅酸盐水泥、道路硅酸盐水泥及指定采用本方法的其他品种水泥。

引用标准：

《水泥净浆搅拌机》(JC/T 729—2005)

《水泥净浆标准稠度与凝结时间测定仪》(JC/T 727—2005)

2. 仪器与材料

(1)水泥净浆搅拌机：应符合现行《水泥净浆搅拌机》(JC/T 729—2005)的规定。

(2)标准法维卡仪：应符合现行《水泥净浆标准稠度与凝结时间测定仪》(JC/T 727—2005)的规定。

(3)量水器：分度值为 0.5 mL。

(4)天平：最大量程不小于 1 000 g，感量不大于 1 g。

(5)水泥标准养护箱：温度控制在 20 ℃±1 ℃，相对湿度大于 90%。

(6)雷氏夹膨胀值测定仪：标尺最小刻度为 0.5 mm。

(7)秒表：分度值为 1 s。

3. 试验准备

(1)水泥试样应充分拌匀，通过 0.9 mm 方孔筛，并记录筛余物情况，但要防止过筛时混进其他粉体。

(2)试验用水宜为洁净的饮用水，有争议时可用蒸馏水。

4. 试验环境

(1)试验室环境温度为 20 ℃±2 ℃，相对湿度大于 50%。

(2)水泥试样、拌和水、仪器和用具的温度应与试验室内室温一致。

5. 标准稠度用水量的测定(标准法)

5.1 试验前必须做到

(1)维卡仪的金属棒能够自由滑动。试模和玻璃底板用湿布擦拭(但不允许有明水)，将试模放在底板上。

(2)调整至试杆接触玻璃板时指针对准零点。

(3)水泥净浆搅拌机运行正常。

5.2 水泥净浆的拌制

用水泥净浆搅拌机搅拌，搅拌锅和搅拌叶片预先用湿布擦拭，将拌和水倒入搅拌锅，然后 5～10 s 内将称好的 500 g 水泥加入水中，防止水和水泥溅出；拌和时，先将锅放在搅拌机的锅座上，升至搅拌位置，启动搅拌机，低速搅拌 120 s，停 15 s，同时将叶片和锅壁上的水泥浆刮入锅中间，接着高速搅拌 120 s，停机。

5.3 标准稠度用水量的测定步骤

(1)拌和结束后，立即取适量水泥净浆一次性将其装入已置于玻璃底板上的试模中且使浆体超过试模上端，用宽约 25 mm 的直边刀轻轻拍打超出试模部分的浆体 5 次以排除浆体中的孔隙，然后在试模上表面约 1/3 处，略倾斜于试模分别向外轻轻锯掉多余净浆，再从试模边沿轻抹顶部一次，使净浆表面光滑。在锯掉多余的净浆和抹平的操作过程中，注意不要压实净浆。

(2)抹平后迅速将试模和底板移到维卡仪上，并将其中心定在试杆下，降低试杆直到与水泥净浆表面接触，拧紧螺钉 1～2 s 后，突然放松，使试杆垂直自由地沉入水泥净浆。

在试杆停止沉入或释放试杆 30 s 时记录试杆与底板之间的距离，升起试杆后，立即擦净。

(3)整个操作应在搅拌后 90 s 内完成。以试杆沉入净浆并距底板 6 mm±1 mm 的水泥净浆为标准稠度净浆。其拌和水量为该水泥的标准稠度用水量(P)，按水泥质量的百分比计，结果精确至1%。

(4)当试杆与玻璃板的距离小于 5 mm 时，应适当减水，重复水泥浆的拌制和上述过程；若距离大于 7 mm，则应适当加水，并重复水泥浆的拌制和上述过程。

水泥标准稠度用水量试验记录表

水泥品种			试验日期		
试样用途			标准依据		
试验次数	水泥用量/g	用水量/mL	试杆沉入净浆距底板/mm	标准稠度用水量/%	
				个别值	平均值
1					
2					

水泥标准稠度用水量检验相关图片

微课：水泥净浆搅拌机操作

任务1.4　水泥凝结时间检验

任务描述

本任务要求认真阅读《公路工程水泥及水泥混凝土试验规程》(JTG 3420—2020)、《公路工程质量检验评定标准 第一册 土建工程》(JTG F80/1—2017)等相关技术规范，查阅相关资料；学会水泥凝结时间的测定方法。

学习目标

1.掌握水泥凝结时间检测目的、检测方法、检测步骤及检测原理；

2.掌握与水泥凝结时间检测相关的技术规范；

3.掌握各种检测仪器的性能及应用方法；

4.能够完成试验的数据处理；

5.能够用定量的方法科学地评定水泥的质量。

工作准备

1.阅读工作任务书，熟悉即将要学习的主要内容；

2. 收集并阅读《公路工程水泥及水泥混凝土试验规程》(JTG 3420—2020)、《公路工程质量检验评定标准 第一册 土建工程》(JTG F80/1—2017)等相关技术规范，查阅相关资料。在线了解路基工程建设中对水泥凝结时间试验检测的要求。

🔧 任务实施

引导问题1：水泥凝结时间试验的试验目的是什么？主要的试验仪器有哪些？试验前对玻璃板如何处理？试验中初凝和终凝的判定标准是什么？

_____

_____

引导问题2：何谓水泥的初凝时间和终凝时间？测定初凝时间和终凝时间有何实际工程意义？

_____

_____

引导问题3：水泥凝结时间试验对水泥净浆有何要求？试验时应注意哪些事项？

_____

_____

_____

引导问题4：某学生进行水泥凝结时间试验，他将水泥全部加入水中的时间为8：30，经测定12：30水泥初凝，14：30水泥终凝，请问初凝时间和终凝时间各为多少？

_____

_____

_____

引导问题5：某硅酸盐水泥经测定后，初凝时间为90 min，终凝时间为420 min，请根据试验结果评定该水泥的技术性质。

_____

_____

_____

引导问题6：水泥凝结时间试验中应注意哪些事项？

_____

_____

_____

任务反馈

教师对学生工作过程与工作结果进行评价，并将评价结果填入表1-4-1中。

表 1-4-1　教师综合评价表

班级：		姓名：	学号：	
任务 1.4		水泥凝结时间试验		
评价项目		评价标准	分值/分	得分/分
考勤(10%)		无无故缺勤、迟到、早退现象	10	
工作过程 (60%)	检测目的	正确表述路基工程中水泥凝结时间检测目的	5	
	仪器使用	能独立、正确使用水泥凝结时间检测中的相关仪器	10	
	检测方法及步骤	正确阐述水泥凝结时间的检测方法及检测步骤	10	
	试验报告的完成	按要求完成试验报告的填写，正确处理试验数据	10	
	劳动纪律	遵守试验室的管理条例	5	
	工作态度	态度端正、工作认真、主动，按时完成学生工作活页	5	
	团队意识	与小组成员能有效地合作交流、协调工作	5	
	职业素质	把党的二十大思想融入实践，按要求完成学习任务，及时并准确	5	
	创新意识	通过阅读《公路工程水泥及水泥混凝土试验规程》(JTG 3420—2020)、《公路工程质量检验评定标准 第一册 土建工程》(JTG F80/1—2017)等相关技术规范，查阅相关资料，能更好地理解路基工程中水泥凝结时间检测内容	5	
项目成果 (30%)	工作完整	按时完成实训任务	5	
	工作规范	操作符合规范要求	10	
	回答问题	依据规范准确回答	10	
	成果展示	用语规范、表达准确	5	
小计			100	
综合评分				

相关知识点

1. 试验目的与要求

(1)检验水泥的初凝时间和终凝时间是否符合技术要求。

(2)熟悉凝结时间测定仪的使用方法，学会凝结时间的测定方法。

2. 试验仪器

(1)凝结时间维卡仪。试针由钢制成，其有效长度初凝针为 50 mm±1 mm，终凝针为 30 mm±1 mm，直径为 1.13 mm±0.05 mm 的圆柱体。为了准确观测试针沉入的状况，在终凝针上安装了一个环形附件。

(2)湿气养护箱。温度为 20 ℃±1 ℃，相对湿度不低于 90%。

(3)玻璃板、小刀、计时表、机油。

3. 试验步骤

(1)测定前准备工作。调整凝结时间测定仪的试针，使其接触玻璃板时，指针对准零点。

(2)试件的制备。以标准稠度用水量制成标准稠度净浆(记录水泥全部加入水中的时间作为凝结时间的起始时间)，一次装满试模，振动数次刮平，立即放入养护箱。

(3)初凝时间的测定。

①记录水泥全部加入水中至初凝状态的时间作为初凝时间，用"min"计。

②试件在湿气养护箱中养护至加水后 30 min 时进行第一次测定。测定时，从湿养护箱中取出试模放到试针下，降低试针使其与水泥净浆表面接触。拧紧螺钉 1～2 s 后，突然放松，使试针垂直自由地沉入水泥净浆。观察试针停止沉入或释放试针 30 s 时指针的读数。

③临近初凝时每隔 5 min(或更短时间)测定一次，当试针沉至距底板 4 mm±1 mm 时，为水泥达到初凝状态。

④当达到初凝时应立即重复测一次，当两次结论相同时才能定为达到初凝状态。

(4)终凝时间的测定。

①由水泥全部加入水中至终凝状态的时间为水泥的终凝时间，用"min"计。

②在完成初凝时间测定后，立即将试模连同浆体以平移的方式从玻璃板下，翻转 180°，直径大端向上，小端向下放在玻璃板上，再放入湿气养护箱中继续养护。

③临近终凝时间时每隔 15 min(或更短时间)测定一次，当试针沉入试件 0.5 mm 时，即环形附件开始不能在试件上留下痕迹时，为水泥达到终凝状态。

④达到终凝时需要在试体另外两个不同点测试，结论相同时才能确定达到终凝状态。

(5)测定时应注意，在最初测定的操作时应轻轻扶持金属柱，使其徐徐下降，以防止试针撞弯，但结果以自由下落为准；在整个测试过程中试针沉入的位置至少要距试模内壁 10 mm。每次测定不能让试针落入原针孔，每次测试完毕须将试针擦净并将试模放回湿气养护箱，整个测试过程要防止试模振动。

水泥凝结时间
检验相关图片

水泥凝结时间试验记录表

水泥品种			试验日期			
试样用途			标准依据			
试验次数	标准稠度用水量/%	加水时间/(h：min)	初凝状态/(h：min)	初凝时间/min		终凝状态/(h：min)	终凝时间/min

试验次数	标准稠度用水量/%	加水时间/(h：min)	初凝状态/(h：min)	个别	平均	终凝状态/(h：min)	个别	平均
1								
2								

任务 1.5　水泥安定性检验

任务描述

　　本任务要求认真阅读《公路工程水泥及水泥混凝土试验规程》(JTG 3420—2020)、《公路工程质量检验评定标准　第一册　土建工程》(JTG F80/1—2017)等相关技术规范，查阅相关资料；学会水泥安定性试验方法。

学习目标

　　1. 掌握水泥安定性检测目的、检测方法、检测步骤及检测原理；
　　2. 掌握水泥安定性检测相关的技术规范；
　　3. 掌握各种检测仪器的性能及应用方法；
　　4. 能够完成试验的数据处理；
　　5. 能用定量的方法科学地评定水泥的质量。

工作准备

　　1. 阅读工作任务书，熟悉即将要学习的主要内容；
　　2. 收集并阅读《公路工程水泥及水泥混凝土试验规程》(JTG 3420—2020)、《公路工程质量检验评定标准　第一册　土建工程》(JTG F80/1—2017)等相关技术规范，查阅相关资料。在线了解路基工程建设中对水泥安定性试验检测的要求。

任务实施

引导问题1：水泥安定性试验的目的是什么？主要的试验仪器有哪些？

_____

_____

_____

_____

引导问题2：水泥体积安定性可用什么方法检验？

_____

_____

_____

_____

引导问题 3：安定性试验的标准法叫什么方法？这种方法可以检验出造成的体积安定性不良的原因吗？

_____

_____

_____

_____

引导问题 4：如何判别水泥的安定性是否合格？安定性不合格的水泥应如何处理？

_____

_____

_____

_____

引导问题 5：简述水泥安定性试验的测定方法。

_____

_____

_____

_____

引导问题 6：水泥安定性的试验应注意哪些事项？

_____

_____

_____

_____

_____

🔧 任务反馈

教师对学生工作过程与工作结果进行评价，并将评价结果填入表1-5-1中。

表1-5-1 教师综合评价表

班级：	姓名：		学号：	
任务1.5	水泥安定性试验			
评价项目	评价标准		分值/分	得分/分
考勤(10%)	无无故缺勤、迟到、早退现象		10	
工作过程 (60%)	检测目的	正确表述路基工程中水泥安定性检测目的	5	
	仪器使用	能独立、正确使用水泥安定性检测中的相关仪器	10	
	检测方法及步骤	正确阐述水泥安定性的检测方法及检测步骤	10	
	试验报告的完成	按要求完成试验报告的填写，正确处理试验数据	10	
	劳动纪律	遵守试验室的管理条例	5	
	工作态度	态度端正、工作认真、主动，按时完成学生工作活页	5	
	团队意识	与小组成员能有效地合作交流、协调工作	5	
	职业素质	把党的二十大思想融入实践，按要求完成学习任务，及时并准确	5	
	创新意识	通过阅读《公路工程水泥及水泥混凝土试验规程》(JTG 3420—2020)、《公路工程质量检验评定标准 第一册 土建工程》(JTG F80/1—2017)等相关技术规范，查阅相关资料，能更好地理解路基工程中水泥安定性检测内容	5	
项目成果 (30%)	工作完整	按时完成实训任务	5	
	工作规范	操作符合规范要求	10	
	回答问题	依据规范准确回答	10	
	成果展示	用语规范、表达准确	5	
小计			100	
综合评分				

相关知识点

1. 试验目的、要求与适用范围

(1)测定水泥净浆在雷氏夹中沸煮后的膨胀值，用来检验水泥的安定性。

(2)学会用雷氏法测定水泥的安定性。

(3)用于由游离氧化钙造成的体积安定性不良的检验。

2. 试验仪器

2.1 雷氏夹

由铜质材料制成，由两根指针和环模组成，两根指针尖端距离约为10 mm，指针长

150 mm，环模有切口＜1 mm。当一根指针的根部先悬挂在一根金属丝或尼龙丝上，另一根指针的根部再挂上 300 g 的砝码时，两根指针的针尖距离增加应在 17.5 mm±2.5 mm 范围内，即 $2x=17.5$ mm±2.5 mm，当去掉砝码后针尖的距离能恢复至挂砝码前的状态。

2.2　雷氏夹膨胀值测定仪

雷氏夹膨胀值测定仪由底座、模子座、测弹性标尺、立柱、测膨胀值标尺和悬臂组成。标尺最小刻度为 0.5 mm。

2.3　沸煮箱

沸煮箱的容积约为 410 mm×240 mm×310 mm，算板与加热器之间的距离大于 50 mm。沸煮箱能在 30 min±5 min 内将箱内的试验用水由室温升至沸腾并可保持 3 h 以上，整个试验过程中不需补充水量。

2.4　玻璃板

每个雷氏夹配两块质量为 75～85 g 的玻璃板。

2.5　湿气养护箱

湿气养护箱的温度为 20 ℃±1 ℃，相对湿度不低于 90%。

3. 试验步骤

3.1　试验前准备工作

每个样品需准备两块约 100 mm×100 mm 的玻璃板。凡与水泥净浆接触的玻璃板都要稍稍涂上一层油。

3.2　试饼的成型方法

取出一部分制好的标准稠度净浆分成两等份，使之呈球形，放在预先准备好的玻璃板上，轻轻振动玻璃板并用湿布擦净的小刀由边缘向中央抹动，做成直径 70～80 mm、中心厚约 10 mm、边缘渐薄、表面光滑的试饼，接着将试饼放入湿气养护箱养护（24±2）h。

3.3　沸煮

(1)调整好沸煮箱内的水位，使之在整个沸煮过程中都能没过试件，无须中途添补试验用水，同时保证水在 30 min±5 min 内能沸腾。

(2)脱去玻璃板取下试件，当用饼法测定时，先检查试饼是否完整(如已开裂、翘曲，要检查原因，确定无外因时，该试饼已属不合格品，不必沸煮)，在试饼无缺陷的情况下将试饼放在沸煮箱的水中算板上，然后在 30 min±5 min 内加热至水沸腾，并恒沸 180 min±5 min。

3.4　结果判别

沸煮结束后，立即放掉沸煮箱中的热水，打开箱盖，待箱体冷却至室温，取出试件进行判别。目测试饼未发现裂缝，用直尺检查也没有弯曲(使钢直尺和试饼底部紧靠，以两者间不透光为不弯曲)的试饼为安定性合格，反之为不合格；当两个试饼判别结果有矛盾时，该水泥的安定性为不合格。

4. 试验记录

试验次数	标准稠度用水量 /%	沸煮前指针尖端的距离 A /mm	沸煮后指针尖端的距离 C /mm	雷氏夹膨胀值，即试件沸煮后增加距离 $C-A$ /mm		两个试件 $C-A$ 相差 /mm	安定性判别
				个别	平均		
1							
2							

水泥安定性检验相关图片

任务 1.6 水泥胶砂强度试验

任务描述

本任务要求认真阅读《公路工程水泥及水泥混凝土试验规程》(JTG 3420—2020)、《公路工程质量检验评定标准 第一册 土建工程》(JTG F80/1—2017)等相关技术规范，查阅相关资料；学会水泥胶砂强度试验方法。

学习目标

1. 掌握水泥胶砂强度检测目的、检测方法、检测步骤及检测原理；
2. 掌握与水泥胶砂强度检测相关的技术规范；
3. 掌握各种检测仪器的性能及应用方法；
4. 能够完成试验的数据处理；
5. 能用定量的方法科学地评定水泥的强度等级。

工作准备

1. 阅读工作任务书，熟悉即将要学习的主要内容；

2. 收集并阅读《公路工程水泥及水泥混凝土试验规程》(JTG 3420—2020)、《公路工程质量检验评定标准 第一册 土建工程》(JTG F80/1—2017)等相关技术规范，查阅相关资料。在线了解路基工程建设中对水泥胶砂强度试验检测的要求。

任务实施

引导问题 1：水泥胶砂强度试验需哪些材料？配合比是多少？

_____

_____

引导问题 2：水泥胶砂强度试验的目的是什么？主要的试验仪器有哪些？水泥胶砂搅拌时的加料顺序如何？胶砂试件成型前对试模如何处理？分几次将胶砂装入试模？每次装入多少？如何播料和刮平？

_____

_____

引导问题 3：制作一组胶砂试件，各种材料的用量为多少？试件的尺寸是多少？

_____

_____

引导问题 4：简述水泥胶砂试件的成型方法。

_____

_____

引导问题 5：水泥胶砂强度试件成型的试验室温度和相对湿度是多少？试件成型后，脱模前和脱模后应如何养护？胶砂试件的制备及养护应注意哪些事项？

_____

_____

引导问题 6：水泥胶砂抗压强度测定时，试件的受压面积是多少？受压前对试件如何处理？受压时对试件受压面有何要求？加荷速度对试验结果有何影响？

_____

_____

引导问题 7：如何评定水泥胶砂试件的抗折强度和抗压强度？

_____

_____

_____

引导问题 8：某一组水泥胶砂强度试件的抗折试验数据为 6.5 MPa、6.7 MPa、7.8 MPa，请对该组试件的抗折试验结果做出评定。

_____

_____

引导问题 9：请对下面一组水泥胶砂抗压强度的试验结果进行评定：
40.9 MPa、41.2 MPa、42.8 MPa、43.4 MPa、43.7 MPa、46.6 MPa。

_____

_____

⚙ 任务反馈

教师对学生工作过程与工作结果进行评价，并将评价结果填入表 1-6-1 中。

表 1-6-1　教师综合评价表

班级：		姓名：	学号：	
任务 1.6		水泥胶砂强度试验		
评价项目		评价标准	分值/分	得分/分
考勤（10%）		无无故缺勤、迟到、早退现象	10	
工作过程（60%）	检测目的	正确表述路基工程中水泥胶砂强度检测目的	5	
	仪器使用	能独立、正确使用水泥胶砂强度检测中的相关仪器	10	
	检测方法及步骤	正确阐述水泥胶砂强度的检测方法及检测步骤	10	
	试验报告的完成	按要求完成试验报告的填写，正确处理试验数据	10	
	劳动纪律	遵守试验室的管理条例	5	
	工作态度	态度端正、工作认真、主动，按时完成学生工作活页	5	
	团队意识	与小组成员能有效地合作交流、协调工作	5	
	职业素质	把党的二十大思想融入实践，按要求完成学习任务，及时并准确	5	
	创新意识	通过阅读《公路工程水泥及水泥混凝土试验规程》（JTG 3420—2020）、《公路工程质量检验评定标准 第一册 土建工程》（JTG F80/1—2017）等相关技术规范，查阅相关资料，能更好地理解路基工程中水泥胶砂强度检测内容	5	
项目成果（30%）	工作完整	按时完成实训任务	5	
	工作规范	操作符合规范要求	10	
	回答问题	依据规范准确回答	10	
	成果展示	用语规范、表达准确	5	
小计			100	
综合评分				

T0506—2005 水泥胶砂强度试验方法（ISO 法）

1. 目的、适用范围和引用标准

本方法适用于硅酸盐水泥、普通硅酸盐水泥、矿渣硅酸盐水泥、火山灰硅酸盐水泥、粉煤灰硅酸盐水泥和复合硅酸盐水泥、道路硅酸盐水泥及石灰石硅酸盐水泥的抗折强度和抗压强度的检验。

本方法规定了水泥胶砂强度的试验方法（ISO 法）。

本方法适用于通用硅酸盐水泥、道路硅酸盐水泥及指定采用本方法的其他品种水泥。引用标准：

《行星式水泥胶砂搅拌机》（JC/T 681—2022）

《水泥胶砂试体成型振实台》（JC/T 682—2022）

《40 mm×40 mm 水泥抗压夹具》（JC/T 683—2005）

《水泥胶砂振动台》（JC/T 723—2005）

《水泥胶砂电动抗折试验机》（JC/T 724—2005）

《水泥胶砂试模》（JC/T 726—2005）

2. 仪器与材料

2.1 胶砂搅拌机

胶砂搅拌机属行星式搅拌机，其搅拌叶片和搅拌锅做相反方向的转动。叶片和锅由耐磨的金属材料制成，叶片与锅底、锅壁之间的间隙为叶片与锅壁最近的距离。制造质量应符合现行《行星式水泥胶砂搅拌机》（JC/T 681—2022）的规定。

2.2 振动台

应符合现行《水泥胶砂试体成型振实台》（JC/T 682—2022）的规定。由装有两个对称偏心轮的电动机产生振动，使用时固定于混凝土基座上。座高约 400 mm，混凝土的体积约 0.25m³，质量约 600 kg。为防止外部振动影响振实效果，可在混凝土基座下放置一层厚约 5 mm 的天然橡胶弹性衬垫。

将仪器用地脚螺栓固定在基座上，安装后设备呈水平状态，仪器底座与基座之间要铺一层砂浆以确保其完全接触。

2.3 代用振动台

代用振动台，其频率为 2 800～3 000 次/min，振动台为全波振幅 0.75 mm±0.02 mm。代用胶砂振动台应符合现行《水泥胶砂振动台》（JC/T 723—2005）的规定。

2.4 试模及下料漏斗

(1)试模为可装卸的三联模，由隔板、端板、底座等部分组成，制造质量应符合现行《水泥胶砂试模》（JC/T 726—2005）的规定。可同时成型三条截面为 40 mm×40 mm×160 mm 的棱形试件。

(2)下料漏斗：由漏斗和模套两部分组成。漏斗用厚为 0.5 mm 的镀锌薄钢板制作，下料口宽度一般为 4～5 mm。模套高度为 20 mm，用金属材料制作。套模壁与模型内壁应重叠，超出内壁不应大于 1 mm。

2.5　抗折试验机和抗折夹具

(1)抗折试验机：应符合现行《水泥胶砂电动抗折试验机》(JC/T 724—2005)的规定。一般采用双杠杆式的，也可采用性能符合要求的其他试验机。加荷与支撑圆柱必须用硬质钢材制造。3 根圆柱轴的 3 个竖向平面应平行，并在试验时继续保持平行和等距离垂直试件的方向，其中一根支撑圆柱能轻微地倾斜使圆柱与试件完全接触，以便荷载沿试件宽度方向均匀分布，同时不产生任何扭转应力。

(2)抗折夹具：应符合现行《水泥胶砂电动抗折试验机》(JC/T 724—2005)的规定。

(3)抗折强度也可用抗压强度试验机来测定，此时应采用符合上述规定的夹具。

2.6　抗压试验机和抗压夹具

(1)抗压试验机：以 200~300 kN 为宜。抗压试验机，在较大的五分之四量程范围内使用时，记录的荷载应有 ±1.0% 的精度，并具有按 2 400 N/s±200 N/s 速率加荷的能力，应具有能指示试件破坏时荷载的指示器。

压力机的活塞竖向轴应与压力机的竖向轴重合，而且活塞作用的合力要通过试件中心。压力机的下压板表面应与该机的轴线垂直并在加荷过程中一直保持不变。

(2)抗压夹具：应由硬质钢材制成，受压面积为 40 mm×40 mm，并应符合现行《40 mm×40 mm 水泥抗压夹具》(JC/T 683—2005)的规定。

2.7　天平

量程不小于 2 000 g，感量不大于 1 g

2.8　水泥

水泥试样从取样到试验要保持 24 h 以上时，应将其储存在基本装满和气密的容器中，这个容器不能和水泥发生反应

2.9　试验用砂

ISO 标准砂

2.10　试验用水

饮用水。仲裁试验时用蒸馏水

3. 试验环境

(1)试件成型试验室应保持在试验室温度为 20 ℃±2 ℃(包括强度试验室)，相对湿度大于 50%。水泥试样、ISO 标准砂、拌合水及试模等的温度应与室温相同。

(2)养护箱或雾室温度为 20 ℃±1 ℃，相对湿度大于 90%；养护水的温度为 20 ℃±1 ℃。

(3)试件成型试验室空气温度和相对湿度应在工作期间早晚至少各记录一次。养护箱或雾室温度和相对湿度至少每 4 h 记录一次。

4. 试件制备

(1)成型前将试模擦净，四周的模板与底座的接触面上应涂黄油，紧密装配，防止漏浆，内壁均匀地刷一薄层机油。

(2)水泥与 ISO 标准砂的质量比为 1∶3，水胶比为 0.5。火山灰质硅酸盐水泥、粉煤灰硅酸盐水泥、复合硅酸盐水泥和掺火山灰质混合材料的流动度小于 180 mm 时，应以 0.01 整倍数递增的方法将水胶比调整至胶砂流动度不小于 180 mm 为止。

（3）每成型三条试件需称量的材料及用量：水泥 450 g±2 g，ISO 标准砂 1 350 g±5 g，水 225 mL±1 mL。

（4）将水加入锅中，再加入水泥，把锅放在固定架上。然后立即开动机器，低速搅拌 30 s 后，在第二个 30 s 开始的同时均匀将砂子加入，再高速搅拌 30 s。

停拌 90 s，在第一个 15 s 内用胶皮刮具将叶片和锅壁上的胶砂刮入锅中。在高速下继续搅拌 60 s。在各个阶段时间误差应在±1 s 内。

（5）用振动台时，将空试模和模套固定在振动台上，用适当的勺子直接从搅拌锅中将胶砂分为两层装入试模。装第一层时，每个槽里约放 300 g 砂浆，用大播料器垂直架在模套顶部，沿每个模槽来回一次，将料层播平，接着振实 60 次。再装入第二层胶砂，用小播料器播平，再振实 60 次。移走模套，并用刮尺以 90°的角度架在试模顶的一端，沿试模长度方向以横向锯割动作慢慢向另一端移动，一次将超出试模的胶砂刮去，并用同一直尺将试件表面抹平。

（6）用代用振动台成型时，同时将试模及下料漏斗卡紧在振动台台面中心。将搅拌好的全部胶砂均匀地装于下料漏斗中，开动振动台 120 s±5 s 停车。振动完毕，取下试模，用刮平尺按上述方法刮去多余胶砂并抹平试件。

（7）在试模上做标记或加字条表明试件的编号和试件相对于振动台的位置。两个龄期以上的试件，编号时应将同一试模中的 3 条试件分在两个以上的龄期内。

（8）试验前或更换水泥品种时，搅拌锅、叶片和下料漏斗等须抹擦干净。

5. 养护

（1）编号后，将试模放入养护箱养护，养护箱内算板必须水平。水平放置时刮平面应朝上。对于 24 h 龄期的，应在破型试验前 20 min 内脱模。对于 24 h 以上龄期的，应在成型后 20～24 h 内脱模。脱模时要非常小心，防止试件损伤。硬化较慢的水泥允许延期脱模，但须记录脱模时间。

（2）试件脱模后即放入水槽中养护，试件之间间隙或试件上表面的水深不得小于 5 mm。每个养护池中只能养护同类水泥试件，并应保持恒定水位，不允许养护期间全部换水。

（3）除 24 h 龄期或延迟 48 h 脱模的试件外，任何到龄期的试件应在试验（破型）前 15 min 从水中取出。抹去试件表面沉淀物，并用湿布覆盖。

6. 抗折强度试验

（1）以中心加荷法测定抗折强度。采用杠杆式抗折试验机试验时，试件放入前，应使杠杆呈水平状态。试件放入后调整夹具，使杠杆在试件折断时尽可能地接近水平位置。

（2）抗折试验加荷速度为 50 N/s±10 N/s，直至折断，并保持两个半截棱柱处于潮湿状态直至抗压试验。

（3）抗折强度，按式（T0506-1）计算：

$$R_f = \frac{1.5 F_f \cdot L}{b^3} \tag{T0506-1}$$

式中　R_f——抗折强度（MPa）；

　　　F_f——破坏荷载（N）；

　　　L——支撑圆柱中心距（mm）；

　　　b——试件断面正方形的边长，为 40 mm。

结果计算精确至 0.1 MPa。

(4)取三块试件抗折强度测定值的算术平均值，结果精确至 0.1 MPa。当 3 个强度值中有超过平均值±10%的值时，应剔除后再取平均值作为抗折强度试验结果。

7. 抗压强度试验

(1)抗折试验后的两个断块应立即进行抗压试验。抗压试验须用抗压夹具进行，试件受压面为试件成型时的两个侧面，面积为 40 mm×40 mm。试验前应清除试件受压面与加压板间的砂粒或杂物。试验时以试件的侧面作为受压面，试件的底面靠紧夹具定位销，并使夹具对准压力机压板中心。

(2)压力机加荷速度应控制在 2 400 N/s±200 N/s 范围内，在接近破坏时更应严格掌握。

(3)抗压强度，按式(T0506-2)计算：

$$R_c = \frac{F_c}{A}$$

(T0506-2)

式中　R_c——抗压强度(MPa)；

　　　F_c——破坏荷载(N)；

　　　A——受压面积(mm^2)(40 mm×40 mm)。

结果计算精确至 0.1 MPa。

(4)取 6 个抗压强度测定值的算术平均值，结果精确至 0.1 MPa。如果 6 个强度值中有一个值超过平均值±10%，应剔除后再用剩下的 5 个结果求平均值。如果 5 个值中再有超过平均值±10%的，则此组试件无效。

水泥胶砂强度试验记录表

水泥品种						试验日期				
试样用途						标准依据				
试体编号	试体龄期/d	抗折强度					抗压强度				
		破坏荷载/N	支点间距/mm	试件截面尺寸/mm²	抗折强度/MPa		破坏荷载/N	受压面积/mm²	抗压强度/MPa		水泥强度等级
					个别	平均			个别	平均	
1											
2											
3											

水泥胶砂强度试验相关图片

任务 1.7 细集料筛分析试验(干筛法)

任务描述

本任务要求认真阅读《公路工程集料试验规程》(JTG E42—2005)、《公路工程质量检验评定标准 第一册 土建工程》(JTG F80/1—2017)等相关技术规范,查阅相关资料;学会细集料筛分析试验。

学习目标

1. 掌握细集料筛分析检测目的、检测方法、检测步骤及检测原理;
2. 掌握细集料筛分析检测相关的技术规范;
3. 掌握各种检测仪器的性能及应用方法;
4. 能够完成试验的数据处理;
5. 能用定量的方法科学地评定细集料的质量。

工作准备

1. 阅读工作任务书,熟悉即将学习的主要内容;
2. 收集并阅读《公路工程集料试验规程》(JTG E42—2005)、《公路工程质量检验评定标准 第一册 土建工程》(JTG F80/1—2017)等相关技术规范,查阅相关资料。在线了解路基工程建设中对细集料筛分析试验检测的要求。

⚙ 任务实施

引导问题 1:细集料的筛分试验在试验前应如何取样?在细集料的筛分试验中,按筛孔大小顺序逐个进行手筛,筛至何时为止?筛分前后质量允许误差是多少?

_____

_____

引导问题 2:试述细集料筛分试验的目的、主要的试验仪器,以及干筛法和水筛法各自的适用范围。

_____

_____

引导问题 3:水泥混凝土用砂筛分时标准筛的规格是多少?筛分前后质量允许误差是多少?筛分后可确定哪些筛分参数?

_____

_____

引导问题4：细集料筛分试验时，两次平行试验后，结果如何处理？

_____

_____

引导问题5：简述水泥混凝土用砂的筛分试验的步骤。

_____

_____

引导问题6：如何确定所测定的砂样为几区的砂？

_____

_____

任务反馈

教师对学生工作过程与工作结果进行评价，并将评价结果填入表1-7-1中。

表1-7-1　教师综合评价表

班级：		姓名：	学号：	
任务1.7		细集料筛分析试验		
评价项目		评价标准	分值/分	得分/分
考勤（10%）		无无故缺勤、迟到、早退现象	10	
工作过程（60%）	检测目的	正确表述路基工程中细集料筛分析检测目的	5	
	仪器使用	能独立、正确使用细集料筛分析检测中的相关仪器	10	
	检测方法及步骤	正确阐述细集料筛分析的检测方法及检测步骤	10	
	试验报告的完成	按要求完成试验报告的填写，正确处理试验数据	10	
	劳动纪律	遵守试验室的管理条例	5	
	工作态度	态度端正、工作认真、主动，按时完成学生工作活页	5	
	团队意识	与小组成员能有效地合作交流、协调工作	5	
	职业素质	把党的二十大思想融入实践，按要求完成学习任务，及时并准确	5	
	创新意识	通过阅读《公路工程集料试验规程》（JTG E42—2005）、《公路工程质量检验评定标准 第一册 土建工程》（JTG F80/1—2017）等相关技术规范，查阅相关资料，能更好地理解路基工程中细集料筛分析检测内容	5	
项目成果（30%）	工作完整	按时完成实训任务	5	
	工作规范	操作符合规范要求	10	
	回答问题	依据规范准确回答	10	
	成果展示	用语规范、表达准确	5	
小计			100	
综合评分				

T0327—2005 细集料筛分试验

1. 目的与适用范围

测定细集料(天然砂、人工砂、石屑)的颗粒级配及粗细程度。对水泥混凝土用细集料可采用干筛法,如果需要也可采用水洗法筛分;对沥青混合料及基层用细集料必须用水洗法筛分。

注:当细集料中含有粗集料时,可参照此方法用水洗法筛分,但需特别注意保护标准筛筛面不遭损坏。

2. 仪器与材料

(1)标准筛。

(2)天平:称量 1 000 g,感量不大于 0.5 g。

(3)摇筛机。

(4)烘箱:能控温在 105 ℃±5 ℃。

(5)其他:浅盘和硬、软毛刷等。

3. 试验准备

根据样品中最大粒径的大小,选用适宜的标准筛,通常为 9.5 mm 筛(水泥混凝土用天然砂)或 4.75 mm 筛(沥青路面及基层用天然砂、石屑、机制砂等)筛除其中的超粒径材料。然后将样品在潮湿状态下充分拌匀,用分料器法或四分法缩分至每份不少于 550 g 的试样两份,在 105 ℃±5 ℃ 的烘箱中烘干至恒重,冷却至室温后备用。

注:恒重是指在相邻两次称量间隔时间大于 3 h(通常不少于 6 h)的情况下,前后两次称量之差小于该项试验所要求的称量精密度,下同。

4. 试验步骤

4.1 干筛法试验步骤

(1)准确称取烘干试样约 500 g(m_1),准确至 0.5 g,置于套筛的最上面一只,即 4.75 mm 筛上,将套筛装入摇筛机,摇筛约 10 min,然后取出套筛,再按筛孔大小顺序,从最大的筛号开始,在清洁的浅盘上逐个进行手筛,直到每分钟的筛出量不超过筛上剩余量的 0.1% 时为止,将筛出通过的颗粒并入下一号筛,和下一号筛中的试样一起过筛,以此顺序进行至各号筛全部筛完为止。

注:试样如为特细砂时,试样质量可减少到 100 g;如试样含泥量超过 5%,不宜采用干筛法;无摇筛机时,可直接用手筛。

(2)称量各筛筛余试样的质量,精确至 0.5 g。所有各筛的分计筛余量和底盘中剩余量的总量与筛分前的试样总量,相差不得超过后者的 1%。

4.2 水洗法试验步骤

(1)准确称取烘干试样约 500 g(m_1),准确至 0.5 g。

(2)将试样置一洁净容器中,加入足够数量的洁净水,将集料全部淹没。

(3)用搅棒充分搅动集料,将集料表面洗涤干净,使细粉悬浮在水中,但不得有集料从水中溅出。

(4)用 1.18 mm 筛及 0.075 mm 筛组成套筛。仔细将容器中混有细粉的悬浮液徐徐倒出，经过套筛流入另一容器，但不得将集料倒出。

注：不可直接倒至 0.075 mm 筛上，以免集料掉出损坏筛面。

(5)重复步骤(2)～(4)，直至倒出的水洁净且小于 0.075 mm 的颗粒全部倒出。

(6)将容器中的集料倒入搪瓷盘，用少量水冲洗，使容器上黏附的集料颗粒全部进入搪瓷盘。将筛子反扣过来，用少量的水将筛上的集料冲入搪瓷盘。操作过程中不得有集料散失。

(7)将搪瓷盘连同集料一起置 105 ℃±5 ℃烘箱中烘干至恒重，称取干燥集料试样的总质量(m_2)，准确至 0.1%。m_1 与 m_2 之差即为通过 0.075 mm 筛部分。

(8)将全部要求筛孔组成套筛(但不需 0.075 mm 筛)，将已经洗去小于 0.075 mm 部分的干燥集料置于套筛上(通常为 4.75 mm 筛)，将套筛装入摇筛机，摇筛约 10 min，然后取出套筛，再按筛孔大小顺序，从最大的筛号开始，在清洁的浅盘上逐个进行手筛，直至每分钟的筛出量不超过筛上剩余量的 0.1%，将筛过的颗粒并入下一号筛，与下一号筛中的试样一起过筛，按照这样顺序进行，直至各号筛全部筛完为止。

注：如为含有粗集料的集料混合料，套筛筛孔根据需要选择。

(9)称量各筛筛余试样的质量，精确至 0.5 g。所有各筛的分计筛余量和底盘中剩余量的总质量与筛分前后试样总量 m_2 的差值不得超过后者的 1%。

5. 计算

(1)计算分计筛余百分率。各号筛的分计筛余百分率为各号筛上的筛余量除以试样总量(m_1)的百分率，精确至 0.1%。对沥青路面细集料而言，0.15 mm 筛下部分即为 0.075 mm 的分计筛余，由(7)测得的 m_1 与 m_2 之差即为小于 0.075 mm 的筛底部分。

(2)计算累计筛余百分率。各号筛的累计筛余百分率为该号筛及大于该号筛的各号筛的分计筛余百分率之和，准确至 0.1%。

(3)计算质量通过百分率。各号筛的质量通过百分率等于 100 减去该号筛的累计筛余百分率，准确至 0.1%。

(4)根据各筛的累计筛余百分率或通过百分率，绘制级配曲线。

(5)天然砂的细度模数按式(T0327-1)计算，精确至 0.01。

$$M_X = \frac{(A_{0.15} + A_{0.3} + A_{0.6} + A_{1.18} + A_{2.36}) - 5A_{4.75}}{100 - A_{4.75}} \qquad (\text{T0327-1})$$

式中　M_X——砂的细度模数；

　　　$A_{0.15}$、$A_{0.3}$、…、$A_{4.75}$——0.15 mm、0.3 mm、…、4.75 mm 各筛上的累计筛余百分率(%)。

(6)应进行两次平行试验，以试验结果的算术平均值作为测定值。如两次试验所得的细度模数之差大于 0.2，应重新进行试验。

细集料干筛法筛分试验记录

集料种类					试验日期				
试样用途					标准依据				

干燥试样总量 m_0/g	第1组				第2组				平均
筛孔尺寸/mm	筛上质量 m_i/g	分计筛余/%	累计筛余/%	通过百分率/%	筛上质量 m_i/g	分计筛余/%	累计筛余/%	通过百分率/%	通过百分率/%
	(1)	(2)	(3)	(4)	(1)	(2)	(3)	(4)	(5)
9.5									
4.75									
2.36									
1.18									
0.6									
0.3									
0.15									
筛底 $m_{底}$/g									
细度模数 M_x									

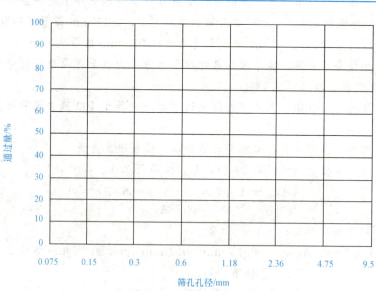

级配曲线图

任务 1.8　粗集料筛分析试验(干筛法)

任务描述

本任务要求认真阅读《公路工程集料试验规程》(JTG E42—2005)、《公路工程质量检验评定标准 第一册 土建工程》(JTG F80/1—2017)等相关技术规范,查阅相关资料;学会粗集料筛分析试验。

学习目标

1. 掌握粗集料筛分析检测目的、检测方法、检测步骤及检测原理;
2. 掌握与粗集料筛分析检测相关的技术规范;
3. 掌握各种检测仪器的性能及应用方法;
4. 能够完成试验的数据处理;
5. 能用定量的方法科学地评定粗集料的质量。

工作准备

1. 阅读工作任务书,熟悉即将要学习的主要内容;
2. 收集并阅读《公路工程集料试验规程》(JTG E42—2005)、《公路工程质量检验评定标准 第一册 土建工程》(JTG F80/1—2017)等相关技术规范,查阅相关资料。在线了解路基工程建设中对粗集料筛分析试验检测的要求。

任务实施

引导问题 1:粗集料的筛分试验在试验前应如何取样?在粗集料的筛分试验中,按筛孔大小顺序逐个进行手筛,筛至何时为止?筛分前后质量允许误差是多少?

_____

_____

引导问题 2:试述粗集料筛分试验的目的、主要的试验仪器,以及干筛法和水筛法各自的适用范围。

_____

_____

引导问题 3:水泥混凝土用粗集料筛分时标准筛的规格是多少?筛分前后质量允许误差是多少?筛分后可确定哪些筛分参数?

_____

_____

引导问题 4：粗集料筛分试验时，两次平行试验后，结果如何处理？

_____

_____

_____

引导问题 5：简述水泥混凝土用粗集料的筛分试验的步骤。

_____

_____

_____

⚙ **任务反馈**

教师对学生工作过程与工作结果进行评价，并将评价结果填入表 1-8-1 中。

表 1-8-1 教师综合评价表

班级：		姓名：	学号：	
任务 1.8		粗集料筛分析试验		
评价项目		评价标准	分值/分	得分/分
考勤（10%）		无无故缺勤、迟到、早退现象	10	
工作过程（60%）	检测目的	正确表述路基工程中粗集料筛分析检测目的	5	
	仪器使用	能独立、正确使用粗集料筛分析检测中的相关仪器	10	
	检测方法及步骤	正确阐述粗集料筛分析的检测方法及检测步骤	10	
	试验报告的完成	按要求完成试验报告的填写，正确处理试验数据	10	
	劳动纪律	遵守试验室的管理条例	5	
	工作态度	态度端正、工作认真、主动，按时完成学生工作活页	5	
	团队意识	与小组成员能有效地合作交流、协调工作	5	
	职业素质	把党的二十大思想融入实践，按要求完成学习任务，及时并准确	5	
	创新意识	通过阅读《公路工程集料试验规程》(JTG E42—2005)、《公路工程质量检验评定标准 第一册 土建工程》(JTG F80/1—2017)等相关技术规范，查阅相关资料，能更好地理解路基工程中粗集料筛分析检测内容	5	
项目成果（30%）	工作完整	按时完成实训任务	5	
	工作规范	操作符合规范要求	10	
	回答问题	依据规范准确回答	10	
	成果展示	用语规范、表达准确	5	
小计			100	
综合评分				

T0303—2005 含土粗集料筛分试验

1. 目的与适用范围

本方法适用于测定含黏性土的粗集料的颗粒组成。

注：如天然的砂砾土、碎石土及中低级路面的材料，黏性土颗粒包覆在砾石(碎石)和砂粒上。

2. 仪器与材料

(1)试验筛：根据需要选用规定的标准筛。

(2)天平或台秤：感量不大于试样质量的 0.1%。

(3)烘箱：能控温在 105 ℃±5 ℃。

(4)容器：能在此容器内剧烈搅动试样而不会使试样或水损失。

(5)其他：盘子、铲子、毛刷等。

3. 试验准备

将来料用分料器或四分法缩分至表 T0303-1 要求的试样所需量，烘干或风干后备用。

表 T0303-1　筛分用的试样质量

公称最大粒径/mm	75	63	37.5	31.5	26.5	19	16	9.5	4.75
试样最小质量/kg	10	8	5	4	2.5	2	1	1	0.5

4. 含土粗集料筛分试验步骤

(1)将试样放在浅盘内，并一起放到温度保持在 105 ℃±5 ℃ 的烘箱内烘干 24 h±1 h。

(2)从烘箱中取出试样，冷却后称重，准确至样品质量的 0.1%，用 m_1(g)表示。

(3)将试样放到容器内，向容器内注水，淹没试样。

(4)剧烈搅动容器内的试样和水，使粘在粗颗粒上的小于 0.075 mm 的颗粒完全分离下来，并悬浮在水中。

(5)在需要试验细土的液限和塑性指数时，将容器内的悬浮液倒在 0.6 mm 筛孔的筛上，筛下放一接收悬浮液的容器。

(6)将筛上剩余料回收到清洗容器内。

(7)重复上述步骤至清洗容器内的水清洁。

(8)将洗净的集料放在浅盘内，并一起放于温度为 105 ℃±5 ℃ 的烘箱内烘干 8～12 h。

(9)从烘箱中取出试样，冷却后称其质量，准确至原样品质量的 0.1%，用 m_2(g)表示。按 T0302 的方法对试样进行筛分(干筛)。

(10)将容器内的悬浮液澄清，使细土沉淀。在沉淀过程中分数次将上层的清水缓慢倒出，注意勿倒出沉淀物。

(11)待容器底部的细土风干后，取出粉碎并拌匀。从中取出一部分做液限和塑性试验。

(12)取部分风干细土放在 105 ℃±5 ℃的烘箱内烘干 24 h±1 h，冷却后，称量 100 g，用 m_3(g)表示。

(13)将烘干细土放到一容器内，向容器内注水，并剧烈搅动容器内的水和土，使小于 0.075 mm 的颗粒与 0.075~0.6 mm 的颗粒分离。

(14)将悬浮液倾倒在 0.075 mm 筛孔的筛上，继续清洗筛上的剩余料，直到筛下的洗液清洁为止。

(15)将筛反扣过来用水仔细冲洗入浅盘，放在温度为 105 ℃±5 ℃的烘箱内烘干 8~12 h，冷却并称其质量，用 m_4(g)表示。

(16)在不需要试验细土的液限和塑性指数时，可直接将悬浮液倾倒在 0.075 mm 筛孔的筛上，反复清洗容器内的集料，直到容器内的水洁净。

(17)按(15)的方法将筛上的清洁料收回，与容器内的清洁料一起烘干，冷却，并称其质量，用 m_5(g)表示。

(18)按 T0302 的方法将烘干的集料进行筛分。

5. 集料混合料筛分试验步骤

按 T0302 水洗法测定 0.075 mm 筛下部分的含量(通过率)。

6. 计算

(1)按式(T0303-1)计算小于 0.6 mm 的颗粒含量。

$$C=\frac{m_1-m_2}{m_1}\times100 \qquad\qquad (T0303\text{-}1)$$

式中　C——小于 0.6 mm 的颗粒含量(%)；

　　　m_1——烘干试样的质量(g)；

　　　m_2——0.6 mm 筛孔筛上集料的烘干质量(g)。

(2)按式(T0303-2)计算细土中小于 0.075 mm 的颗粒的含量。

$$F'=\frac{m_3-m_4}{m_3}\times100 \qquad\qquad (T0303\text{-}2)$$

式中　F'——细土中小于 0.075 mm 的颗粒含量(%)；

　　　m_3——细土的烘干质量(g)；

　　　m_4——0.075~0.6 mm 颗粒的烘干质量(g)。

(3)按式(T0303-3)计算整个集料中小于 0.075 mm 的颗粒含量。

$$F=C\times F' \qquad\qquad (T0303\text{-}3)$$

式中　F——整个集料中小于 0.075 mm 的颗粒含量(%)。

(4)按式(T0303-4)计算集料中小于 0.075 mm 的颗粒含量。

$$G=\frac{m_1-m_5}{m_1}\times100$$

式中　G——集料中小于 0.075 mm 的颗粒含量(%)；

　　　m_5——0.075 mm 筛上全部集料的烘干质量(g)。

<h2>粗集料干筛法筛分试验记录</h2>

集料种类					试验日期				
试样用途					标准依据				

干燥试样总量 m_0/g	第1组				第2组				平均
筛孔尺寸 /mm	筛上质量 m_i /g	分计筛余 /%	累计筛余 /%	通过百分率 /%	筛上质量 m_i /g	分计筛余 /%	累计筛余 /%	通过百分率 /%	通过百分率 /%
	(1)	(2)	(3)	(4)	(1)	(2)	(3)	(4)	(5)
37.5									
31.5									
26.5									
19									
16									
13.2									
9.5									
4.75									
2.36									
筛底 $m_底$/g									
筛分后总量 $\sum m_i$/g									
损耗 m_5 /g									
损耗率 /%									

任务 1.9 细集料表观密度试验

任务描述

本任务要求认真阅读《公路工程集料试验规程》(JTG E42—2005)、《公路工程质量检验评定标准 第一册 土建工程》(JTG F80/1—2017)等相关技术规范，查阅相关资料；学会细集料筛分析试验。

学习目标

1. 掌握细集料表观密度检测目的、检测方法、检测步骤及检测原理；
2. 掌握与细集料表观密度检测相关的技术规范；
3. 掌握各种检测仪器的性能及应用方法；
4. 能够完成试验的数据处理；
5. 能用定量的方法科学地评定细集料的质量。

工作准备

1. 阅读工作任务书，熟悉即将要学习的主要内容；
2. 收集并阅读《公路工程集料试验规程》(JTG E42—2005)、《公路工程质量检验评定标准 第一册 土建工程》(JTG F80/1—2017)等相关技术规范，查阅相关资料。在线了解路基工程建设中对细集料表观密度试验检测的要求。

任务实施

引导问题 1：细集料表观密度试验在试验前应如何取样？

_____

_____

引导问题 2：试述细集料表观密度试验的目的、主要的试验仪器、适用范围。

_____

_____

引导问题 3：试述细集料表观密度试验时的注意事项。

_____

_____

_____

引导问题 4：细集料表观密度试验时，两次平行试验后，结果如何处理？

_____

_____

引导问题 5：简述水泥混凝土用砂的细集料表观密度试验的步骤。

_____

_____

⚙ 任务反馈

教师对学生工作过程与工作结果进行评价，并将评价结果填入表 1-9-1 中。

表 1-9-1　教师综合评价表

班级：	姓名：		学号：	
任务 1.9	细集料表观密度试验			
评价项目	评价标准		分值/分	得分/分
考勤(10%)	无无故缺勤、迟到、早退现象		10	
工作过程 (60%)	检测目的	正确表述路基工程中细集料表观密度检测目的	5	
	仪器使用	能独立、正确使用细集料表观密度检测中的相关仪器	10	
	检测方法及步骤	正确阐述细集料表观密度的检测方法及检测步骤	10	
	试验报告的完成	按要求完成试验报告的填写，正确处理试验数据	10	
	劳动纪律	遵守试验室的管理条例	5	
	工作态度	态度端正、工作认真、主动，按时完成学生工作活页	5	
	团队意识	与小组成员能有效地合作交流、协调工作	5	
	职业素质	把党的二十大思想融入实践，按要求完成学习任务，及时并准确	5	
	创新意识	通过阅读《公路工程集料试验规程》(JTG E42—2005)、《公路工程质量检验评定标准 第一册 土建工程》(JTG F80/1—2017)等相关技术规范，查阅相关资料，能更好地理解路基工程中细集料表观密度检测内容	5	
项目成果 (30%)	工作完整	按时完成实训任务	5	
	工作规范	操作符合规范要求	10	
	回答问题	依据规范准确回答	10	
	成果展示	用语规范、表达准确	5	
小计			100	
综合评分				

T0328—2005 细集料表观密度试验(容量瓶法)

1. 目的与适用范围

用容量瓶法测定细集料(天然砂、石屑、机制砂)在 23 ℃时对水的表观相对密度和表观密度。本方法适用于含有少量大于 2.36 mm 组分的细集料。

2. 仪器与材料

(1)天平：称量 1 kg，感量不大于 1 g。

(2)容量瓶：500 mL。

(3)烘箱：能控温在 105 ℃±5 ℃。

(4)烧杯：500 mL。

(5)洁净水。

(6)其他：干燥器、浅盘、铝制料勺、温度计等。

3. 试验准备

将缩分至 650 g 左右的试样在温度为 105 ℃±5 ℃的烘箱中烘干至恒重，并在干燥器内冷却至室温，分成两份备用。

4. 试验步骤

(1)称取烘干的试样约 300 g(m_0)，装入盛有半瓶洁净水的容量瓶。

(2)摇转容量瓶，使试样在已保温至 23 ℃±1.7 ℃的水中充分搅动以排除气泡，塞紧瓶塞，在恒温条件下静置 24 h 左右，然后用滴管添水，使水面与瓶颈刻度线平齐，再塞紧瓶塞，擦干瓶外水分，称其总质量(m_2)。

(3)倒出瓶中的水和试样，将瓶的内外表面洗净，再向瓶内注入同样温度的洁净水(温差不超过 2 ℃)至瓶颈刻度线，塞紧瓶塞，擦干瓶外水分，称其总质量(m_1)。

注：在砂的表观密度试验过程中应测量并控制水的温度，试验期间的温差不得超过 1 ℃。

5. 计算

(1)细集料的表观相对密度按式(T0328-1)计算至小数点后 3 位。

$$\gamma_a = \frac{m_0}{m_0 - m_1 - m_2} \qquad (\text{T0328-1})$$

式中　γ——细集料的表观相对密度，无量纲；

　　　m_0——试样的烘干质量(g)；

　　　m_1——水及容量瓶总质量(g)；

　　　m_2——试样、水及容量瓶总质量(g)。

(2)表观密度 ρ_a 按式(T0328-2)计算，精确至小数点后 3 位。

$$\rho_a = \gamma_a \times \rho_T \ \text{或}\ \rho_a = (\gamma_a - \alpha_T) \times \rho_w \qquad (\text{T0328-2})$$

式中　ρ_a——细集料的表观密度(g/cm³)；

　　　ρ_w——水在 4 ℃时的密度(g/cm³)；

　　　α_T——试验时水温对水密度影响的修正系数；

ρ_T——试验温度 T 时水的密度（g/cm³）。

6. 报告

以两次平行试验结果的算术平均值作为测定值，如两次结果之差值大于 0.01 g/cm³ 时，应重新取样进行试验。

细集料表观密度试验记录（容量瓶法）

集料种类			试验日期		
试样用途			标准依据		
试验次数	集料的烘干质量 m_a /g	集料的水中质量 m_w /g	粗集料的表观密度 ρ_a /(g·cm⁻³)		备注
			单值	平均值	
1					
2					

任务 1.10　细集料堆积密度试验

任务描述

本任务要求认真阅读《公路工程集料试验规程》(JTG E42—2005)、《公路工程质量检验评定标准 第一册 土建工程》(JTG F80/1—2017)等相关技术规范，查阅相关资料；学会细集料堆积密度试验。

学习目标

1. 掌握细集料堆积密度检测目的、检测方法、检测步骤及检测原理；
2. 掌握与细集料堆积密度检测相关的技术规范；
3. 掌握各种检测仪器的性能及应用方法；
4. 能够完成试验的数据处理；
5. 能用定量的方法科学地评定细集料的质量。

工作准备

1. 阅读工作任务书，熟悉即将要学习的主要内容；
2. 收集并阅读《公路工程集料试验规程》(JTG E42—2005)、《公路工程质量检验评定标准 第一册 土建工程》(JTG F80/1—2017)等相关技术规范，查阅相关资料。在线了解路基工程建设中对细集料堆积密度试验检测的要求。

引导问题 1：细集料堆积密度试验在试验前应如何取样？

_____

_____

_____

引导问题 2：试述细集料堆积密度试验的目的、主要的试验仪器、适用范围。

_____

_____

_____

引导问题 3：简述细集料堆积密度试验的注意事项。

_____

_____

_____

_____

引导问题 4：细集料堆积密度试验时，两次平行试验后，结果如何处理？

_____

_____

_____

_____

引导问题 5：简述细集料堆积密度试验的步骤。

_____

_____

_____

_____

_____

任务反馈

教师对学生工作过程与工作结果进行评价，并将评价结果填入表1-10-1中。

表 1-10-1　教师综合评价表

班级：		姓名：		学号：	
任务 1.10		细集料堆积密度试验			
评价项目		评价标准	分值/分		得分/分
考勤(10%)		无无故缺勤、迟到、早退现象	10		
工作过程 (60%)	检测目的	正确表述路基工程中细集料堆积密度检测目的	5		
	仪器使用	能独立、正确使用细集料堆积密度检测中的相关仪器	10		
	检测方法及步骤	正确阐述细集料堆积密度的检测方法及检测步骤	10		
	试验报告的完成	按要求完成试验报告的填写，正确处理试验数据	10		
	劳动纪律	遵守试验室的管理条例	5		
	工作态度	态度端正、工作认真、主动，按时完成学生工作活页	5		
	团队意识	与小组成员能有效地合作交流、协调工作	5		
	职业素质	把党的二十大思想融入实践，按要求完成学习任务，及时并准确	5		
	创新意识	通过阅读《公路工程集料试验规程》(JTG E42—2005)、《公路工程质量检验评定标准 第一册 土建工程》(JTG F80/1—2017)等相关技术规范，查阅相关资料，能更好地理解路基工程中细集料堆积密度检测内容	5		
项目成果 (30%)	工作完整	按时完成实训任务	5		
	工作规范	操作符合规范要求	10		
	回答问题	依据规范准确回答	10		
	成果展示	用语规范、表达准确	5		
小计			100		
综合评分					

相关知识点

T0331—1994 细集料堆积密度及紧装密度试验(节选)

1. 目的与适用范围

测定砂在自然状态下的堆积密度及空隙率。

2. 仪器与材料

(1)台秤：称量 5 kg，感量 5 g。

(2)容量筒：金属制，圆筒形，内径 108 mm，净高 109 mm，筒壁厚 2 mm，筒底厚 5 mm，容积约为 1 L。

(3)标准漏斗。

(4)烘箱：能控温在 105 ℃±5 ℃。

(5)其他：小勺、直尺、浅盘等。

3. 试验准备

3.1 试样制备

用浅盘装来样约 5 kg，在温度为 105 ℃±5 ℃的烘箱中烘干至恒重，取出并冷却至室温，分成大致相等的两份备用。

注：试样烘干后如有结块，应在试验前捏碎。

3.2 容量筒容积的校正方法

以温度为 20 ℃±5 ℃的洁净水装满容量筒，用玻璃板沿筒口滑移，使其紧贴水面，玻璃板与水面之间不得有空隙。擦干筒外壁水分，然后称量，计算筒的容积 V。

$$V = m'_2 - m'_1 \qquad (\text{T0331-1})$$

式中　V——容量筒的容积(mL)；

　　　m'_1——容量筒和玻璃板总质量(g)；

　　　m'_2——容量筒、玻璃板和水总质量(g)。

4. 试验步骤

堆积密度：将试样装入漏斗，打开底部的活动门，让砂流入容量筒中，也可直接用小勺向容量筒中装试样，但漏斗出料口或料勺距容量筒筒口均应为 50 mm 左右，试样装满并超出容量筒筒口后，用直尺将多余的试样沿筒口中心线向两个相反方向刮平，称取质量(m)。

5. 计算

(1)堆积密度按式(T0331-2)计算至小数点后 3 位。

$$\rho = \frac{m_1 - m_0}{V} \qquad (\text{T0331-2})$$

式中　ρ——砂的堆积密度(g/cm^{-3})；

　　　m_0——容量筒的质量(g)；

　　　m_1——容量筒和堆积砂的总质量(g)；

　　　V——容量筒容积(mL)。

(2)砂的空隙率按式(T0331-3)计算，精确至 0.1%。

$$n = \left(1 - \frac{\rho}{\rho_a}\right) \times 100 \qquad (\text{T0331-3})$$

式中　n——砂的空隙率(%)；

　　　ρ——砂的堆积或紧装密度(g/cm^3)；

　　　ρ_a——砂的表观密度(g/cm^{-3})。

6. 报告

以两次试验结果的算术平均值作为测定值。

细集料表观密度、堆积密度、含泥量和砂当量试验记录

集料种类				试验日期	
试样用途				标准依据	
堆积密度	容器容积/mL	容器质量/g	容器+试样质量/g	堆积密度/(g·cm⁻³) 单值	平均值
表观密度（容量瓶法）	试样的烘干质量/g	水和容量瓶质量/g	试样、水和容量瓶质量/g	表观密度/(g·cm⁻³) 单值	平均值
空隙率/%	表观密度/(g·cm⁻³)	堆积密度/(g·cm⁻³)		空隙率(1-堆积密度/表观密度×100)/%	
细集料含泥量	试样总质量/g	试验前烘干试样质量/g	试验后烘干试样质量/g	含泥量 Q_n/% 单值	平均值
细集料砂当量	絮凝物和沉淀物的总高度/mm	集料沉淀物的高度/mm	试样的砂当量/%	平均砂当量/% 单值	平均值

细集料堆积密度试验相关图片

任务 1.11　细集料含泥量试验

任务描述

本任务要求认真阅读《公路工程集料试验规程》(JTG E42—2005)、《公路工程质量检验评定标准 第一册 土建工程》(JTG F80/1—2017)等相关技术规范，查阅相关资料；学会细集料含泥量试验。

1. 掌握细集料含泥量检测目的、检测方法、检测步骤及检测原理；
2. 掌握与细集料含泥量检测相关的技术规范；
3. 掌握各种检测仪器的性能及应用方法；
4. 能够完成试验的数据处理；
5. 能用定量的方法科学地评定细集料的质量。

工作准备

1. 阅读工作任务书，熟悉即将要学习的主要内容；
2. 收集并阅读《公路工程集料试验规程》(JTG E42—2005)、《公路工程质量检验评定标准 第一册 土建工程》(JTG F80/1—2017)等相关技术规范，查阅相关资料。在线了解路基工程建设中对细集料含泥量试验检测的要求。

任务实施

引导问题 1：细集料含泥量试验在试验前应如何取样？

_____

_____

引导问题 2：试述细集料含泥量试验的目的、主要的试验仪器、适用范围。

_____

_____

引导问题 3：简述细集料含泥量试验的注意事项。

_____

_____

引导问题 4：细集料含泥量试验时，两次平行试验后，结果如何处理？

_____

_____

_____

引导问题 5：简述细集料含泥量试验的步骤。

_____

_____

_____

⚙ 任务反馈

教师对学生工作过程与工作结果进行评价，并将评价结果填入表 1-11-1 中。

表 1-11-1　教师综合评价表

班级：		姓名：		学号：
任务 1.11		细集料含泥量试验		
评价项目		评价标准	分值/分	得分/分
考勤(10%)		无无故缺勤、迟到、早退现象	10	
工作过程 （60%）	检测目的	正确表述路基工程中细集料含泥量检测目的	5	
	仪器使用	能独立、正确使用细集料含泥量检测中的相关仪器	10	
	检测方法及步骤	正确阐述细集料含泥量的检测方法及检测步骤	10	
	试验报告的完成	按要求完成试验报告的填写，正确处理试验数据	10	
	劳动纪律	遵守试验室的管理条例	5	
	工作态度	态度端正、工作认真、主动，按时完成学生工作活页	5	
	团队意识	与小组成员能有效地合作交流、协调工作	5	
	职业素质	把党的二十大思想融入实践，按要求完成学习任务，及时并准确	5	
	创新意识	通过阅读《公路工程集料试验规程》(JTG E42—2005)、《公路工程质量检验评定标准 第一册 土建工程》(JTG F80/1—2017)等相关技术规范，查阅相关资料，能更好地理解路基工程中细集料含泥量检测内容	5	
项目成果 （30%）	工作完整	按时完成实训任务	5	
	工作规范	操作符合规范要求	10	
	回答问题	依据规范准确回答	10	
	成果展示	用语规范、表达准确	5	
小计			100	
综合评分				

T0333—2000 细集料含泥量试验(筛洗法)

1. 目的与适用范围

(1)本方法仅用于测定天然砂中粒径小于 0.075 mm 的尘屑、淤泥和黏土的含量。

(2)本方法不适用于人工砂、石屑等矿粉成分较多的细集料。

2. 仪器与材料

(1)天平：称量 1 kg，感量不大于 1 g。

(2)烘箱：能控温在 105 ℃±5 ℃。

(3)标准筛：孔径 0.075 mm 及 1.18 mm 的方孔筛。

(4)其他：筒、浅盘等。

3. 试验准备

将来样用四分法缩分至每份约 1 000 g，置于温度为 105 ℃±5 ℃的烘箱中烘干至恒重，冷却至室温后，称取约 400 g(m_0)的试样两份备用。

4. 试验步骤

(1)取烘干的试样一份置于筒中，并注入洁净的水，使水面高出砂面约 200 mm，充分拌和均匀后，浸泡 24 h，然后用手在水中淘洗试样，使尘屑、淤泥和黏土与砂粒分离，并使之悬浮水中，缓缓地将浑浊液倒入 1.18～0.075 mm 的套筛上，滤去粒径小于 0.075 mm 的颗粒。试验前筛子的两面应先用水湿润，在整个试验过程中应注意避免砂粒丢失。

注：不得直接将试样放在 0.075 mm 筛上用水冲洗，或者将试样放在 0.075 mm 筛上后在水中淘洗，以免误将粒径小于 0.075 mm 的砂粒当作泥冲走。

(2)再次加水于筒中，重复上述过程，直至筒内砂样洗出的水清澈为止。

(3)用水冲洗剩留在筛上的细粒，并将 0.075 mm 筛放在水中(使水面略高出筛中砂粒的上表面)来回摇动，以充分洗除小于 0.075 mm 的颗粒；然后将两筛上筛余的颗粒和筒中已经洗净的试样一并装入浅盘，置于温度为 105 ℃±5 ℃的烘箱中烘干至恒重，冷却至室温，称取试样的质量(m_1)。

5. 计算

砂的含泥量按式(T0333-1)计算至 0.1%。

$$Q_n = \frac{m_0 - m_1}{m_0} \times 100 \qquad (T0333\text{-}1)$$

式中　Q_n——砂的含泥量(%)；

m_0——试验前的烘干试样质量(g)；

m_1——试验后的烘干试样质量(g)。

以两个试样试验结果的算术平均值作为测定值。当两次结果的差值超过 0.5% 时，应重新取样进行试验。

细集料表观密度、堆积密度、含泥量和砂当量试验记录

集料种类			试验日期	
试样用途			标准依据	

堆积密度	容器容积 /mL	容器质量 /g	容器＋试样质量 /g	堆积密度/(g·cm^{-3})	
				单值	平均值

表观密度 (容量瓶法)	试样的烘干质量 /g	水和容量瓶质量 /g	试样、水和容量瓶质量/g	表观密度/(g·cm^{-3})	
				单值	平均值

空隙率 /%	表观密度 /(g·cm^{-3})	堆积密度 /(g·cm^{-3})		空隙率(1－堆积密度/表观密度×100)/%	

细集料含泥量	试样总质量 /g	试验前烘干试样质量 /g	试验后烘干试样质量/g	含泥量 Q_n/%	
				单值	平均值

细集料砂当量	絮凝物和沉淀物的总高度/mm	集料沉淀物的高度 /mm	试样的砂当量 /%	平均砂当量/%	
				单值	平均值

任务 1.12 细集料砂当量试验

任务描述

本任务要求认真阅读《公路工程集料试验规程》(JTG E42—2005)、《公路工程质量检验评定标准 第一册 土建工程》(JTG F80/1—2017)等相关技术规范,查阅相关资料;学会细集料砂当量试验。

学习目标

1.掌握细集料砂当量检测目的、检测方法、检测步骤及检测原理;

2.掌握与细集料砂当量检测相关的技术规范;

3.掌握各种检测仪器的性能及应用方法;

4. 能够完成试验的数据处理；

5. 能用定量的方法科学地评定细集料的质量。

工作准备

1. 阅读工作任务书，熟悉即将要学习的主要内容；

2. 收集并阅读《公路工程集料试验规程》(JTG E42—2005)、《公路工程质量检验评定标准 第一册 土建工程》(JTG F80/1—2017)等相关技术规范，查阅相关资料。在线了解路基工程建设中对细集料砂当量试验检测的要求。

任务实施

引导问题1：细集料砂当量试验在试验前应如何取样？

_____

_____

_____

引导问题2：试述细集料砂当量试验的目的、主要的试验仪器、适用范围。

_____

_____

_____

引导问题3：简述细集料砂当量试验的注意事项。

_____

_____

_____

引导问题4：细集料砂当量试验时，两次平行试验后，结果如何处理？

_____

_____

_____

引导问题5：简述细集料砂当量试验的步骤。

_____

_____

_____

_____

⚙️ **任务反馈**

教师对学生工作过程与工作结果进行评价，并将评价结果填入表 1-12-1 中。

表 1-12-1 教师综合评价表

班级：	姓名：		学号：	
任务 1.12	细集料砂当量试验			
评价项目	评价标准		分值/分	得分/分
考勤（10%）	无无故缺勤、迟到、早退现象		10	
工作过程（60%）	检测目的	正确表述路基工程中细集料砂当量检测目的	5	
	仪器使用	能独立、正确使用细集料砂当量检测中的相关仪器	10	
	检测方法及步骤	正确阐述细集料砂当量的检测方法及检测步骤	10	
	试验报告的完成	按要求完成试验报告的填写，正确处理试验数据	10	
	劳动纪律	遵守试验室的管理条例	5	
	工作态度	态度端正、工作认真、主动，按时完成学生工作活页	5	
	团队意识	与小组成员能有效地合作交流、协调工作	5	
	职业素质	把党的二十大思想融入实践，按要求完成学习任务，及时并准确	5	
	创新意识	通过阅读《公路工程集料试验规程》(JTG E42—2005)、《公路工程质量检验评定标准 第一册 土建工程》(JTG F80/1—2017)等相关技术规范，查阅相关资料，能更好地理解路基工程中细集料砂当量检测内容	5	
项目成果（30%）	工作完整	按时完成实训任务	5	
	工作规范	操作符合规范要求	10	
	回答问题	依据规范准确回答	10	
	成果展示	用语规范、表达准确	5	
小计			100	
综合评分				

T0334—2005 细集料砂当量试验

1. 目的与适用范围

(1)本方法适用于测定天然砂、人工砂、石屑等各种细集料中所含的黏性土或杂质的含量，以评定集料的洁净程度。砂当量用 SE 表示。

(2)本方法适用于公称最大粒径不超过 4.75 mm 的集料。

2. 仪器与材料

2.1 仪器

(1)透明圆柱形试筒：透明塑料制，外径 40 mm±0.5 mm，内径 32 mm±0.25 mm，高度 420 mm±0.25 mm。在距试筒底部 100 mm、380 mm 处刻划刻度线，试筒口配有橡胶瓶口塞。

(2)冲洗管：由一根弯曲的硬管组成，材料为不锈钢或冷锻钢，其外径为 6 mm±0.5 mm，内径为 4 mm±0.2 mm。管的上部有一个开关，下部有一个不锈钢制两侧带孔尖头，孔径为 1 mm±0.1 mm。

(3)透明玻璃或塑料桶：容积 5 L，有一根虹吸管放置桶中，桶底面高出工作台约 1 m。

(4)橡胶管(或塑料管)：长约 1.5m，内径约 5 mm，同冲洗管连在一起吸液用，配有金属夹，以控制冲洗液流量。

(5)配重活塞：由长 440 mm±0.25 mm 的杆、直径 25 mm±0.1 mm 的底座(下面平坦、光滑、垂直杆轴)、套筒和配重组成，且在活塞上有 3 个横向螺钉可保持活塞在试筒中间，并使活塞与试筒之间有一条小缝隙。

套筒为黄铜或不锈钢制成，厚 10 mm±0.1 mm，大小适合试筒并且引导活塞杆，能标记筒中活塞下沉的位置。套筒上有一个螺钉用以固定活塞杆。配重为 1 kg±5 g。

(6)机械振荡器：可以使试筒产生横向的直线运动振荡，振幅 203 mm±1.0 mm，频率 180 次/min±2 次/min。

(7)天平：称量 1 kg，感量不大于 0.1 g。

(8)烘箱：能使温度控制在 105 ℃±5 ℃。

(9)秒表。

(10)标准筛：筛孔为 4.75 mm。

(11)温度计。

(12)广口漏斗：玻璃或塑料制，口径约 100 mm。

(13)钢板尺：长 50 cm，刻度 1 mm。

(14)其他：量筒(500 mL)，烧杯(1 L)，塑料桶(5 L)、烧杯、刷子、盘子、刮刀、勺子等。

2.2 试剂

(1)无水氯化钙($CaCl_2$)：分析纯，含量 96％以上，分子量 110.99，纯品为无色立方结晶，在水中溶解度大，溶解时放出大量热，其水溶液呈微酸性，具有一定的腐蚀性。

（2）丙三醇（$C_3H_8O_3$）：又称甘油，分析纯，含量98%以上，分子量92.09。

（3）甲醛（HCHO）：分析纯，含量36%以上，分子量30.03。

（4）洁净水或纯净水。

3. 试验准备

3.1 试样制备

（1）将样品通过孔径4.75 mm筛，去掉筛上的粗颗粒部分，试样数量不少于1 000 g。如样品过分干燥，可在筛分之前加少量水分润湿（含水率约为3%），用包橡胶的小锤打碎土块，然后过筛，以防止将土块作为粗颗粒筛除。当粗颗粒部分被在筛分时不能分离的杂质裹覆时，应将筛上部分的粗集料进行清洗，并回收其中的细粒放入试样中。

注：在配制稀浆封层及微表处混合料时，4.75 mm部分经常是由两种以上的集料混合而成，如由3～5 mm和3 mm以下石屑混合，或由石屑与天然砂混合组成时，可分别对每种集料按本方法测定其砂当量，然后按组成比例计算合成的砂当量。为减少工作量，通常做法是将样品按配比混合组成后用4.75 mm过筛，测定集料混合料的砂当量，以鉴定材料是否合格。

（2）按T0332的方法测定试样含水率。试验用的样品，在测定含水率和取样试验期间不要丢失水分。

由于试样是加水湿润过的，应按现行含水率测定方法对试样含水率进行测定，含水率以两次测定的平均值计，准确至0.1%。经过含水率测定的试样不得用于试验。

（3）称取试样的湿重

根据测定的含水率按式（T0334-1）计算相当于120 g干燥试样的样品湿重，准确至0.1 g。

$$m_1 = \frac{120 \times (100 + w)}{100} \tag{T0334-1}$$

式中 w——集料试样的含水率（%）；

m_1——相当于干燥试样120 g时的潮湿试样的质量（g）。

3.2 配制冲洗液

（1）根据需要确定冲洗液的数量，通常一次配制5 L，约可进行10次试验。如试验次数较少，可以按比例减少，但不宜少于2 L，以减小试验误差。冲洗液的浓度以每升冲洗液中的氯化钙、甘油、甲醛含量分别为2.79 g、12.12 g、0.34 g控制。称取配制5 L冲洗液的各种试剂的用量：氯化钙14.0 g；甘油60.6 g；甲醛1.7 g。

（2）称取无水氯化钙14.0 g放入烧杯，加洁净水30 mL充分溶解，此时溶液温度会升高，待溶液冷却至室温，观察是否有不溶的杂质，若有杂质必须用滤纸将溶液过滤，以除去不溶的杂质。

（3）倒入适量洁净水稀释，加入甘油60.6 g，用玻璃棒搅拌均匀后再加入甲醛1.7 g，用玻璃棒搅拌均匀后全部倒入1 L量筒，并用少量洁净水分别对盛过3种试剂的器皿洗涤3次，每次洗涤的水均放入量筒，最后加洁净水至1 L刻度线。

（4）将配制的1 L溶液倒入塑料桶或其他容器中，再加入4 L洁净水或纯净水稀释至5 L±0.005 L。该冲洗液的使用期限不得超过2周，超过2周后必须废弃，其工作温度为22 ℃±3 ℃。

注：有条件时，可向专门机构购买高浓度的冲洗液，按照要求稀释后使用。

4. 试验步骤

(1)用冲洗管将冲洗液加入试筒，直到最下面的 100 mm 刻度处(约需 80 mL 试验用冲洗液)。

(2)把相当于 120 g±1 g 干料质量的湿样用漏斗仔细地倒入竖立的试筒。

(3)用手掌反复敲打试筒下部，以除去气泡，并使试样尽快润湿，然后放置 10 min。

(4)在试样静止 10 min±1 min 后，在试筒上塞上橡胶塞堵住试筒，并将试筒横向水平放置，或将试筒水平固定在振荡机上。

(5)开动机械振荡器，在 30 s±1 s 的时间内振荡 90 次。用手振荡时，仅需手腕振荡，不必晃动手臂，以维持振幅 230 mm±25 mm，振荡时间和次数与机械振荡器相同。然后将试筒取下竖直放回试验台上，拧下橡胶塞。

(6)将冲洗管插入试筒，用冲洗液冲洗附在试筒壁上的集料，然后迅速将冲洗管插到试筒底部，不断转动冲洗管，使附着在集料表面的土粒杂质浮游上来。

(7)缓慢匀速向上拔出冲洗管，当冲洗管抽出液面，且保持液面位于 380 mm 刻度线时，切断冲洗管的液流，使液面保持在 380 mm 刻度线处，然后开动秒表在没有扰动的情况下静置 20 min±15 s。

(8)在静置 20 min 后，用尺量测从试筒底部到絮状凝结物上液面的高度(h_1)。

(9)将配重活塞徐徐插入试筒，直至碰到沉淀物时，立即拧紧套筒上的固定螺钉。将活塞取出，用直尺插入套筒开口，量取套筒顶面至活塞底面的高度 h_2，准确至 1 mm。同时记录试筒内的温度，准确至 1 ℃。

(10)按上述步骤进行两个试样的平行试验。

注：①为了不影响沉淀的过程，试验必须在无振动的水平台上进行。随时检查试验的冲洗管口，防止堵塞；②由于塑料在太阳光下质地容易变得不透明，应尽量避免将塑料试筒等直接暴露在太阳光下。盛试验溶液的塑料桶用毕要清洗干净。

5. 计算

(1)试样的砂当量值按式(T0334-2)计算。

$$SE = \frac{h_2}{h_1} \times 100 \qquad (T0334\text{-}2)$$

式中　SE——试样的砂当量(%)；

　　　h_2——试筒中用活塞测定的集料沉淀物的高度(mm)；

　　　h_1——试筒中絮凝物和沉淀物的总高度(mm)。

(2)一种集料应平行测定两次，取两个试样的平均值，以活塞测得砂当量为准，并以整数表示。

细集料砂当量试验相关图片　　　　微课：集料的砂当量试验

集料种类			试验日期		
试样用途			标准依据		
堆积密度	容器容积 /mL	容器质量 /g	容器+试样质量 /g	堆积密度/(g·cm⁻³)	
				单值	平均值
表观密度 (容量瓶法)	试样的烘干质量 /g	水和容量瓶质量 /g	试样、水和容量瓶质量/g	表观密度/(g·cm⁻³)	
				单值	平均值
空隙率(%)	表观密度/(g·cm⁻³)	堆积密度/(g·cm⁻³)		空隙率(1−堆积密度/表观密度×100)/%	
细集料含泥量	试样总质量 /g	试验前烘干试样质量 /g	试验后烘干试样质量/g	含泥量 Q_n/%	
				单值	平均值
细集料砂当量	絮凝物和沉淀物的总高度/mm	集料沉淀物的高度 /mm	试样的砂当量 /%	平均砂当量/%	
				单值	平均值

任务 1.13　粗集料表观密度试验

任务描述

本任务要求认真阅读《公路工程集料试验规程》(JTG E42—2005)、《公路工程质量检验评定标准 第一册 土建工程》(JTG F80/1—2017)等相关技术规范，查阅相关资料；学会粗集料表观密度试验。

学习目标

1. 掌握粗集料表观密度检测目的、检测方法、检测步骤及检测原理；
2. 掌握与粗集料表观密度检测相关的技术规范；
3. 掌握各种检测仪器的性能及应用方法；

4. 能够完成试验的数据处理；

5. 能用定量的方法科学地评定粗集料的质量。

工作准备

1. 阅读工作任务书，熟悉即将要学习的主要内容；

2. 收集并阅读《公路工程集料试验规程》(JTG E42—2005)、《公路工程质量检验评定标准 第一册 土建工程》(JTG F80/1—2017)等相关技术规范，查阅相关资料。在线了解路基工程建设中对粗集料表观密度试验检测的要求。

任务实施

引导问题1：粗集料表观密度试验在试验前应如何取样？

_____

_____

_____

引导问题2：试述粗集料表观密度试验的目的、主要的试验仪器、适用范围。

_____

_____

_____

引导问题3：简述粗集料表观密度的注意事项。

_____

_____

_____

引导问题4：粗集料表观密度试验时，两次平行试验后，结果如何处理？

_____

_____

_____

引导问题5：简述粗集料表观密度试验的步骤。

_____

_____

_____

_____

⚙ 任务反馈

教师对学生工作过程与工作结果进行评价，并将评价结果填入表1-13-1中。

表1-13-1　教师综合评价表

班级：		姓名：	学号：	
任务 1.13		粗集料表观密度试验		
评价项目		评价标准	分值/分	得分/分
考勤（10%）		无无故缺勤、迟到、早退现象	10	
工作过程（60%）	检测目的	正确表述路基工程中粗集料表观密度检测目的	5	
	仪器使用	能独立、正确使用粗集料表观密度检测中的相关仪器	10	
	检测方法及步骤	正确阐述粗集料表观密度的检测方法及检测步骤	10	
	试验报告的完成	按要求完成试验报告的填写，正确处理试验数据	10	
	劳动纪律	遵守试验室的管理条例	5	
	工作态度	态度端正、工作认真、主动，按时完成学生工作活页	5	
	团队意识	与小组成员能有效地合作交流、协调工作	5	
	职业素质	把党的二十大思想融入实践，按要求完成学习任务，及时并准确	5	
	创新意识	通过阅读《公路工程集料试验规程》(JTG E42—2005)、《公路工程质量检验评定标准 第一册 土建工程》(JTG F80/1—2017)等相关技术规范，查阅相关资料，能更好地理解路基工程中粗集料表观密度检测内容	5	
项目成果（30%）	工作完整	按时完成实训任务	5	
	工作规范	操作符合规范要求	10	
	回答问题	依据规范准确回答	10	
	成果展示	用语规范、表达准确	5	
小计			100	
综合评分				

T0308—2005 粗集料密度及吸水率试验(容量瓶法)(节选)

1. 目的与适用范围

(1)本方法适用于测定碎石、砾石等各种粗集料的表观相对密度、表干相对密度、毛体积相对密度、表观密度、表干密度、毛体积密度。

(2)本方法测定的结果不适用于仲裁及沥青混合料配合比设计计算理论密度时使用。

2. 仪具与材料

(1)平或浸水天平:可悬挂吊篮测定集料的水中质量,称量应满足试样数量称量要求,感量不大于最大称量的 0.05%。

(2)容量瓶:1 000 mL,也可用磨口的广口玻璃瓶代替,并带玻璃片。

(3)烘箱:能控温在 105 ℃±5 ℃。

(4)标准筛:4.75 mm、2.36 mm。

(5)其他:刷子、毛巾等。

3. 试验准备

(1)将取来样过筛,对水泥混凝土的集料采用 4.75 mm 筛,沥青混合料的集料用 2.36 mm 筛,分别筛去筛孔以下的颗粒。然后用四分法或分料器法缩分至表 T0308-1 要求的质量,分两份备用。

表 T0308-1 测定密度所需要的试样最小质量

公称最大粒径/mm	4.75	9.5	16	19	26.5	31.5	37.5	63	75
每一份试样的最小质量/kg	0.8	1	1	1	1.5	1.5	2	3	3

(2)将每一份集料试样浸泡在水中,仔细洗去附在集料表面的尘土和石粉,经多次漂洗干净到水清澈为止。清洗过程中不得散失集料颗粒。

4. 试验步骤

(1)取试样一份装入容量瓶(广口瓶),注入洁净的水(可滴入数滴洗涤灵),水面高出试样,轻轻摇动容量瓶,使附着在石料上的气泡逸出。盖上玻璃片,在室温下浸水 24 h。

注:水温应在 15~25 ℃ 范围内,浸水最后 2 h 内的水温相差不得超过 2 ℃。

(2)向瓶中加水至水面凸出瓶口,然后盖上容量瓶塞,或用玻璃片沿广口瓶瓶口迅速滑行,使其紧贴瓶口水面。玻璃片与水面之间不得有空隙。

(3)确认瓶中没有气泡,擦干瓶外的水分后,称取集料试样、水、瓶及玻璃片的总质量 (m_2)。

(4)将试样倒入浅搪瓷盘,稍稍倾斜搪瓷盘,倒掉流动的水,再用毛巾吸干漏出的自由水。需要时可称取带表面水的试样质量 (m_4)。

(5)用拧干的湿毛巾轻轻擦干颗粒的表面水,至表面看不到发亮的水迹,即为饱和面干状态。当粗集料尺寸较大时,可逐颗擦干。注意拧湿毛巾时不要太用力,防止拧得太干。擦试颗粒的表面水时,既要将表面水擦掉,又不能将颗粒内部的水吸出。整个过程中不得有集料丢失。

(6)立即称取饱和面干集料的表干质量(m_3)。

(7)将集料置于浅盘，放入 105 ℃±5 ℃的烘箱中烘干至恒重。取出浅盘，放在带盖的容器中冷却至室温，称取集料的烘干质量(m_0)。

注：恒重是指相邻两次称量间隔时间大于 3 h 的情况下，其前后两次称量之差小于该项试验所要求的精密度，即 0.1%。一般在烘箱中烘烤的时间不得少于 4~6 h。

(8)将瓶洗净，重新装入洁净水，盖上容量瓶塞，或用玻璃片紧贴广口瓶瓶口水面。玻璃片与水面之间不得有空隙。确认瓶中没有气泡，擦干瓶外水分后称取水、瓶及玻璃片的总质量(m_1)。

5. 计算

粗集料的表观密度 ρ_a、表干密度 ρ_a、毛体积密度 ρ_b 按式（T0308-1）计算至小数点后 3 位。

$$\rho_a = \gamma_a \times \rho_T$$

或
$$\rho_a = (\gamma_a - \alpha_T) \times \rho_w \qquad\qquad \text{(T0308-1)}$$

式中　ρ_a——集料的表观密度(g·cm³)；

　　　　ρ_T——试验温度 T 时水的密度(g/cm³)。

6. 精密度或允许差

重复试验的精密度，两次结果之差对相对密度不得超过 0.02，对吸水率不得超过 0.2%。

不同水温时水的密度 ρ_T 及水温修正系数 α_T

水温/℃	15	16	17	18	19	20
水的密度 ρ_T/(g·cm⁻³)	0.999 13	0.998 97	0.998 80	0.998 62	0.998 43	0.998 22
水温修正系数 α_T	0.002	0.003	0.003	0.004	0.004	0.005
水温/℃	21	22	23	24	25	
水的密度 ρ_T/(g·cm⁻³)	0.998 02	0.997 79	0.997 56	0.997 33	0.997 02	
水温修正系数 α_T	0.005	0.006	0.006	0.007	0.007	

粗集料表观密度试验记录(网篮法)

集料种类			试验日期		
试样用途			标准依据		
试验次数	集料的烘干质量 m_a/g	集料的水中质量 m_w/g	粗集料的表观密度 ρ_a/(g·cm⁻³)		备注
			单　值	平均值	
1					
2					

任务 1.14　粗集料堆积密度试验

任务描述

本任务要求认真阅读《公路工程集料试验规程》(JTG E42—2005)、《公路工程质量检验评定标准 第一册 土建工程》(JTG F80/1—2017)等相关技术规范，查阅相关资料；学会粗集料堆积密度试验。

学习目标

1. 掌握粗集料堆积密度检测目的、检测方法、检测步骤以及检测原理；
2. 掌握粗集料堆积密度检测相关的技术规范；
3. 掌握各种检测仪器的性能及应用方法；
4. 能够完成试验的数据处理；
5. 能用定量的方法科学地评定粗集料的质量。

工作准备

1. 阅读工作任务书，熟悉即将要学习的主要内容；
2. 收集并阅读《公路工程集料试验规程》(JTG E42—2005)、《公路工程质量检验评定标准 第一册 土建工程》(JTG F80/1—2017)等相关技术规范，查阅相关资料。在线了解路基工程建设中对粗集料堆积密度试验检测的要求。

任务实施

引导问题 1：粗集料堆积密度试验在试验前应如何取样？

_____

_____

引导问题 2：试述粗集料堆积密度试验的目的、主要的试验仪器、适用范围。

_____

_____

引导问题 3：简述粗集料堆积密度试验的注意事项。

_____

_____

_____

引导问题 4：粗集料堆积密度试验时，两次平行试验后，结果如何处理？

_____

_____

_____

引导问题 5：简述粗集料堆积密度试验的步骤。

_____

_____

_____

⚙ 任务反馈

教师对学生工作过程与工作结果进行评价，并将评价结果填入表 1-14-1 中。

表 1-14-1　教师综合评价表

班级：		姓名：	学号：	
任务 1.14		粗集料堆积密度试验		
评价项目		评价标准	分值/分	得分/分
考勤(10%)		无无故缺勤、迟到、早退现象	10	
工作过程（60%）	检测目的	正确表述路基工程中粗集料堆积密度检测目的	5	
	仪器使用	能独立、正确使用粗集料堆积密度检测中的相关仪器	10	
	检测方法及步骤	正确阐述粗集料堆积密度的检测方法及检测步骤	10	
	试验报告的完成	按要求完成试验报告的填写，正确处理试验数据	10	
	劳动纪律	遵守试验室的管理条例	5	
	工作态度	态度端正、工作认真、主动，按时完成学生工作活页	5	
	团队意识	与小组成员能有效地合作交流、协调工作	5	
	职业素质	把党的二十大思想融入实践，按要求完成学习任务，及时并准确	5	
	创新意识	通过阅读《公路工程集料试验规程》(JTG E42—2005)、《公路工程质量检验评定标准 第一册 土建工程》(JTG F80/1—2017)等相关技术规范，查阅相关资料，能更好地理解路基工程中粗集料堆积密度检测内容	5	
项目成果（30%）	工作完整	按时完成实训任务	5	
	工作规范	操作符合规范要求	10	
	回答问题	依据规范准确回答	10	
	成果展示	用语规范、表达准确	5	
小计			100	
综合评分				

T0309—2005 粗集料堆积密度及空隙率试验(节选)

1. 目的与适用范围

测定粗集料的堆积密度,包括自然堆积状态、振实状态、捣实状态下的堆积密度。

2. 仪具与材料

(1)天平或台秤:感量不大于称量的 0.1%。

(2)容量筒:适用于粗集料堆积密度测定的容量筒应符合表 T0309-1 的要求。

(3)平头铁锹。

表 T0309-1　容量筒的规格要求

粗集料公称 最大粒径/mm	容量筒容积 /L	容量筒规格/mm			筒壁厚度/mm
		内径	净高	底厚	
≤4.75	3	155±2	160±2	5.0	2.5
9.5~26.5	10	205±2	305±2	5.0	2.5
31.5~37.5	15	255±2	295±2	5.0	3.0
≥53	20	355±2	305±2	5.0	3.0

(4)烘箱:能控温在 105 ℃±5 ℃。

(5)振动台:频率为 3 000 次/min±200 次/min,负荷下的振幅为 0.35 mm,空载时的振幅为 0.5 mm。

(6)捣棒:直径 16 mm、长 600 mm、一端为圆头的钢棒。

3. 试验准备

按 T0301 的方法取样、缩分,质量应满足试验要求,在 105 ℃±5 ℃的烘箱中烘干,也可以摊在清洁的地面上风干,拌匀后分成两份备用。

4. 试验步骤

4.1　自然堆积密度

取试样 1 份,置于平整干净的水泥地(或铁板)上,用平头铁锹铲起试样,使石子自由落入容量筒内。此时,从铁锹的齐口至容量筒上口的距离应保持在 50 mm 左右,装满容量筒并除去凸出筒口表面的颗粒,并以合适的颗粒填入凹陷空隙,使表面稍凸起部分和凹陷部分的体积大致相等,称取试样和容量筒总质量(m_2)。

4.2　振实密度

按堆积密度试验步骤,将装满试样的容量筒放在振动台上,振动 3 min,或者将试样分三层装入容量筒:装完一层后,在筒底垫放一根直径为 25 mm 的圆钢筋,将筒按住,左右交替颠击地面各 25 下;然后装入第二层,用同样的方法颠实(但筒底所垫钢筋的方向应与第一层放置方向垂直);然后装入第三层,如上法颠实。待三层试样装填完毕后,加料填到试样超出容量筒口,用钢筋沿筒口边缘滚转,刮下高出筒口的颗粒,用合适的颗粒填平凹处,使表面稍凸起部分和凹陷部分的体积大致相等,称取试样和容量筒总质量(m_2)。

4.3 捣实密度

根据沥青混合料的类型和公称最大粒径,确定起骨架作用的关键性筛孔(通常为4.75 mm 或 2.36 mm 等)。将矿料混合料中此筛孔以上颗粒筛出,作为试样装入符合要求规格的容器中达1/3的高度,由边至中用捣棒均匀捣实25次。再向容器中装入1/3高度的试样,用捣棒均匀地捣实25次,捣实深度约至下层的表面。然后重复上一步骤,加最后一层,捣实25次,使集料与容器口齐平。用合适的集料填充表面的大空隙,用直尺大体刮平,目测估计表面凸起部分与凹陷部分的容积大致相等,称取容量筒与试样的总质量(m_2)。

4.4 容量筒容积的标定

用水装满容量筒,测量水温,擦干筒外壁的水分,称取容量筒与水的总质量(m_w),并按水的密度对容量筒的容积做校正。

5. 计算

(1)容量筒的容积按式(T0309-1)计算。

$$V = \frac{m_w - m_1}{\rho_T} \qquad (\text{T0309-1})$$

式中　V——容量筒的容积(L);

　　　m_1——容量筒的质量(kg);

　　　m_w——容量筒与水的总质量(kg);

　　　ρ_T——试验温度 T 时水的密度(g/cm^3)。

(2)堆积密度(包括自然堆积状态、振实状态、捣实状态下的堆积密度)按式(T0309-2)计算至小数点后2位。

$$\rho = \frac{m_2 - m_1}{V} \qquad (\text{T0309-2})$$

式中　ρ——与各种状态相对应的堆积密度(t/m^3);

　　　m_1——容量筒的质量(kg);

　　　m_2——容量筒与试样的总质量(kg);

　　　V——容量筒的容积(L)。

6. 报告

以两次平行试验结果的平均值作为测定值。

粗集料表观密度及堆积密度、针片状含量、压碎值及洛杉矶磨耗值实验记录

集料种类			试验日期	
试验用途			标准依据	

粗集料表观密度（网篮法）	集料的烘干质量 m_a /g	集料的水中质量 m_w /g	粗集料的表观密度 ρ_a/(t·cm^{-3})	
			单值	平均值

堆积（振实）密度	容器容积 /L	容器质量 /L	容器+试验质量 /kg	堆积（振实）密度/(t·cm^{-3})	
				单值	平均值

空隙率	表观密度/(g·cm^{-3})	振实密度/(t·m^{-3})	空隙率(1－振实密度/表观密度)×100/%

针片状颗粒含量	试样质量 /g	针片状颗粒质量 /g	针片状颗粒含量/%	
			单值	平均值

压碎值	试样质量 /g	试验后通过 2.36 mm 筛孔的试样质量/g	压碎值	
			单值	平均值

洛杉矶磨耗值	试样质量/g	试验后留在 1.7 mm 方孔筛上的试样质量 /g	磨耗值/%	
			单值	平均值

任务 1.15　粗集料针片状试验（规准仪法）

任务描述

本任务要求认真阅读《公路工程集料试验规程》(JTG E42—2005)、《公路工程质量检验评定标准 第一册 土建工程》(JTG F80/1—2017)等相关技术规范，查阅相关资料；学会粗集料针片状试验。

1. 掌握粗集料针片状检测目的、检测方法、检测步骤以及检测原理;
2. 掌握粗集料针片状检测相关的技术规范;
3. 掌握各种检测仪器的性能及应用方法;
4. 能够完成试验的数据处理;
5. 能用定量的方法科学地评定粗集料的质量。

工作准备

1. 阅读工作任务书,熟悉即将要学习的主要内容;
2. 收集并阅读《公路工程集料试验规程》(JTG E42—2005)、《公路工程质量检验评定标准 第一册 土建工程》(JTG F80/1—2017)等相关技术规范,查阅相关资料。在线了解路基工程建设中对粗集料针片状试验检测的要求。

任务实施

引导问题1:粗集料针片状试验在试验前应如何取样?

_____

_____

引导问题2:试述粗集料针片状试验的目的、主要的试验仪器、适用范围。

_____

_____

引导问题3:简述粗集料针片状试验的注意事项。

_____

_____

引导问题4:粗集料针片状试验时,两次平行试验后,结果如何处理?

_____

_____

_____

引导问题5:简述粗集料针片状试验的步骤。

_____

_____

_____

⚙ 任务反馈

教师对学生工作过程与工作结果进行评价，并将评价结果填入表 1-15-1 中。

表 1-15-1　教师综合评价表

班级：		姓名：	学号：	
任务 1.15		粗集料针片状试验		
评价项目		评价标准	分值/分	得分/分
考勤（10%）		无无故缺勤、迟到、早退现象	10	
工作过程（60%）	检测目的	正确表述路基工程中粗集料针片状检测目的	5	
	仪器使用	能独立、正确使用粗集料针片状检测中的相关仪器	10	
	检测方法及步骤	正确阐述粗集料针片状的检测方法及检测步骤	10	
	试验报告的完成	按要求完成试验报告的填写，正确处理试验数据	10	
	劳动纪律	遵守试验室的管理条例	5	
	工作态度	态度端正、工作认真、主动，按时完成学生工作活页	5	
	团队意识	与小组成员能有效地合作交流、协调工作	5	
	职业素质	把党的二十大思想融入实践，按要求完成学习任务，及时并准确	5	
	创新意识	通过阅读《公路工程集料试验规程》（JTG E42—2005）、《公路工程质量检验评定标准 第一册 土建工程》（JTG F80/1—2017）等相关技术规范，查阅相关资料，能更好地理解路基工程中粗集料针片状检测内容	5	
项目成果（30%）	工作完整	按时完成实训任务	5	
	工作规范	操作符合规范要求	10	
	回答问题	依据规范准确回答	10	
	成果展示	用语规范、表达准确	5	
小计			100	
综合评分				

66

T0311—2005 水泥混凝土用粗集料针片状颗粒含量试验(规准仪法)

1. 目的与适用范围

(1)本方法适用于测定水泥混凝土使用的 4.75 mm 以上的粗集料的针状及片状颗粒含量,以百分率计。

(2)本方法测定的针片状颗粒,是指使用专用规准仪测定的粗集料颗粒的最小厚度(或直径)方向与最大长度(或宽度)方向的尺寸之比小于一定比例的颗粒。

(3)本方法测定的粗集料中针片状颗粒的含量,可用于评价集料的形状及其在工程中的适用性。

2. 仪具与材料

(1)水泥混凝土集料针状规准仪和片状规准仪:

表 T0311-1　水泥混凝土集料针片状颗粒试验的粒级划分及其相应的规准仪孔宽或间距

粒级(方孔筛)/mm	4.75～9.75	9.5～16	16～19	19～26.5	26.5～31.5	31.5～37.5
针状规准仪上相对应的立柱之间的间距宽/mm	17.1(B_1)	30.6(B_2)	42.0(B_3)	54.6(B_4)	69.6(B_5)	82.8(B_6)
片状规准仪上相对应的孔宽/mm	2.8(A_1)	5.1(A_2)	7.0(A_3)	9.1(A_4)	11.6(A_5)	13.8(A_6)

(2)天平或台秤:感量不大于称量值的 0.1%。

(3)标准筛:孔径分别为 4.75 mm、9.5 mm、16 mm、19 mm、26.5 mm、31.5 mm、37.5 mm,试验时根据需要选用。

3. 试验准备

将来样在室内风干至表面干燥,并用四分法或分料器法缩分至满足表 T0311-2 规定的质量,称量(m_0),然后筛分成表 T031-2 所规定的粒级备用。

表 T0311-2　针片状颗粒试验所需的试样最小质量

公称最大粒径/mm	9.5	16	19	26.5	31.5	37.5	37.5	37.5
试样最小质量/kg	0.3	1	2	3	5	10	10	10

4. 试验步骤

(1)目测挑出接近立方体形状的规则颗粒,将目测有可能属于针片状颗粒的集料按表 T0311-2 所规定的粒级用规准仪逐粒对试样进行针状颗粒鉴定,挑出颗粒长度大于针状规准仪上相应间距而不能通过者,为针状颗粒。

(2)对通过针状规准仪上相应间距的非针状颗粒逐粒进行片状颗粒鉴定,挑出厚度小于片状规准仪上相应孔宽能通过者,为片状颗粒。

(3)称量由各粒级挑出的针状颗粒和片状颗粒的质量,其总质量为 m_1。

5. 计算

碎石或砾石中针片状颗粒含量按式(T0311-1)计算，精确至0.1%。

$$Q_e = \frac{m_1}{m_0} \times 100 \qquad (T0311\text{-}1)$$

式中　Q_e——试样的针片状颗粒含量(%)；

m_1——试样中所含针状颗粒与片状颗粒的总质量(g)；

m_0——试样总质量(g)。

注：如果需要可以分别计算针状颗粒和片状颗粒的含量百分数。

碎(砾)石试验报告

集料品种			试验日期	
试样用途			标准依据	
针片状颗粒含量	试样质量 /g	针片状颗粒质量 /g	针片状颗粒含量/%	
			单值	平均值

粗集料针片状试验(规准仪法)相关图片

任务 1.16　粗集料压碎值试验

任务描述

本任务要求认真阅读《公路工程集料试验规程》(JTG E42—2005)、《公路工程质量检验评定标准 第一册 土建工程》(JTG F80/1—2017)等相关技术规范，查阅相关资料；学会粗集料压碎值试验。

学习目标

1. 掌握粗集料压碎值检测目的、检测方法、检测步骤以及检测原理；
2. 掌握粗集料压碎值检测相关的技术规范；
3. 掌握各种检测仪器的性能及应用方法；
4. 能够完成试验的数据处理；
5. 能用定量的方法科学地评定粗集料的质量。

1. 阅读工作任务书，熟悉即将要学习的主要内容；

2. 收集并阅读《公路工程集料试验规程》(JTG E42—2005)、《公路工程质量检验评定标准 第一册 土建工程》(JTG F80/1—2017)等相关技术规范，查阅相关资料。在线了解路基工程建设中对粗集料压碎值试验检测的要求。

任务实施

引导问题 1：试验前有哪些准备工作？试验结果应如何评定？

_____

_____

_____

引导问题 2：粗集料压碎值试验的目的是什么？实验的主要仪器有哪些？说明在试验时应注意哪些问题？

_____

_____

_____

引导问题 3：粗集料压碎值试验中使用标准筛的规格是多少？

_____

_____

_____

引导问题 4：粗集料压碎值试验时，两次平行试验后，结果如何处理？

_____

_____

_____

引导问题 5：简述粗集料压碎值试验的步骤。

_____

_____

_____

_____

⚙ 任务反馈

教师对学生工作过程与工作结果进行评价，并将评价结果填入表 1-16-1 中。

表 1-16-1　教师综合评价表

班级：		姓名：		学号：
任务 1.16		粗集料压碎值试验		
评价项目		评价标准	分值/分	得分/分
考勤(10%)		无无故缺勤、迟到、早退现象	10	
工作过程 (60%)	检测目的	正确表述路基工程中粗集料压碎值检测目的	5	
	仪器使用	能独立、正确使用粗集料压碎值检测中的相关仪器	10	
	检测方法及步骤	正确阐述粗集料压碎值的检测方法及检测步骤	10	
	试验报告的完成	按要求完成试验报告的填写，正确处理试验数据	10	
	劳动纪律	遵守试验室的管理条例	5	
	工作态度	态度端正、工作认真、主动，按时完成学生工作活页	5	
	团队意识	与小组成员能有效地合作交流、协调工作	5	
	职业素质	把党的二十大思想融入实践，按要求完成学习任务，及时并准确	5	
	创新意识	通过阅读《公路工程集料试验规程》(JTG E42—2005)、《公路工程质量检验评定标准 第一册 土建工程》(JTG F80/1—2017)等相关技术规范，查阅相关资料，能更好地理解路基工程中粗集料压碎值检测内容	5	
项目成果 (30%)	工作完整	按时完成实训任务	5	
	工作规范	操作符合规范要求	10	
	回答问题	依据规范准确回答	10	
	成果展示	用语规范、表达准确	5	
小计			100	
综合评分				

相关知识点

T0316—2005 粗集料压碎值试验

1. 目的与适用范围

集料压碎值用于衡量石料在逐渐增加的荷载下抵抗压碎的能力，是衡量石料力学性质的指标，以评定其在公路工程中的适用性。

2. 仪具与材料

(1)石料压碎值试验仪：由内径 150 mm、两端开口的钢制圆形试筒、压柱和底板组成，试筒内壁、压柱的底面及底板的上表面等与石料接触的表面都应进行热处理，使表面硬化，达到维氏硬度65°并保持光滑状态。

(2)金属棒：直径10 mm，长450～600 mm，一端加工成半球形。

(3)天平：称量2～3 kg，感量不大于1 g。

(4)标准筛：筛孔尺寸13.2 mm、9.5 mm、2.36 mm方孔筛各一个。

(5)压力机：500 kN，应能在10 min内加载至400 kN。

(6)金属筒：圆柱形，内径112.0 mm，高179.4 mm，容积1 767 cm³。

3. 试验准备

(1)采用风干石料用13.2 mm和9.5 mm标准筛过筛，取9.5～13.2 mm的试样3组各3 000 g，供试验用。如过于潮湿需加热烘干时，烘箱温度不得超过100 ℃，烘干时间不超过4 h。试验前，石料应冷却至室温。

(2)每次试验的石料数量应满足按下述方法夯击后石料在试筒内的深度为100 mm。

在金属筒中确定石料数量的方法如下：

将试样分3次(每次数量大体相同)均匀装入试模，每次均将试样表面整平，用金属棒的半球面端从石料表面上均匀捣实25次，最后用金属棒作为直刮刀将表面仔细整平。称取量筒中试样质量(m_0)。以相同质量的试样进行压碎值的平行试验。

4. 试验步骤

(1)将试筒安放在底板上。

(2)将要求质量的试样分3次(每次数量大体相同)均匀装入试模，每次均将试样表面整平，用金属棒的半球面端从石料表面上均匀捣实25次。最后用金属棒作为直刮刀将表面仔细整平。

(3)将装有试样的试模放到压力机上，同时加压头放入试筒，并将试筒放于石料面上，注意使压头摆平，勿楔挤试模侧壁。

(4)开动压力机，均匀地施加荷载，在10 min左右的时间内达到总荷载400 kN，稳压5 s，然后卸荷。

(5)将试模从压力机上取下，取出试样。

(6)用2.36 mm标准筛筛分经压碎的全部试样，可分几次筛分，均需筛到在1 min内无明显的筛出物为止。

(7)称取通过2.36 mm筛孔的全部细料质量(m_1)，准确至1 g。

5. 计算

石料压碎值按式(T0316-1)计算，精确至0.1%。

$$Q'_a = \frac{m_1}{m_0} \times 100 \qquad (T0316-1)$$

式中 Q'_a——石料压碎值(%)；

m_0——试验前试样质量(g)；

m_1——试验后通过2.36 mm筛孔的细料质量(g)。

6. 报告

以3个试样平行试验结果的算术平均值作为压碎值的测定值。

粗集料压碎值试验相关图片

碎(砾)石试验报告

	试样质量/g	针片状颗粒质量/g	针片状颗粒含量/%	
			单值	平均值
针片状颗粒含量				
	试样质量/g	试验后通过 2.36 mm 筛孔的试样质量/g	压碎值	
			单值	平均值
压碎值				
	试样质量/g	试验后留在 1.7 mm 方孔筛上的试样质量/g	磨耗值/%	
			单值	平均值
洛杉矶磨耗值				

任务 1.17　粗集料磨耗试验

任务描述

本任务要求认真阅读《公路工程集料试验规程》(JTG E42—2005)、《公路工程质量检验评定标准 第一册 土建工程》(JTG F80/1—2017)等相关技术规范,查阅相关资料;学会粗集料磨耗试验。

学习目标

1. 掌握粗集料磨耗检测目的、检测方法、检测步骤以及检测原理;
2. 掌握粗集料磨耗检测相关的技术规范;
3. 掌握各种检测仪器的性能及应用方法;
4. 能够完成试验的数据处理;
5. 能用定量的方法科学地评定粗集料的质量。

工作准备

1. 阅读工作任务书,熟悉即将要学习的主要内容;
2. 收集并阅读《公路工程集料试验规程》(JTG E42—2005)、《公路工程质量检验评定标准 第一册 土建工程》(JTG F80/1—2017)等相关技术规范,查阅相关资料。在线了解路基工程建设中对粗集料磨耗试验检测的要求。

引导问题 1：粗集料磨耗试验在试验前应如何取样？

_____

_____

_____

引导问题 2：试述粗集料磨耗试验的目的、主要的试验仪器、适用范围。

_____

_____

_____

引导问题 3：粗集料磨耗试验中使用标准筛的规格是多少？

_____

_____

_____

_____

引导问题 4：粗集料磨耗试验时，两次平行试验后，结果如何处理？

_____

_____

_____

_____

引导问题 5：简述粗集料磨耗试验的步骤。

_____

_____

_____

_____

_____

⚙ **任务反馈**

教师对学生工作过程与工作结果进行评价，并将评价结果填入表 1-17-1 中。

表 1-17-1　教师综合评价表

班级：		姓名：		学号：	
任务 1.17		粗集料磨耗试验			
评价项目		评价标准		分值/分	得分/分
考勤(10%)		无无故缺勤、迟到、早退现象		10	
工作过程 （60%）	检测目的	正确表述路基工程中粗集料磨耗检测目的		5	
	仪器使用	能独立、正确使用粗集料磨耗检测中的相关仪器		10	
	检测方法及步骤	正确阐述粗集料磨耗的检测方法及检测步骤		10	
	试验报告的完成	按要求完成试验报告的填写，正确处理试验数据		10	
	劳动纪律	遵守试验室的管理条例		5	
	工作态度	态度端正、工作认真、主动，按时完成学生工作活页		5	
	团队意识	与小组成员能有效地合作交流、协调工作		5	
	职业素质	把党的二十大思想融入实践，按要求完成学习任务，及时并准确		5	
	创新意识	通过阅读《公路工程集料试验规程》(JTG E42—2005)、《公路工程质量检验评定标准 第一册 土建工程》(JTG F80/1—2017)等相关技术规范，查阅相关资料，能更好地理解路基工程中粗集料磨耗检测内容		5	
项目成果 （30%）	工作完整	按时完成实训任务		5	
	工作规范	操作符合规范要求		10	
	回答问题	依据规范准确回答		10	
	成果展示	用语规范、表达准确		5	
小计				100	
综合评分					

T0317—2005 粗集料磨耗试验(洛杉矶法)

1. 目的与适用范围

(1)测定标准条件下粗集料抵抗摩擦、撞击的能力,以磨耗损失(%)表示。

(2)本方法适用于各种等级规格集料的磨耗试验。

2. 仪具与材料

(1)洛杉矶磨耗试验机:圆筒内径 710 mm±5 mm,内侧长 510 mm±5 mm,两端封闭,投料口的钢盖通过紧固螺栓和橡胶垫与钢筒紧闭密封。钢筒的回转速率为 30~33 r/min。

(2)钢球:直径约 46.8 mm,质量为 390~445 g,大小稍有不同,以便组合成符合要求的总质量。

(3)台秤:感量 5 g。

(4)标准筛:符合要求的标准筛系列,以及筛孔为 1.7 mm 的方孔筛一个。

(5)烘箱:能控温在 105 ℃±5 ℃。

(6)容器:搪瓷盘等。

3. 试验步骤

(1)将不同规格的集料用水冲洗干净,置烘箱中烘干至恒重。

(2)对所使用的集料,根据实际情况按表 T0317-1 选择最接近的粒级类别,确定相应的试验条件,按规定的粒级组成备料、筛分。其中水泥混凝土用集料宜采用 A 级粒度;对沥青路面及各种基层、底基层用于粗集料,表中的 16 mm 筛孔也可用 13.2 mm 筛孔代替。对非规格材料,应根据材料的实际粒度,从表 T0317-1 中选择最接近的粒级类别及试验条件。

表 T0317-1　粗集料洛杉矶试验条件

粒度类别	粒级组成 /mm	试样质量 /g	试样总质量 /g	钢球数量 /个	钢球总质量 /g	转动次数 /转	适用的粗集料	
							规格	公称粒径/mm
A	26.5~37.5	1 250±25	5 000±10	12	5 000±25	500		
	19.0~26.5	1 250±25						
	16.0~19.0	1 250±10						
	9.5~16.0	1 250±10						
B	19.0~26.5	2 500±10	5 000±10	11	4 850±25	500	S6	15~30
	16.0~19.0	2 500±10					S7	10~30
							S8	10~25
C	9.5~16.0	2 500±10	5 000±10	8	3 330±20	500	S9	10~20
	4.75~9.5	2 500±10					S10	10~15
							S11	5~15
							S12	5~10

粒度类别	粒级组成/mm	试样质量/g	试样总质量/g	钢球数量/个	钢球总质量/g	转动次数/转	适用的粗集料	
							规格	公称粒径/mm
D	2.36～4.75	5 000±10	5 000±10	6	2 500±15	500	S13 S14	3～10 3～5
E	63～75 53～63 37.5～53	2 500±50 2 500±50 5 000±50	10 000±100	12	5 000±25	1 000	S1 S2	40～75 40～60
F	37.5～53 26.5～37.5	5 000±50 5 000±25	10 000±75	12	5 000±25	1 000	S3S4	30～60 25～50
G	26.5～37.5 19～26.5	5 000±25 5 000±25	10 000±50	12	5 000±25	1 000	S5	20～40

注：①表中 16 mm 也可用 13.2 mm 代替。
②A 级适用于未筛碎石混合料及水泥混凝土用集料。
③C 级中 S12 可全部采用 4.75～9.5 mm 颗粒 5 000 g；S9 及 S10 可全部采用 9.5～16 mm 颗粒 5 000 g。
④E 级中 S2 中缺 63～75 mm 颗粒可用 53～63 mm 颗粒代替

(3)分级称量(准确至 5 g)，称取总质量(m_1)，装入磨耗机圆筒。

(4)选择钢球，使钢球的数量及总质量符合表 T0317-1 中规定。将钢球加入钢筒，盖好筒盖，紧固密封。

(5)将计数器调整到零位，设定要求的回转次数，对水泥混凝土集料，回转次数为 500 转，对沥青混合料集料，回转次数应符合表 T0317-1 的要求。开动磨耗机，以 30～33 r/min 转速转动至要求的回转次数为止。

(6)取出钢球，将经过磨耗后的试样从投料口倒入接受容器(搪瓷盘)。

(7)将试样用 1.7 mm 的方孔筛过筛，筛去试样中被撞击磨碎的细屑。

(8)用水冲干净留在筛上的碎石，置 105 ℃±5 ℃烘箱中烘干至恒重(通常不少于 4 h)，准确称量(m_2)。

4. 计算

按式(T0317-1)计算粗集料洛杉矶磨耗损失，精确至 0.1%。

$$Q = \frac{m_1 - m_2}{m_1} \times 100 \tag{T0317-1}$$

式中 Q——洛杉矶磨耗损失(%)；

m_1——装入圆筒中试样质量(g)；

m_2——试验后在 1.7 mm 筛上洗净烘干的试样质量(g)。

5. 报告

(1)试验报告应记录所使用的粒级类别和试验条件。

(2)粗集料的磨耗损失取两次平行试验结果的算术平均值为测定值，两次试验的差值应不大于 2%，否则须重做试验。

碎(砾)石试验报告

针片状颗粒含量	试样质量/g	针片状颗粒质量/g	针片状颗粒含量/%	
			单值	平均值
压碎值	试样质量/g	试验后通过 2.36 mm 筛孔的试样质量/g	压碎值	
			单 值	平均值
洛杉矶磨耗值	试样质量/g	试验后留在 1.7 mm 方孔筛上的试样质量/g	磨耗值/%	
			单 值	平均值

任务 1.18 钢筋拉伸试验

任务描述

本任务要求认真阅读《钢筋混凝土用钢材试验方法》(GB/T 28900—2022)、《公路工程质量检验评定标准 第一册 土建工程》(JTG F80/1—2017)等相关技术规范，查阅相关资料；学会粗钢筋拉伸试验。

学习目标

1. 掌握钢筋拉伸试验检测目的、检测方法、检测步骤及检测原理；
2. 掌握钢筋拉伸试验检测相关的技术规范；
3. 掌握各种检测仪器的性能及应用方法；
4. 能够完成试验的数据处理；
5. 能用定量的方法科学地评定钢筋的质量。

工作准备

1. 阅读工作任务书，熟悉即将要学习的主要内容；
2. 收集并阅读《钢筋混凝土用钢材试验方法》(GB/T 28900—2022)、《公路工程质量检验评定标准 第一册 土建工程》(JTG F80/1—2017)等相关技术规范，查阅相关资料。在线了解路基工程建设中对钢筋拉伸试验检测的要求。

⚙ 任务实施

引导问题 1：钢筋拉伸试验在试验前应如何取样？

_____

_____

_____

_____

_____

引导问题 2：试述钢筋拉伸试验的目的、主要的试验仪器、适用范围。

_____

_____

_____

_____

_____

引导问题 3：钢筋拉伸试验中使用标准筛的规格是多少？

_____

_____

_____

_____

_____

引导问题 4：简述钢筋拉伸试验的步骤。

_____

_____

_____

_____

_____

任务反馈

教师对学生工作过程与工作结果进行评价，并将评价结果填入表1-18-1中。

表 1-18-1　教师综合评价表

班级：		姓名：	学号：	
任务 1.18		钢筋拉伸试验		
评价项目		评价标准	分值/分	得分/分
考勤（10%）		无无故缺勤、迟到、早退现象	10	
工作过程 （60%）	检测目的	正确表述路基工程中钢筋拉伸检测目的	5	
	仪器使用	能独立、正确使用钢筋拉伸检测中的相关仪器	10	
	检测方法及步骤	正确阐述钢筋拉伸的检测方法及检测步骤	10	
	试验报告的完成	按要求完成试验报告的填写，正确处理试验数据	10	
	劳动纪律	遵守试验室的管理条例	5	
	工作态度	态度端正、工作认真、主动，按时完成学生工作活页	5	
	团队意识	与小组成员能有效地合作交流、协调工作	5	
	职业素质	把党的二十大思想融入实践，按要求完成学习任务，及时并准确	5	
	创新意识	通过阅读《钢筋混凝土用钢材试验方法》（GB/T 28900—2022）、《公路工程质量检验评定标准 第一册 土建工程》（JTG F80/1—2017）等相关技术规范，查阅相关资料，能更好地理解路基工程中钢筋拉伸检测内容	5	
项目成果 （30%）	工作完整	按时完成实训任务	5	
	工作规范	操作符合规范要求	10	
	回答问题	依据规范准确回答	10	
	成果展示	用语规范、表达准确	5	
小计			100	
综合评分				

相关知识点

1. 目的、意义与适用范围

通过钢筋拉伸的测定可检验不同钢筋的力学性能标准是否满足要求。

本方法适用于测定各种金属常温拉伸试验方法，用以测定一项或几项力学性能。

2. 主要试验仪具

各种类型试验机均可使用，试验机误差应符合要求，能满足测定力学性能的要求。

3. 试样准备

首先测量试样尺寸，计算试样的横截面面积。

查得材料极限强度，估计试验中要加的最大荷载，并由此选择合适的测力量程，画好标距。然后调试好试验机，同时调整好记录装置。

4. 试验步骤

将试样安装在试验机上。

根据试验机的特点及试样材质、尺寸及试验目的来确定试样拉伸速度，必须保证所测性能的准确性。

开动试验机进行缓慢匀速加载。

5. 结果整理

钢筋拉伸试验过程中，当测力度盘的指针停止转动时恒定负荷或第一次回转的最小负荷即为屈服点的荷载。

计算屈服强度：抗拉强度是对试件连续加荷直至拉断，由测力度盘或拉伸曲线上读出最大负荷 F_b。抗拉强度(σ_b)以 MPa 为单位。同一试样每组做 3 次平行试验。

钢材塑性指标通常用伸长率和断面收缩率表示，钢筋一般进行伸长率单项抽检。当试件拉断后标距长度的增量与原标距长度之比的百分率即为伸长率。

同一试样每组做 3 次平行试验。

6. 结果判断

试验出现下列情况之一者，试验结果无效，应重做：

(1)试件断在标距外(伸长率无效)；

(2)操作不当，影响试验结果；

(3)试验记录有误或设备发生故障。

试验后试样出现两个或两个以上的缩颈以及有肉眼可见的冶金缺陷，应在记录和报告中注明(表 1-18-2)。

表 1-18-2 钢材拉伸试验记录表

材料名称、牌号				试验日期			
试件编号	试件尺寸		荷载/kN		力学性能			
	公称直径/mm	原始标距/mm	屈服	极限	屈服强度 R_{el}/MPa	抗拉强度 R_m/MPa	断后伸长率 A/%	最大力总伸长率 A_{gt}/%

任务 1.19　钢筋冷弯试验

任务描述

本任务要求认真阅读《钢筋混凝土用钢材试验方法》(GB/T 28900—2022)、《公路工程质量检验评定标准 第一册 土建工程》(JTG F80/1—2017)等相关技术规范，查阅相关资料；学会钢筋冷弯试验。

学习目标

1. 掌握钢筋冷弯试验检测目的、检测方法、检测步骤及检测原理；
2. 掌握钢筋冷弯试验检测相关的技术规范；
3. 掌握各种检测仪器的性能及应用方法；
4. 能够完成试验的数据处理；
5. 能用定量的方法科学地评定钢筋的质量。

工作准备

1. 阅读工作任务书，熟悉即将要学习的主要内容；
2. 收集并阅读《钢筋混凝土用钢材试验方法》(GB/T 28900—2022)、《公路工程质量检验评定标准 第一册 土建工程》(JTG F80/1—2017)等相关技术规范，查阅相关资料。在线了解路基工程建设中对钢筋冷弯试验检测的要求。

任务实施

引导问题 1：钢筋冷弯试验在试验前应如何取样？

_____

_____

引导问题 2：试述钢筋冷弯试验的目的、主要的试验仪器、适用范围。

_____

_____

引导问题 3：钢筋冷弯试验中使用标准筛的规格是多少？

_____

_____

_____

引导问题 4：简述钢筋冷弯试验的步骤。

_____

_____

⚙ 任务反馈

教师对学生工作过程与工作结果进行评价，并将评价结果填入表 1-19-1 中。

表 1-19-1　教师综合评价表

班级：		姓名：		学号：	
任务 1.19		钢筋冷弯试验			
评价项目		评价标准		分值/分	得分/分
考勤(10%)		无无故缺勤、迟到、早退现象		10	
工作过程(60%)	检测目的	正确表述路基工程中钢筋冷弯检测目的		5	
	仪器使用	能独立、正确使用钢筋冷弯检测中的相关仪器		10	
	检测方法及步骤	正确阐述钢筋冷弯的检测方法及检测步骤		10	
	试验报告的完成	按要求完成试验报告的填写，正确处理试验数据		10	
	劳动纪律	遵守试验室的管理条例		5	
	工作态度	态度端正、工作认真、主动，按时完成学生工作活页		5	
	团队意识	与小组成员能有效地合作交流、协调工作		5	
	职业素质	把党的二十大思想融入实践，按要求完成学习任务，及时并准确		5	
	创新意识	通过阅读《钢筋混凝土用钢材试验方法》(GB/T 28900—2022)、《公路工程质量检验评定标准 第一册 土建工程》(JTG F80/1—2017)等相关技术规范，查阅相关资料，能更好地理解路基工程中钢筋冷弯试验检测内容		5	
项目成果(30%)	工作完整	按时完成实训任务		5	
	工作规范	操作符合规范要求		10	
	回答问题	依据规范准确回答		10	
	成果展示	用语规范、表达准确		5	
小计				100	
综合评分					

相关知识点

1. 目的和适用范围

通过钢筋冷弯的测定可检验不同钢筋的力学性能标准是否满足要求。

本试验方法用来检验钢筋承受规定弯曲程度的弯曲变形性能，是评定钢筋塑性和工艺性能的重要依据。

本方法适用于测定各种金属常温拉伸试验方法，用以测定一项或多项力学性能。

2. 主要试验仪具

各种类型试验机均可使用，试验机误差应符合《拉力、压力和万能试验机》(JJG 39—2014)的试验机要求。试验机应备调速指示装置，试验时能在规定的速度范围内灵活调节，并具有记录或显示装置，以满足测定力学性能的要求。试验机应由计量部门定期进行检定。试验时所使用力的范围应在检定范围内。弯曲试验可在配备弯曲装置的压力机或万能试验机上进行。常用弯曲装置有支辊式、V 形模具式、虎钳式、翻板式四种。

试验机应具备以下装置：

(1)应有足够硬度的支承辊，其长度应大于试样的宽度或直径，支辊间的距离可以调节。

(2)具有不同直径的弯心，弯心直径满足有关标准规定，其宽度应大于试样的宽度或直径。弯心应由足够的硬度。

3. 试验准备

(1)对直径不大于 35 mm 钢筋，试样的横截面与原材料截面面积相同。若试验机能量允许时，直径≤50 mm 的钢筋可用全截面的试样进行试验。

(2)对直径大于 35 mm 的钢筋，应制成直径 25 mm 的圆形试样，当有关标准另有规定时，则按规定执行。加工时，在试样的一面或一侧必须保留原轧制面，试验时该面应是弯曲外侧。

试样长度 L 为 $L = 5d + 150$ mm(d 为钢筋直径)。

4. 试验步骤

试样弯曲至规定的弯曲角度。试样弯曲至两臂相距规定弯曲且相互平行。

5. 结果处理

做弯试验后，弯曲外侧表面如无裂纹、断裂或起层，即判为合格。

做冷弯试验的两根试件中，如有一根试件不合格，可取双倍数量试件重新做冷弯试验，第二次冷弯试验中，如仍有一根不合格，即判该批钢筋不合格品。

同一试样每组做 2 次平行试验。

钢材弯曲试验记录见表 1-19-2。

表 1-19-2　钢材弯曲试验记录

材料名称、牌号				试验日期	
试验编号	试样形状和尺寸	钢材公称直径 /mm	弯芯直径 /mm	弯曲角度 /(°)	弯曲结果

任务 1.20　水泥混凝土配合比设计

任务描述

　　本任务要求认真阅读《普通混凝土配合比设计规程》(JGJ 55—2011)、《公路工程质量检验评定标准 第一册 土建工程》(JTG F80/1—2017)等相关技术规范，查阅相关资料；学会水泥混凝土配合比设计。

学习目标

　　1. 掌握水泥混凝土配合比设计目的、检测方法、检测步骤及检测原理；
　　2. 掌握水泥混凝土配合比设计检测相关的技术规范；
　　3. 掌握各种检测仪器的性能及应用方法；
　　4. 能够完成试验的数据处理。

工作准备

　　1. 阅读工作任务书，熟悉即将要学习的主要内容；
　　2. 收集并阅读《普通混凝土配合比设计规程》(JGJ 55—2011)、《公路工程质量检验评定标准 第一册 土建工程》(JTG F80/1—2017)等相关技术规范，查阅相关资料。在线了解道路工程建设中对水泥混凝土配合比设计的要求。

任务实施

　　引导问题 1：混凝土配合比设计的概念是什么？

_____

_____

　　引导问题 2：混凝土配合比表示方法有哪些？

_____

_____

_____

　　引导问题 3：水泥混凝土配合比设计的基本要求有哪些？

_____

_____

_____

引导问题 4：普通水泥混凝土配合比设计的三参数是什么？

_____

_____

引导问题 5：普通水泥混凝土配合比设计的步骤有哪些？

_____

_____

引导问题 6：初步配合比设计的步骤有哪些？

_____

_____

⚙ 任务反馈

教师对学生工作过程与工作结果进行评价，并将评价结果填入表 1-20-1 中。

表 1-20-1　教师综合评价表

班级：		姓名：		学号：	
任务 1.20		水泥混凝土配合比设计			
评价项目		评价标准		分值/分	得分/分
考勤(10%)		无无故缺勤、迟到、早退现象		10	
工作过程 (60%)	检测目的	正确表述道路工程中水泥混凝土配合比设计的目的		5	
	仪器使用	能独立、正确完成水泥混凝土配合比设计		10	
	检测方法及步骤	正确阐述水泥混凝土配合比设计步骤		10	
	试验报告的完成	按要求完成试验报告的填写，正确处理试验数据		10	
	劳动纪律	遵守试验室的管理条例		5	
	工作态度	态度端正、工作认真、主动，按时完成学生工作活页		5	
	团队意识	与小组成员能有效地合作交流、协调工作		5	
	职业素质	把党的二十大思想融入实践，按要求完成学习任务，及时并准确		5	
	创新意识	通过阅读《公路工程水泥及水泥混凝土试验规程》(JTG 3420—2020)、《公路工程质量检验评定标准 第一册 土建工程》(JTG F80/1—2017)等相关技术规范，查阅相关资料，能更好地理解道路工程中水泥混凝土配合比设计的内容		5	
项目成果 (30%)	工作完整	按时完成实训任务		5	
	工作规范	操作符合规范要求		10	
	回答问题	依据规范准确回答		10	
	成果展示	用语规范、表达准确		5	
小计				100	
综合评分					

普通水泥混凝土的组成设计

1. 普通水泥混凝土的组成设计要求如下：

1.1 概述

混凝土中各组成材料用量之比即为混凝土的配合比。

1.1.1 混凝土配合比表示方法

(1)以每立方米混凝土中各种材料的用量表示。例如，水泥：细集料：粗集料：水＝330 kg：720 kg：1264 kg：180 kg。

(2)以水泥的质量为1，并按"水泥：细集料：粗集料：水胶比"的顺序表示。例如，1：2.18：3.82；$W/C=0.54$。

1.1.2 配合比设计的基本要求

混凝土配合比设计应满足结构物设计强度、施工工作性、环境耐久性和经济性四项基本要求。

1.1.3 混凝土配合比设计的三参数

普通混凝土的配合比设计，就是确定水泥、水、细集料和粗集料四组分之间的比例关系，此比例关系通常用水胶比、砂率和单位用水量三个参数表示。水与水泥的关系，以水胶比表示；砂与石子的关系以砂率表示；水泥浆与集料的关系，以单位用水量表示。

1.1.4 混凝土配合比设计的步骤

(1)计算"初步配合比"；

(2)提出"基准配合比"；

(3)确定"试验室配合比"；

(4)换算"施工配合比"。

1.2 普通混凝土配合比设计方法(以抗压强度为指标的计算方法)

1.2.1 计算初步配合比

(1)确定混凝土的配制强度。为了使所配制的混凝土具有必要的强度保证率($P=95\%$)，要求混凝土配制强度必须大于其标准值。

$$f_{cu,o} \geqslant f_{cu,k} + 1.645\sigma \tag{1-20-1}$$

式中　$f_{cu,o}$——混凝土的配制强度(MPa)；

　　　$f_{cu,k}$——混凝土立方体抗压强度标准值(设计要求的混凝土强度等级)(MPa)；

　　　σ——混凝土强度标准差(MPa)。

遇有下列情况时应提高混凝土配制强度：现场条件与试验室条件有显著差异；C30级及其以上强度等级的混凝土，采用非统计方法评定时。

混凝土强度标准差宜根据同类混凝土统计资料按式(1-20-2)计算确定：

$$\sigma = \sqrt{\dfrac{\sum\limits_{i=1}^{n} f_{cu,i}^2}{n-1}} \tag{1-20-2}$$

式中　$f_{cu,i}$——第 i 组混凝土试件立方体抗压强度值(MPa);

$\mu_{f_{cu}}$——n 组混凝土试件立方体抗压强度平均值(MPa);

n——统计周期内相同等级的试件组数,$n \geqslant 25$ 组。

混凝土强度标准差同时应符合下列规定:

①计算时,强度试件组数不应少于 25 组;

②当混凝土强度等级为 C20 和 C25 级,其强度标准差计算值小于 2.5 MPa 时,计算配制强度用的标准差应取不小于 2.5 MPa;当混凝土强度等级等于或大于 C30 级,其强度标准差计算值小于 3.0 MPa 时,计算配制强度用的标准差应取不小于 3.0 MPa;

③当无统计资料计算混凝土强度标准差时,其值应按《混凝土结构工程施工质量验收规范》(GB 50204—2015)的规定,按表 1-20-2 取用。

表 1-20-2　标准差 σ 值

强度等级/MPa	低于 C20	C20~C30	高于 35
标准差 σ/MPa	4.0	5.0	6.0

从式(1-20-1)可以看出配制强度要比设计强度高,其增量与保证率和由施工单位质量管理水平确定的标准差有关。标准差越大,混凝土的强度波动越大,质量越不稳定,均匀性越差,施工管理水平越低。混凝土的配制强度定得太低,结构物不安全,影响工程质量;定得太高,又浪费资金。

(2)计算水胶比。按强度要求计算水胶比。混凝土强度等级小于 C60 级时,混凝土水胶比宜按下式计算:

$$W/C = \frac{\alpha_a \cdot f_b}{f_{cu,o} + \alpha_a \cdot \alpha_b \cdot f_{ce}} \tag{1-20-3}$$

式中　W/C——混凝土所要求的水胶比;

$f_{cu,o}$——混凝土的配制强度(MPa);

α_a、α_b——回归系数;

f_{ce}——水泥 28 d 抗压强度实测值(MPa);当无水泥 28 d 抗压强度实测值时,公式(1-20-4)中的 f_{ce} 值可按下式确定:

$$f_{ce} = \gamma_c f_{ce,g} \tag{1-20-4}$$

式中　γ_c——水泥强度等级值的富余系数,可按实际统计资料确定;

$f_{ce,g}$——水泥强度等级值(MPa)。

f_{ce} 值也可根据 3 d 强度或快测强度推定 28 d 强度关系式推定得出。

按《普通混凝土配合比设计规程》(JGJ 55—2011)规定,回归系数 α_a 和 α_b 宜按下列规定确定:回归系数 α_a 和 α_b 应根据工程所使用的水泥、集料,通过实验由建立的水胶比与混凝土强度关系式确定;当不具备上述实验统计资料时,其回归系数可按表 1-20-3 采用。

表 1-20-3 回归系数(α_a、α_b)取值表值

回归系数 \ 粗集料品种	碎石	卵石
α_a	0.53	0.49
α_b	0.20	0.13

(3) 按耐久性校核水胶比。按式(1-20-4)计算所得的水胶比,是按强度要求计算得到的结果。在确定采用的水胶比时,还应根据混凝土所处环境条件,耐久性要求的允许最大水胶比进行校核。如按强度计算的水胶比大于耐久性允许的最大水胶比,应采用允许的最大水胶比。

(4) 选取单位用水量(m_{w0})。每立方米混凝土用水量的确定,应符合下列规定:

① 干硬性和塑性混凝土用水量的确定:

a. 水胶比在 0.40~0.80 范围时,根据粗集料的品种、粒径及施工要求的混凝土拌合物稠度,其用水量可按表 1-20-4、表 1-20-5 选取。

表 1-20-4　干硬性混凝土的用水量　　　　　　kg/m³

拌合物稠度		卵石最大粒径/mm			碎石最大粒径/mm		
项目	指标	10	20	40	16	20	40
维勃稠度/s	16~20	175	160	145	180	170	155
	11~15	180	165	150	185	175	160
	5~10	185	170	155	190	180	165

表 1-20-5　塑性混凝土的用水量　　　　　　kg/m³

拌合物稠度		卵石最大粒径/mm				碎石最大粒径/mm			
项目	指标	10	20	31.5	40	16	20	31.5	40
坍落度/mm	10~30	190	170	160	150	200	185	175	165
	35~50	200	180	170	160	210	195	185	175
	55~70	210	190	180	170	220	205	195	185
	75~90	215	195	185	170	230	215	205	195

注: 1. 本表用水量是采用中砂时的平均取值。采用细砂时,每立方米混凝土用水量可增加 5~10 kg;采用粗砂时,则可减少 5~10 kg。

　　 2. 掺用各种外加剂或掺合料时,用水量应相应调整

b. 水胶比小于 0.40 的混凝土以及采用特殊成型工艺的混凝土用水量应通过试验确定。

② 流动性和大流动性混凝土的用水量宜按下列步骤计算:

a. 以表 1-20-5 中坍落度 90 mm 的用水量为基础,按坍落度每增大 20 mm 用水量增加 5 kg,计算出未掺外加剂时的混凝土的用水量;

b. 掺外加剂时的混凝土用水量可按下式计算:

$$m_{w,0} = m'_{w0}(1 - \beta) \qquad (1\text{-}20\text{-}5)$$

式中　$m_{w,0}$——掺外加剂混凝土每立方米混凝土的用水量(kg)；

　　　m'_{w0}——未掺外加剂混凝土每立方米混凝土的用水量(kg)；

　　　β——外加剂的减水率(%)。

c. 外加剂的减水率应经试验确定。

(5)计算单位水泥用量(m_{c0})。

①按强度要求计算单位用胶量。每立方米混凝土拌合物的用水量(m_{w0})选定后，即可根据强度或耐久性要求和已求得的水胶比(W/B)值计算水泥单位用量。

$$m_{c0} = \frac{m_{w0}}{\dfrac{W}{B}} \qquad (1\text{-}20\text{-}6)$$

②按耐久性要求校核单位用胶量。根据耐久性要求，普通水泥混凝土的最小水泥用量，依结构物所处环境条件确定。按强度要求由式(1-20-6)计算得的单位水泥用量，应不低于规定的最小水泥用量。

(6)选取砂率(β_s)。当无历史资料可参考时，混凝土砂率的确定应符合下列规定：

①坍落度为 10~60 mm 的混凝土砂率，可根据粗集料品种、最大粒径及水胶比按表 1-20-6 选取。

表 1-20-6　混凝土的砂率　　　　　　　　　　　　　　　%

水胶比	卵石最大粒径/mm			碎石最大粒径/mm		
	10	20	40	16	20	40
0.40	26~32	25~31	24~30	30~35	29~34	27~32
0.50	30~35	29~34	28~33	33~38	32~37	30~35
0.60	33~38	32~37	31~36	36~41	35~40	33~38
0.70	36~41	35~40	34~39	39~44	38~43	36~41

注：①本表数值系中砂的选用砂率，对细砂或粗砂，可相应地减小或增大砂率；
　　②只用一个单粒级粗集料配制混凝土时，砂率应适当增大；
　　③对薄壁构件，砂率取偏大值；
　　④本表中的砂率是指砂与集料总量的质量比

②坍落度大于 60 mm 的混凝土砂率，可经试验确定，也可在表 1-20-6 的基础上，按坍落度每增大 20 mm，砂率增大 1% 的幅度予以调整。

③坍落度小于 10 mm 的混凝土，其砂率应经试验确定。

(7)计算粗集料、细集料的单位用量(m_{g0}、m_{s0})。粗集料、细集料的单位用量，可用质量法或体积法求得。

①质量法。该法是假定混凝土拌合物的表观密度为一固定值，混凝土拌合物各组成材料的单位用量之和即为其表观密度。当采用重量法时，粗集料和细集料的单位用量应按下列公式计算：

$$m_{c0} + m_{g0} + m_{s0} + m_{w0} = m_{cp} \tag{1-20-7}$$

$$\beta_s = \frac{m_{s0}}{m_{s0} + m_{g0}} \tag{1-20-8}$$

式中 m_{c0}——每立方米混凝土的水泥用量(kg);

m_{g0}——每立方米混凝土的粗集料用量(kg);

m_{s0}——每立方米混凝土的细集料用量(kg);

m_{w0}——每立方米混凝土的用水量(kg);

β_s——砂率(%);

m_{cp}——每立方米混凝土拌合物的假定重量(kg),可取 2 350～2 450。

②体积法。该法是假定混凝土拌合物的体积等于各组成材料绝对体积和混凝土拌合物中所含空气体积之和。当采用体积法时,粗集料和细集料的单位用量应按下列公式计算:

$$\frac{m_{c0}}{\rho_c} + \frac{m_{g0}}{\rho_g} + \frac{m_{s0}}{\rho_s} + \frac{m_{w0}}{\rho_w} + 0.01\alpha = 1 \tag{1-20-9}$$

$$\frac{m_{s0}}{m_{s0} + m_{g0}} \times 100\% = \beta_s \tag{1-20-10}$$

式中 m_{c0}、m_{s0}、m_{g0}、m_{w0}、β_s——意义同式(1-20-9)和式(1-20-10);

ρ_c——水泥密度(kg/m³),可取 2 900～3 100 kg/m³;

ρ_g——粗集料的表观密度(kg/m³);

ρ_s——细集料的表观密度(kg/m³);

ρ_w——水的密度(kg/m³),可取 1 000 kg/m³;

α——混凝土的含气量百分数,在不使用引气型外加剂时,α 可取为 1。

粗集料和细集料的表观密度(ρ_g、ρ_s)应按现行行业标准《公路工程集料试验规程》(JTG E42—2005)规定的方法测定。

通过以上步骤计算所得的配合比为初步配合比,即水泥:细集料:粗集料:水 = $m_{c0} : m_{s0} : m_{g0} : m_{w0}$。

上述两种确定粗集料和细集料单位用量的方法,一般认为,质量法比较简便,不需要各种组成材料的密度资料,如施工单位已积累了常用材料所配制混凝土的假定表观密度资料,也可得到准确的结果。体积法由于是根据各组成材料实测的密度来进行计算的,所以能获得较为精确的结果。

1.2.2 试配、调整,提出基准配合比

(1)试配。

①进行混凝土配合比试配时应采用工程中实际使用的原材料。混凝土的搅拌方法,宜与生产时使用的方法相同。

②混凝土配合比试配时,每盘混凝土的最小搅拌量应符合表 1-20-7 的规定;当采用机械搅拌时,其搅拌量不应小于搅拌机额定搅拌量的 1/4。

表 1-20-7 混凝土试配的最小搅拌量表

集料最大粒径/mm	拌合物数量/L
31.5 及以下	15
40	25

(2)检查工作性,提出基准配合比。按计算的初步配合比进行试配时,首先应进行试拌,以检查拌合物的工作性。当试拌得出的拌合物坍落度或维勃稠度不能满足要求,或黏聚性和保水性不好时,应在保证水胶比不变的条件下相应调整用水量或砂率,直到符合要求为止。然后提出供混凝土强度试验用的基准配合比,即 $m_{ca} : m_{sa} : m_{ga} : m_{wa}$。

1.2.3 检验强度,配合比的调整、确定试验室配合比

(1)检验强度。混凝土强度试验时至少应采用 3 个不同的配合比。当采用 3 个不同的配合比时,其中一个应为基准配合比,另外两个配合比的水胶比,宜较基准配合比分别增加和减少 0.05;用水量应与基准配合比相同,砂率可分别增加和减少 1%。当不同水胶比的混凝土拌合物坍落度与要求值的差超过允许偏差时,可通过增、减用水量进行调整。

制作混凝土强度试验试件时,应检验混凝土拌合物的坍落度或维勃稠度、黏聚性、保水性及拌合物的表观密度,并以此结果作为代表相应配合比的混凝土拌合物的性能。

进行混凝土强度试验时,每种配合比至少应制作一组(3 块)试件,标准养护到 28 d 时试压。

需要时可同时制作几组试件,供快速检验或较早龄期试压,以便提前定出混凝土配合比供施工使用。但应以标准养护 28 d 强度的检验结果为依据调整配合比。

(2)配合比的调整,确定试验室配合比。根据强度的检验结果和湿表观密度测定结果,进一步修正配合比,即可得到"试验室配合比设计值"。

①根据强度检验结果修正配合比。根据试验得出的混凝土强度与其相对应的胶水比(B/W)关系,用作图法或计算法求出与混凝土配制强度($f_{cu,o}$)相对应的胶水比,并应按下列原则确定每立方米混凝土的材料用量:

a. 用水量(m_{wb}):应在基准配合比用水量的基础上,根据制作强度试件时测得的坍落度或维勃稠度进行调整确定;

b. 水泥用量(m_{cb}):应以用水量乘以选定出来的胶水比计算确定;

c. 粗集料和细集料用量(m_{gb} 和 m_{sb}):应在基准配合比的粗集料和细集料用量的基础上,按选定的灰水比进行调整后确定。

②根据湿表观密度修正配合比。经试配确定配合比后,尚应按下列步骤进行校正:

a. 应根据强度检验结果修正后确定的材料用量按下式计算混凝土的表观密度计算值 $\rho_{c,c}$:

$$\rho_{c,c} = m_{cb} + m_{gb} + m_{sb} + m_{wb} \tag{1-20-11}$$

b. 应按下式计算混凝土配合比校正系数 δ:

$$\delta = \rho_{c,t} / \rho_{c,c} \tag{1-20-12}$$

式中 $\rho_{c,t}$——混凝土表观密度实测值(kg/m^3);

$\rho_{c,c}$——混凝土表观密度计算值(kg/m^3)。

c. 当混凝土表观密度实测值与计算值之差的绝对值不超过计算值的 2% 时，按强度检验结果修正后确定的配合比 $m_{cb}:m_{sb}:m_{gb}:m_{wb}$，即为确定的设计配合比；当两者之差超过 2% 时，应将配合比中每项材料用量均乘以校正系数 δ，即为确定的设计配合比。

$$m'_{cb}=m_{cb}\delta$$
$$m'_{sb}=m_{sb}\delta$$
$$m'_{gb}=m_{gb}\delta$$
$$m'_{wb}=m_{wb}\delta \tag{1-20-13}$$

即 $m'_{cb}:m'_{sb}:m'_{gb}:m'_{wb}$ 或 $1:m'_{sb}/m'_{cb}:m'_{gb}/m'_{cb}$，$m'_{wb}/m'_{cb}$ 为试验室配合比。

以上进行混凝土配合比计算时，其计算公式和有关参数表格中的数值均系以干燥状态集料为基准。当以饱和面干集料为基准进行计算时，则应做相应的修正。

注：干燥状态集料是指含水率小于 0.5% 的细集料或含水率小于 0.2% 的粗集料。

根据本单位常用的材料，可设计出常用的混凝土配合比备用；在使用过程中，应根据原材料情况及混凝土质量检验的结果予以调整。但遇下列情况之一时，应重新进行配合比设计：对混凝土性能指标有特殊要求时；水泥、外加剂或矿物掺合料品种、质量有显著变化时；该配合比的混凝土生产间断半年以上时。

1.2.4　换算施工配合比

试验室配合比是以干燥状态集料为基准计算的。施工现场砂石为露天堆放，都含有一定的水分，因此应根据现场砂石的含水率，将试验室配合比换算为施工配合比。

设施工现场实测砂、石含水率分别为 $a\%$，$b\%$，则施工配合比的各种材料单位用量：

$$m_c=m'_{cb}$$
$$m_s=m'_{sb}(1+a\%)$$
$$m_g=m'_{gb}(1+b\%)$$
$$m_w=m'_{wb}-(m'_{sb}\cdot a\%+m'_{gb}\cdot b\%) \tag{1-20-14}$$

即 $m_c:m_s:m_g:m_w$ 或 $1:m_s/m_c:m_g/m_c$，$W/B=m_w/m_c$ 为施工配合比。

根据施工配合比，每盘混凝土材料称量值，按下式计算：

$$M_i=V\cdot m_i \tag{1-20-15}$$

式中　M_i——i 材料的称量（kg 或 m³）；

　　　m_i——施工配合比中 i 材料的用量（kg/m³ 或 m³/m³）；

　　　V——每盘搅拌量（m³）。

1.3　掺外加剂普通混凝土配合比设计

1.3.1　确定试配强度和水胶比

按前述普通水泥混凝土配合比设计方法相同，按式（1-20-1）确定混凝土试配强度 $f_{cu,o}$，然后按式（1-20-3）计算水胶比。

1.3.2　计算掺外加剂混凝土的单位用水量

根据集料品种和规格、外掺剂的类型和掺量以及施工和易性的要求，按式（1-20-16）确定每立方米混凝土的用水量。

$$m_{w,ad}=m_w(1-\beta_{ad}) \tag{1-20-16}$$

式中　m_w——每立方米基准混凝土（未掺外加剂混凝土）中的用水量（kg）；

β_{ad}——外加剂的减水率，无减水作用的外加剂 $\beta=0$；

$m_{w,ad}$——每立方米外加剂混凝土的用水量。

1.3.3 计算外加剂混凝土的单位水泥用量

$$m_{c,ad} = B/W \times m_{w,ad} \tag{1-20-17}$$

1.3.4 计算单位粗、细集料用量

根据表 1-20-6 选定砂率（β_s），然后用质量法或体积法确定粗、细集料用量。

1.3.5 试拌调整

根据计算所得各种材料用量进行混凝土试拌，如不满足要求则应对材料用量进行调整，重新计算和试拌，直至达到设计要求。

水泥混凝土配合比报告见表 1-20-8。

表 1-20-8 水泥混凝土配合比报告

| 配合比编号 | 拟用于工程部位 | 设计强度/MPa | 设计坍落度/mm | 拌制方法 | 质量配合比 水泥:砂:石 | 水灰比 | 每立方米混凝土材料用量/kg | | | | 砂率/% | 实测坍落度/mm | 混凝土密度/(kg·m⁻³) | 养护条件 | 实测混凝土抗压强度/MPa | |
							水泥	水	砂	碎(砾)石	外加剂					7 d	28 d
试验配合比																	
选定配合比																	

任务 1.21 水泥混凝土拌合物稠度试验

任务描述

本任务要求认真阅读《普通混凝土拌合物性能试验方法标准》(GB/T 50080—2016)、《公路工程质量检验评定标准 第一册 土建工程》(JTG F80/1—2017)等相关技术规范，查阅相关资料；学会水泥混凝土拌合物稠度试验。

1. 掌握水泥混凝土拌合物稠度分析检测目的、检测方法、检测步骤以及检测原理；
2. 掌握水泥混凝土拌合物稠度检测相关的技术规范；
3. 掌握各种检测仪器的性能及应用方法；
4. 能够完成试验的数据处理；
5. 能用定量的方法科学地评定水泥混凝土拌合物的质量。

1. 阅读工作任务书，熟悉即将要学习的主要内容；
2. 收集并阅读《普通混凝土拌合物性能试验方法标准》(GB/T 50080—2016)、《公路工程质量检验评定标准 第一册 土建工程》(JTG F80/1—2017)等相关技术规范，查阅相关资料。在线了解路基工程建设中对水泥混凝土拌合物稠度试验检测的要求。

引导问题1：水泥混凝土拌合物的和易性包括哪几方面？

_____

_____

引导问题2：试述水泥混凝土拌合物稠度试验的目的、主要的试验仪器、适用范围。

_____

_____

引导问题3：简述水泥混凝土拌合物稠度试验的注意事项。

_____

_____

引导问题4：水泥混凝土拌合物稠度的试验方法有哪些？适用范围是什么？

_____

_____

_____

引导问题5：简述水泥混凝土拌合物稠度的试验的步骤。

_____

_____

_____

引导问题6：简述水泥混凝土拌合物的和易性的概念。

_____

_____

_____

_____

⚙ 任务反馈

教师对学生工作过程与工作结果进行评价，并将评价结果填入表1-21-1中。

表1-21-1　教师综合评价表

班级：		姓名：	学号：	
任务1.21		水泥混凝土拌合物稠度试验		
评价项目		评价标准	分值/分	得分/分
考勤（10%）		无无故缺勤、迟到、早退现象	10	
工作过程（60%）	检测目的	正确表述路基工程中细集料筛分析检测目的	5	
	仪器使用	能独立、正确使用水泥混凝土拌合物稠度检测中的相关仪器	10	
	检测方法及步骤	正确阐述水泥混凝土拌合物稠度的检测方法及检测步骤	10	
	试验报告的完成	按要求完成试验报告的填写，正确处理试验数据	10	
	劳动纪律	遵守试验室的管理条例	5	
	工作态度	态度端正、工作认真、主动，按时完成学生工作活页	5	
	团队意识	与小组成员能有效地合作交流、协调工作	5	
	职业素质	把党的二十大思想融入实践，按要求完成学习任务，及时并准确	5	
	创新意识	通过阅读《普通混凝土拌合物性能试验方法标准》（GB/T 50080—2016）、《公路工程质量检验评定标准 第一册 土建工程》（JTG F80/1—2017）等相关技术规范，查阅相关资料，能更好地理解路基工程中水泥混凝土拌合物稠度检测内容	5	
项目成果（30%）	工作完整	按时完成实训任务	5	
	工作规范	操作符合规范要求	10	
	回答问题	依据规范准确回答	10	
	成果展示	用语规范、表达准确	5	
小计			100	
综合评分				

T0522—2005 水泥混凝土拌合物稠度试验方法(坍落度仪法)

1. 目的、适用范围和引用标准

本方法规定了采用坍落度仪测定水泥混凝土拌合物稠度的试验方法。

本方法适用于坍落度大于 10 mm、集料最大粒径不大于 31.5 mm 的水泥混凝土坍落度的测定。

引用标准：

《混凝土坍落度仪》(JG/T 248—2009)

《水泥混凝土拌合物的拌和与现场取样方法》(T0521—2009)

2. 仪具与材料

(1)坍落筒：应符合现行《混凝土坍落度仪》(JG/T 248)的规定。坍落筒为铁板制成的截头圆锥筒，厚度不小于 1.5 mm，内侧平滑，没有铆钉头等突出物，在筒上方约 2/3 高度处有两个把手，近下端两侧焊有两个踏脚板，保证坍落筒可稳定操作，坍落筒尺寸见表 T0522-1。

表 T0522-1　坍落筒尺寸

集料最大粒径 /mm	筒的名称	筒的内部尺寸/mm		
		底面直径	顶面直径	高度
≤31.5	标准坍落筒	200±2	100±2	300±2

(2)捣棒：直径为 16 mm、长约 600 mm，并具有半球形端头的钢质圆棒。

(3)钢尺：分度值为 1 mm。

(4)其他：小铲、木尺、抹刀和钢平板等。

3. 试验步骤

(1)试验前将坍落筒内外洗净，放在经水润湿过的平板上(平板吸水时应垫塑料布)，并踏紧踏脚板。

(2)将代表样分 3 层装入筒内，每层装入高度稍大于筒高的 1/3，用捣棒在每一层的横截面上均匀插捣 25 次。插捣在全部面积上进行，沿螺旋线由边缘至中心，插捣底层时插至底部，插捣其他两层时，应插透本层并插入下层 20～30 mm，插捣须垂直压下(边缘部分除外)，不得冲击。在插捣顶层时，装入的混凝土高出坍落筒，随插捣过程随时添加拌合物，当顶层插捣完毕后，将捣棒用锯和滚的动作，清除多余的混凝土，用抹刀抹平筒口，刮净筒底周围的拌合物，而后立即垂直提起坍落筒，提筒宜控制在 3～7 s 内完成，并使混凝土不受横向及扭力作用。从开始装料到提出坍落筒整个过程应在 150 s 内完成。

(3)将坍落筒放在锥体混凝土试样一旁，筒顶平放木尺，用钢尺量出木尺底面至试样顶面最高点的垂直距离，即为该混凝土拌合物的坍落度，精确至 1 mm。

(4)当混凝土试件的一侧发生崩坍或一边剪切破坏，则应重新取样另测。如果第二次仍发生上述情况，则表示该混凝土和易性不好，应予记录。

(5)当混凝土拌合物的坍落度大于 160 mm 时，用钢尺测量混凝土扩展后最终的最大直径和最小直径，在这两个直径之差小于 50 mm 的条件下，用其算术平均值作为坍落扩展度值；否则，此次试验无效。

(6)坍落度试验的同时，可用目测方法评定混凝土拌合物的下列性质，并予记录。

①棍度：按插捣混凝土拌合物时难易程度评定。分"上""中""下"三级。

"上"：表示插捣容易；

"中"：表示插捣时稍有石子阻滞的感觉；

"下"：表示很难插捣。

②黏聚性：观测拌合物各组成分相互黏聚情况。评定方法是用捣棒在已坍落的混凝土锥体侧面轻打，如锥体在轻打后逐渐下沉，表示黏聚性良好；如锥体突然倒坍、部分崩裂或发生石子离析现象，则表示黏聚性不好。

③保水性：指水分从拌合物中析出情况，分"多量""少量""无"三级评定。

"多量"：表示提起坍落筒后，有较多水分从底部析出；

"少量"：表示提起坍落筒后，有少量水分从底部析出；

"无"：表示提起坍落筒后，没有水分从底部析出。

4. 结果处理

混凝土拌合物坍落度和坍落扩展值以毫米(mm)为单位，测量值精确至 1 mm，结果修约至 5 mm。

水泥混凝土拌合物坍落度试验记录表

试验次数	调整前初步配合比								坍落度 /mm	棍度	含砂情况	黏聚性	保水性
	$1\ m^3$ 材料用量/kg				15 L 材料用量/kg								
	m_{c0}	m_{w0}	m_{s0}	m_{g0}	m_c	m_w	m_s	m_g					
1													
2													

试验次数	调整前初步配合比								坍落度 /mm	棍度	含砂情况	黏聚性	保水性
	$1\ m^3$ 材料用量/kg				15 L 材料用量/kg								
	m_{ca}	m_{wa}	m_{sa}	m_{ga}	m'_c	m'_w	m'_s	m'_g					
1													
2													

任务 1.22 水泥混凝土立方体抗压强度试验

本任务要求认真阅读《普通混凝土拌合物性能试验方法标准》(GB/T 50080—2016)、《公路工程质量检验评定标准 第一册 土建工程》(JTG F80/1—2017)等相关技术规范，查阅相关资料；学会水泥混凝土立方体抗压强度稠度试验。

学习目标

1. 掌握水泥混凝土立方体抗压强度检测目的、检测方法、检测步骤以及检测原理；
2. 掌握水泥混凝土立方体抗压强度检测相关的技术规范；
3. 掌握各种检测仪器的性能及应用方法；
4. 能够完成试验的数据处理；
5. 能用定量的方法科学地评定水泥混凝土的质量。

工作准备

1. 阅读工作任务书，熟悉即将要学习的主要内容；
2. 收集并阅读《普通混凝土拌合物性能试验方法标准》(GB/T 50080—2016)、《公路工程质量检验评定标准 第一册 土建工程》(JTG F80/1—2017)等相关技术规范，查阅相关资料。在线了解路基工程建设中对水泥混凝土立方体抗压强度试验检测的要求。

任务实施

引导问题 1：水泥混凝土立方体抗压强度在试验前应如何准备？

_____

_____

_____

_____

_____

_____

_____

引导问题 2：试述水泥混凝土立方体抗压强度试验的目的、主要的试验仪器。

_____

_____

_____

_____

引导问题 3：水泥混凝土立方体抗压强度试件的规格是多少？

_____

_____

_____

_____

引导问题 4：水泥混凝土立方体抗压强度的结果如何评定？

_____

_____

_____

_____

引导问题 5：简述水泥混凝土立方体抗压强度试验的步骤。

_____

_____

_____

_____

引导问题 6：水泥混凝土的强度等级有哪些？

_____

_____

_____

_____

⚙ 任务反馈

教师对学生工作过程与工作结果进行评价，并将评价结果填入表 1-22-1 中。

表 1-22-1　教师综合评价表

班级：		姓名：		学号：
任务 1.22		水泥混凝土立方体抗压强度试验		
评价项目		评价标准	分值/分	得分/分
考勤（10%）		无无故缺勤、迟到、早退现象	10	
工作过程（60%）	检测目的	正确表述路基工程中水泥混凝土立方体抗压强度检测目的	5	
	仪器使用	能独立、正确使用水泥混凝土立方体抗压强度检测中的相关仪器	10	
	检测方法及步骤	正确阐述水泥混凝土立方体抗压强度的检测方法及检测步骤	10	
	试验报告的完成	按要求完成试验报告的填写，正确处理试验数据	10	
	劳动纪律	遵守试验室的管理条例	5	
	工作态度	态度端正、工作认真、主动，按时完成学生工作活页	5	
	团队意识	与小组成员能有效地合作交流、协调工作	5	
	职业素质	把党的二十大思想融入实践，按要求完成学习任务，及时并准确	5	
	创新意识	通过阅读《普通混凝土拌合物性能试验方法标准》（GB/T 50080—2016）、《公路工程质量检验评定标准 第一册 土建工程》（JTG F80/1—2017）等相关技术规范，查阅相关资料，能更好地理解路基工程中水泥混凝土立方体抗压强度检测内容	5	
项目成果（30%）	工作完整	按时完成实训任务	5	
	工作规范	操作符合规范要求	10	
	回答问题	依据规范准确回答	10	
	成果展示	用语规范、表达准确	5	
小计			100	
综合评分				

混凝土的立方体抗压强度试验内容如下：

1. 试验目的、适用范围

根据试验数据确定混凝土的立方体抗压强度，以确定水泥混凝土的强度等级，作为评定水泥混凝土品质的主要指标，适于各类水泥混凝土立方体试件的极限抗压强度试验。

2. 试验设备

(1)压力机或万能试验机。

(2)试件：为一组 3 个同条件制作、养护和同龄期的混凝土试块。

3. 试验步骤

试验步骤及注意事项见表 1-22-2。

表 1-22-2　试验步骤及注意事项

试验步骤	步骤内容	注意事项
1. 试验准备	①检查试件尺寸及形状 ②保持试件原有湿度，试验时擦干试件	—
2. 放试件	试件放在下加压板中心	以试件的侧面为受压面，试件中心与压力机几何对中
3. 测定	按规定的加荷速度加荷，直至试件破坏，记下破坏荷载(N)	要严格控制加荷速度

4. 计算

$$f_{cu} = \frac{F}{A}$$

式中　f_{cu}——混凝土立方体抗压强度(MPa)，精确至 0.1 MPa；

　　　F——试件破坏极限荷载(N)；

　　　A——受压面积(mm)。

5. 试验结果

以 3 个试件测值的平均值为测定值。3 个测值中的最大值或最小值中如有一个与中间值之差超过中间值的 15%，则取中间值为测定值；如最大值和最小值与中间值之差均超过中间值的 15%，则该组试验结果无效(表 1-22-3)。

表 1-22-3　水泥混凝土抗压强度试验记录表

试件编号	制备日期 y.m.d	试验日期 y.m.d	龄期 /d	最大荷载 /N	试件尺寸/mm		试件截面 面积/mm²	抗压强度/MPa	
					a	b		个别	平均

项目 2

沥青混合料的质量检测

任务 2.1 沥青针入度试验

任务描述

　　本任务要求认真阅读《公路工程沥青及沥青混合料试验规程》(JTG E20—2011)、《公路工程质量检验评定标准 第一册 土建工程》(JTG F80/1—2017)等相关技术规范，查阅相关资料；学会沥青针入度试验。

学习目标

　　1. 掌握沥青针入度试验检测目的、检测方法、检测步骤及检测原理；
　　2. 掌握沥青针入度试验检测相关的技术规范；
　　3. 掌握各种检测仪器的性能及应用方法；
　　4. 能够完成试验的数据处理；
　　5. 能用定量的方法科学地评定沥青的质量。

工作准备

　　1. 阅读工作任务书，熟悉即将要学习的主要内容；
　　2. 收集并阅读《公路工程沥青及沥青混合料试验规程》(JTG E20—2011)、《公路工程质量检验评定标准 第一册 土建工程》(JTG F80/1—2017)等相关技术规范，查阅相关资料。在线了解路面工程建设中对沥青针入度试验检测的要求。

任务实施

　　引导问题 1：沥青针入度试验的目的是什么？主要的试验仪器有哪些？

　　_____

　　_____

　　_____

引导问题 2：针入度试验灌模前对沥青的加热温度有何要求？如何灌模？沥青针入度试验的试验条件是什么？

_____

_____

_____

_____

_____

引导问题 3：简述沥青针入度试验的注意事项。

_____

_____

_____

_____

_____

引导问题 4：沥青针入度的概念是什么？

_____

_____

_____

_____

_____

引导问题 5：影响沥青针入度试验结果的关键因素是什么？同一试样至少测定几次？对测试点的位置有何要求？每测一次试针应如何处理？

_____

_____

_____

_____

_____

任务反馈

教师对学生工作过程与工作结果进行评价，并将评价结果填入表 2-1-1 中。

表 2-1-1　教师综合评价表

班级：		姓名：		学号：
任务 2.1		沥青针入度试验		
评价项目		评价标准	分值/分	得分/分
考勤(10%)		无无故缺勤、迟到、早退现象	10	
工作过程(60%)	检测目的	正确表述路面工程中沥青针入度试验检测目的	5	
	仪器使用	能独立、正确使用沥青针入度试验检测中的相关仪器	10	
	检测方法及步骤	正确阐述沥青针入度试验的检测方法及检测步骤	10	
	试验报告的完成	按要求完成试验报告的填写，正确处理试验数据	10	
	劳动纪律	遵守试验室的管理条例	5	
	工作态度	态度端正、工作认真、主动，按时完成学生工作活页	5	
	团队意识	与小组成员能有效地合作交流、协调工作	5	
	职业素质	把党的二十大思想融入实践，按要求完成学习任务，及时并准确	5	
	创新意识	通过阅读《公路工程沥青及沥青混合料试验规程》(JTG E20—2011)、《公路工程质量检验评定标准 第一册 土建工程》(JTG F80/1—2017)等相关技术规范，查阅相关资料，能更好地理解沥青针入度试验检测内容	5	
项目成果(30%)	工作完整	按时完成实训任务	5	
	工作规范	操作符合规范要求	10	
	回答问题	依据规范准确回答	10	
	成果展示	用语规范、表达准确	5	
小计			100	
综合评分				

相关知识点

T0604—2011 沥青针入度试验

1. 目的与适用范围

本方法适用于测定道路石油沥青、聚合物改性沥青针入度以及液体石油沥青蒸馏或乳化沥青蒸发后残留物的针入度，以 0.1 mm 计。其标准试验条件为温度 25 ℃，荷重 100 g，贯入时间 5 s。

2. 仪具与材料技术要求

(1)针入度仪：为提高测试精度，针入度试验宜采用能够自动计时的针入度仪进行测定，要求针和针连杆必须在无明显摩擦下垂直运动，针的贯入深度必须准确至 0.1 mm。针和针连杆组合件总质量为 50 g±0.05 g，另附 50 g±0.05 g 砝码一只，试验时总质量为 100 g±0.05 g。仪器应有放置平底玻璃保温皿的平台，并有调节水平的装置，针连杆应与平台相垂直。应有针连杆制动按钮，使针连杆可自由下落。针连杆应易于装拆，以便检查其质量。仪器还设有可自由转动与调节距离的悬臂，其端部有一面小镜或聚光灯泡，借以观察针尖与试样表面接触情况。且应对装置的准确性经常校验。当采用其他试验条件 时，应在试验结果中注明。

(2)标准针：由硬化回火的不锈钢制成。

(3)盛样皿：金属制，圆柱形平底。小盛样皿的内径 55 mm，深 35 mm(适用于针入度小于 200 的试样)；大盛样皿内径 70 mm，深 45 mm(适用于针入度为 200～350 的试样)；对针入度大于 350 的试样需使用特殊盛样皿，其深度不小于 60 mm，容积不小于 125 mL。

(4)恒温水槽：容量不小于 10 L，控温的准确度为 0.1 ℃。水槽中应设有一带孔的搁架，位于水面下不得少于 100 mm，距水槽底不得少于 50 mm 处。

(5)平底玻璃皿：容量不小于 1 L，深度不小于 80 mm。内设有一不锈钢三脚支架，能使盛样皿保持稳定。

(6)温度计或温度传感器：精度为 0.1 ℃。

(7)计时器：精度为 0.1s。

(8)位移计或位移传感器：精度为 0.1 mm。

(9)盛样皿盖：平板玻璃，直径不小于盛样皿开口尺寸。

(10)溶剂：三氯乙烯等。

(11)其他：电炉或砂浴、石棉网、金属锅或瓷把坩埚等。

3. 方法与步骤

3.1 准备工作

(1)按 T0602 的方法准备试样。

(2)按试验要求将恒温水槽调节到要求的试验温度 25 ℃，或 15 ℃、30 ℃(5 ℃)，保持稳定。

(3)将试样注入盛样皿，试样高度应超过预计针入度值 10 mm，并盖上盛样皿，防止落入灰尘。盛有试样的盛样皿在 15～30 ℃室温中冷却不少于 1.5 h(小盛样皿)、2 h(大盛样皿)或 3 h(特殊盛样皿)后，应移入保持规定试验温度±0.1 ℃的恒温水槽中，并应保温不少于 1.5 h(小盛样皿)、2 h(大试样皿)或 2.5 h(特殊盛样皿)。

(4)调整针入度仪使之水平。检查针连杆和导轨，以确认无水和其他外来物，无明显摩擦。用三氯乙烯或其他溶剂清洗标准针并擦干。将标准针插入针连杆，用螺钉紧固。按试验条件，加上附加砝码。

3.2 试验步骤

(1)取出达到恒温的盛样皿，并移入水温控制在试验温度±0.1 ℃(可用恒温水槽中的水)的平底玻璃皿中的三脚支架上，试样表面以上的水层深度不小于 10 mm。

(2)将盛有试样的平底玻璃皿置于针入度仪的平台上。慢慢放下针连杆，用适当位置的反光镜或灯光反射观察，使针尖恰好与试样表面接触，将位移计或刻度盘指针复位为零。

(3)开始试验，按下释放键，这时计时与标准针落下贯入试样同时开始，至 5 s 时自动停止。

(4)读取位移计或刻度盘指针的读数，准确至 0.1 mm。

(5)同一试样平行试验至少 3 次，各测试点之间及与盛样皿边缘的距离不应小于 10 mm。每次试验后应将盛有盛样皿的平底玻璃皿放入恒温水槽，使平底玻璃皿中水温保持试验温度。每次试验应换一根干净标准针或将标准针取下用蘸有三氯乙烯溶剂的棉花或布揩净，再用干棉花或布擦干。

(6)测定针入度大于 200 的沥青试样时，至少用 3 支标准针，每次试验后将针留在试样中，直至 3 次平行试验完成后，才能将标准针取出。

(7)测定针入度指数 PI 时，按同样的方法在 15 ℃、25 ℃、30 ℃（或 5 ℃）3 个或 3 个以上（必要时增加 10 ℃、20 ℃等）温度条件下分别测定沥青的针入度，但用于仲裁试验的温度条件应为 5 个。

4. 试验结果

同一试样 3 次平行试验结果的最大值和最小值之差在下列允许误差范围内时，计算 3 次试验结果的平均值，取整数作为针入度试验结果，以 0.1 mm 计。

针入度(0.1 mm)	允许误差(0.1 mm)
0～49	2
50～149	4
150～249	12
250～500	20

沥青针入度试验相关图片

当试验值不符合此要求时，应重新进行试验。

5. 允许误差

(1)当试验结果小于 50(0.1 mm)时，重复性试验的允许误差为 2(0.1 mm)，再现性试验的允许误差为 4(0.1 mm)。

(2)当试验结果大于或等于 50(0.1 mm)时，重复性试验的允许误差为平均值的 4%，再现性试验的允许误差为平均值的 8%。

沥青针入度试验记录表

试样编号				试验日期		
试样名称				试样用途		
3次平行试验	试验温度/℃	贯入时间/s	试验荷载/g	针入度 0.1 mm		
				个别值	平均值	
1						
2						
3						

任务 2.2　沥青延度试验

任务描述

本任务要求认真阅读《公路工程沥青及沥青混合料试验规程》(JTG E20—2011)、《公路工程质量检验评定标准 第一册 土建工程》(JTG F80/1—2017)等相关技术规范，查阅相关资料；学会沥青延度试验。

学习目标

1. 掌握沥青延度试验检测目的、检测方法、检测步骤及检测原理；
2. 掌握沥青延度试验检测相关的技术规范；
3. 掌握各种检测仪器的性能及应用方法；
4. 能够完成试验的数据处理；
5. 能用定量的方法科学地评定沥青的质量。

工作准备

1. 阅读工作任务书，熟悉即将要学习的主要内容；
2. 收集并阅读《公路工程沥青及沥青混合料试验规程》(JTG E20—2011)、《公路工程质量检验评定标准 第一册 土建工程》(JTG F80/1—2017)等相关技术规范，查阅相关资料。在线了解路面工程建设中对沥青延度试验检测的要求。

任务实施

引导问题1：沥青延度试验的目的是什么？主要的试验仪器有哪些？

_____

_____

引导问题2：沥青延度试验的试验条件是什么？

_____

_____

引导问题3：延度试验灌模前需要对试模进行怎样的处理，应注意什么事项？如何灌模？如何刮平？刮平时应注意哪些事项？

_____

_____

引导问题 4：沥青延度的试验温度和拉伸速度各为多少？拉伸时如发现沥青细丝浮于水面或沉入槽底，应采取哪些措施？拉伸过程中应注意哪些事项？

_____

_____

引导问题 5：说明延度试验涂隔离剂时、灌模时、刮平时、拉伸过程中分别应注意哪些事项？

_____

_____

⚙ 任务反馈

教师对学生工作过程与工作结果进行评价，并将评价结果填入表 2-2-1 中。

表 2-2-1　教师综合评价表

班级：		姓名：	学号：	
任务 2.2		沥青针入度试验		
评价项目		评价标准	分值/分	得分/分
考勤（10%）		无无故缺勤、迟到、早退现象	10	
工作过程（60%）	检测目的	正确表述路面工程中沥青延度试验检测目的	5	
	仪器使用	能独立、正确使用沥青延度试验检测中的相关仪器	10	
	检测方法及步骤	正确阐述沥青延度试验的检测方法及检测步骤	10	
	试验报告的完成	按要求完成试验报告的填写，正确处理试验数据	10	
	劳动纪律	遵守试验室的管理条例	5	
	工作态度	态度端正、工作认真、主动，按时完成学生工作活页	5	
	团队意识	与小组成员能有效地合作交流、协调工作	5	
	职业素质	把党的二十大思想融入实践，按要求完成学习任务，及时并准确	5	
	创新意识	通过阅读《公路工程沥青及沥青混合料试验规程》（JTG E20—2011）、《公路工程质量检验评定标准 第一册 土建工程》（JTG F80/1—2017）等相关技术规范，查阅相关资料，能更好地理解沥青延度试验检测内容	5	
项目成果（30%）	工作完整	按时完成实训任务	5	
	工作规范	操作符合规范要求	10	
	回答问题	依据规范准确回答	10	
	成果展示	用语规范、表达准确	5	
小计			100	
综合评分				

T0605—2011 沥青延度试验

1. 目的与适用范围

(1)本方法适用于测定道路石油沥青、聚合物改性沥青、液体石油沥青蒸馏残留物和乳化沥青蒸发残留物等材料的延度。

(2)沥青延度的试验温度与拉伸速率可根据要求采用，通常采用的试验温度为 25 ℃、15℃、10 ℃或 5 ℃，拉伸速度为 5 cm/min±0.25 cm/min。当低温采用 1 cm/min±0.5 cm/min 拉伸速度时，应在报告中注明。

2. 材料技术要求

(1)延度仪：延度仪的测量长度不宜大于 150 cm，仪器应有自动控温、控速系统。应满足试件浸没于水中，能保持规定的试验温度及规定的拉伸速度拉伸试件，且试验时应无明显振动。

(2)试模：黄铜制，由两个端模和两个侧模组成，试模内侧表面粗糙度 R_a 0.2 μm。

(3)试模底板：玻璃板或磨光的铜板、不锈钢板(表面粗糙度 R_a 0.2 μm)。

(4)恒温水槽：容量不少于 10 L，控制温度的准确度为 0.1 ℃水槽中应设有带孔搁架，搁架距水槽底不得小于 50 mm。试件浸入水中深度不小于 100 mm

(5)温度计：0~50 ℃，分度值 0.1 ℃。

(6)砂浴或其他加热炉具。

(7)甘油滑石粉隔离剂(甘油与滑石粉的质量比 2∶1)。

(8)其他：平刮刀、石棉网、酒精、食盐等。

3. 方法与步骤

3.1 准备工作

(1)将隔离剂拌和均匀、涂于清洁干燥的试模底板和两个侧模的内侧表面，并将试模在试模底板上装妥。

(2)按 T0602 规定的方法准备试样，然后将试样仔细自试模的一端至另一端往返数次缓缓注入模中，最后略高出试模，灌模时不得使气泡混入。

(3)试件在室温中冷却不少于 1.5 h，然后用热刮刀刮除高出试模的沥青，使沥青面与试模面齐平。沥青的刮法应自试模的中间刮向两端，且表面应刮得平滑。将试模连同底板再放入规定试验温度的水槽中保温 1.5 h。

(4)检查延度仪延伸速度是否符合规定要求，然后移动滑板使其指针正对标尺的零点。将延度仪注水，并保温达到试验温度±0.1 ℃。

3.2 试验步骤

(1)将保温后的试件连同底板移入延度仪的水槽中，然后将盛有试样的试模自玻璃板或小锈钢板上取下，将试模两端的孔分别套在滑板及槽端固定板的金属柱上，并取下侧模。水面距试件表面应不小于 25 mm。

(2)开动延度仪，并注意观察试样的延伸情况。此时应注意，在试验过程中，水温应始

109

终保持在试验温度规定范围内，且仪器不得有振动，水面不得有晃动，当水槽采用循环水时，应暂时中断循环，停止水流。在试验中，当发现沥青细丝浮于水面或沉入槽底时，应在水中加入酒精或食盐，调整水的密度至与试样相近后，重新进行试验。

（3）试件拉断时，读取指针所指标尺上的读数。以 cm 计。在正常情况下，试件延伸时应成锥尖状，拉断时实际断面面积接近于零。如不能得到这一结果，则应在报告中注明。

4. 报告

同一样品，每次平行试验不少于 3 个，如 3 个测定结果均大于 100 cm，试验结果记作"＞100 cm"；特殊需要也可分别记录实测值。3 个测定结果中，当有一个以上的测定值小于 100 cm 时，若最大值或最小值与平均值之差满足重复性试验要求，则取 3 个测定结果的平均值的整数作为延度试验结果，若平均值大于 100 cm，记作"＞100 cm"；如果最大值或最小值与平均值之差不符合重复性实验要求，应重新进行试验。

5. 允许误差

当试验结果小于 10 cm 时，重复性试验的允许误差平均值的 20%，再现性实验的允许误差为平均值的 30%。

沥青延度试验相关图片

沥青延度试验记录表

试样编号				试验日期			
试样名称				试样用途			
试验次数	试验温度 /℃	延伸速率 /(cm·min⁻¹)	延度/cm				
			试件 1	试件 2	试件 3	平均	

任务 2.3　沥青软化点试验

任务描述

本任务要求认真阅读《公路工程沥青及沥青混合料试验规程》(JTG E20—2011)、《公路工程质量检验评定标准 第一册 土建工程》(JTG F80/1—2017)等相关技术规范，查阅相关资料；学会沥青软化点试验。

1. 掌握沥青软化点试验检测目的、检测方法、检测步骤以及检测原理；
2. 掌握沥青软化点试验检测相关的技术规范；
3. 掌握各种检测仪器的性能及应用方法；
4. 能够完成试验的数据处理；
5. 能用定量的方法科学地评定沥青的质量。

工作准备

1. 阅读工作任务书，熟悉即将要学习的主要内容；
2. 收集并阅读《公路工程沥青及沥青混合料试验规程》(JTG E20—2011)、《公路工程质量检验评定标准 第一册 土建工程》(JTG F80/1—2017)等相关技术规范，查阅相关资料。在线了解路面工程建设中对沥青软化点试验检测的要求。

任务实施

引导问题1：试验室用什么方法测定沥青的软化点？简述测定仪器和方法。

_____

_____

引导问题2：沥青软化点试验时，试验前要检查什么？灌模前需要做什么准备工作？

_____

引导问题3：在软化点试验中，应注意哪些事项？

_____

_____

引导问题4：沥青软化点试验中如何选择加热介质？怎样控制烧杯中溶剂的加入量？试验加热的起始温度是多少？如何控制升温速度？

_____

引导问题5：软化点试验中升温速度较规定值快或慢，对试验结果有何影响？

_____

_____

_____

引导问题 6：简述软化点试验结果的处理方法。若某沥青的软化点两次平行测定的测定值分别为 46 ℃、47 ℃，试评定试验结果。

⚙ 任务反馈

教师对学生工作过程与工作结果进行评价，并将评价结果填入表 2-3-1 中。

表 2-3-1　教师综合评价表

班级：		姓名：		学号：
任务 2.3		沥青软化点试验		
评价项目		评价标准	分值/分	得分/分
考勤（10%）		无无故缺勤、迟到、早退现象	10	
工作过程（60%）	检测目的	正确表述路面工程中沥青软化点试验检测目的	5	
	仪器使用	能独立、正确使用沥青软化点试验检测中的相关仪器	10	
	检测方法及步骤	正确阐述沥青软化点试验的检测方法及检测步骤	10	
	试验报告的完成	按要求完成试验报告的填写，正确处理试验数据	10	
	劳动纪律	遵守试验室的管理条例	5	
	工作态度	态度端正、工作认真、主动，按时完成学生工作活页	5	
	团队意识	与小组成员能有效地合作交流、协调工作	5	
	职业素质	把党的二十大思想融入实践，按要求完成学习任务，及时并准确	5	
	创新意识	通过阅读《公路工程沥青及沥青混合料试验规程》（JTG E20—2011）、《公路工程质量检验评定标准 第一册 土建工程》（JTG F80/1—2017）等相关技术规范，查阅相关资料，能更好地理解沥青软化点试验检测内容	5	
项目成果（30%）	工作完整	按时完成实训任务	5	
	工作规范	操作符合规范要求	10	
	回答问题	依据规范准确回答	10	
	成果展示	用语规范、表达准确	5	
小计			100	
综合评分				

T0606—2011 沥青软化点试验(环球法)

1. 目的与适用范围

本方法适用于测定道路石油沥青、聚合物改性沥青的软化点，也适用于测定液体石油沥青、煤沥青蒸馏残留物或乳化沥青蒸发残留物的软化点。

2. 仪具与材料技术要求

(1)软化点试验仪：由下列部件组成：

①钢球：直径 9.53 mm，质量 3.5 g±0.05 g。

②试样环：由黄铜或不锈钢等制成。

③钢球定位环：黄铜或不锈钢制成。

④金属支架：由两个主杆和 3 层平行的金属板组成。上层为一圆盘，直径略大于烧杯直径，中间有一圆孔，用以插放温度计。板上有两个孔，各放置金属环，中间有一小孔可支持温度计的测温端部。一侧立杆距环上面 51 mm 处刻有水高标记。环下间距下层底板为 25.4 mm，而下底板距烧杯底不小于 12.7 mm，也不得大于 19 mm。3 层金属板和两个主杆由两螺母固定在一起。

⑤耐热玻璃烧杯：容量 800～1 000 mL，直径不小于 86 mm，高度不小于 120 mm。

⑥温度计：量程 0～100 ℃，分度值 0.5 ℃。

(2)装有温度调节器的电炉或其他加热炉具(液化石油气、天然气等)。应采用带有振荡搅拌器的加热电炉，振荡子置于烧杯底部。

(3)当采用自动软化点仪时，各项要求应与 2.1 及 2.2 相同，温度采用温度传感器测定，并能自动显示或记录，且应经常对自动装置的准确性进行校验。

(4)试样底板：金属板(表面粗糙度应达 $R_a 0.8\ \mu m$)或玻璃板。

(5)恒温水槽：控温的准确度为±0.5 ℃。

(6)平直刮刀。

(7)甘油、滑石粉隔离剂(甘油与滑石粉的质量比为 2∶1)。

(8)蒸馏水或纯净水。

(9)其他：石棉网。

3. 方法与步骤

3.1 准备工作

(1)将试样环置于涂有甘油滑石粉隔离剂的试样底板上。按 T0602 的规定方法将准备好的沥青试样徐徐注入试样环内至略高出环面为止。

如估计试样软化点高于 120 ℃，则试样环和试样底板(不用玻璃板)均应预热至 80～100 ℃。

(2)试样在室温冷却 30 min 后，用热刮刀刮除环面上的试样，应使其与环面齐平。

3.2 试验步骤

(1)试样软化点在 80 ℃以下者：

113

①将装有试样的试样环连同试样底板置于装有 5 ℃±0.5 ℃水的恒温水槽中至少 15 min；同时将金属支架、钢球、钢球定位环等也置于相同水槽中。

②烧杯内注入新煮沸并冷却至 5 ℃的蒸馏水或纯净水，水面略低于立杆上的深度标记。

③从恒温水槽中取出盛有试样的试样环放置在支架中层板的圆孔中，套上定位环；然后将整个环架放入烧杯，调整水面至深度标记，并保持水温为 5 ℃±0.5 ℃。环架上任何部分不得附有气泡。将 0～100 ℃的温度计由上层板中心孔垂直插入，使端部测温头底部与试样环下面齐平。

④将盛有水和环架的烧杯移至放有石棉网的加热炉具上，然后将钢球放在定位环中间的试样中央，立即开动电磁振荡搅拌器，使水微微振荡，并开始加热，使杯中水温在 3 min 内调节至维持每分钟上升 5 ℃±0.5 ℃。在加热过程中，应记录每分钟上升的温度值，如温度上升速度超出此范围，则试验应重做。

⑤试样受热软化逐渐下坠，至与下层底板表面接触时，立即读取温度，准确至 0.5 ℃。

(2)试样软化点在 80 ℃以上者：

①将装有试样的试样环连同试样底板置于装有 32 ℃±1 ℃甘油的恒温槽中至少 15 min；同时将金属支架、钢球、钢球定位环等也置于甘油中。

②在烧杯内注入预先加热至 32 ℃的甘油，其液面略低于立杆上的深度标记。

③从恒温槽中取出装有试样的试样环，按上述 3.2.1 的方法进行测定，准确至 1 ℃。

4. 报告

同一试样平行试验两次，当两次测定值的差值符合重复性试验允许误差要求时，取其平均面作为软化点试验结果，准确至 0.5 ℃。

5. 允许误差

(1)当试样软化点小于 80 ℃时，重复性试验的允许误差为 1 ℃，再现性试验的允许误差为 4 ℃。

(2)当试样软化点大于或等于 80 ℃时，重复性试验的允许误差为 2 ℃，再现性试验的允许误差为 8 ℃。

沥青软化点试验相关图片

沥青软化点试验记录表

| 试样编号 | | | | | | | | | 试验日期 | | | | |
| 试样名称 | | | | | | | | | 试样用途 | | | | |

试验次数	加热介质	起始温度/℃	升温速度/(℃·min⁻¹)	每分钟温度上升/℃									试样与底板接触时的温度/℃		软化点/℃
				1	2	3	4	5	6	7	8	9	1	2	
1															
2															

任务 2.4 沥青弹性恢复试验

任务描述

本任务要求认真阅读《公路工程沥青及沥青混合料试验规程》(JTG E20—2011)、《公路工程质量检验评定标准 第一册 土建工程》(JTG F80/1—2017)等相关技术规范，查阅相关资料；学会沥青弹性恢复试验。

学习目标

1. 掌握沥青弹性恢复试验检测目的、检测方法、检测步骤以及检测原理；
2. 掌握沥青弹性恢复试验检测相关的技术规范；
3. 掌握各种检测仪器的性能及应用方法；
4. 能够完成试验的数据处理；
5. 能用定量的方法科学地评定沥青的质量。

工作准备

1. 阅读工作任务书，熟悉即将要学习的主要内容；
2. 收集并阅读《公路工程沥青及沥青混合料试验规程》(JTG E20—2011)、《公路工程质量检验评定标准 第一册 土建工程》(JTG F80/1—2017)等相关技术规范，查阅相关资料。在线了解路面工程建设中对沥青弹性恢复试验检测的要求。

⚙ 任务实施

引导问题 1：沥青弹性恢复试验的目的是什么？主要的试验仪器有哪些？

_____

_____

引导问题 2：沥青弹性恢复试验的试验条件是什么？

_____

_____

引导问题 3：简述沥青弹性恢复试验的注意事项。

_____

_____

_____

引导问题 4：沥青弹性恢复的概念是什么？

_____

_____

引导问题 5：沥青弹性恢复的试验步骤有哪些？

_____

_____

⚙ 任务反馈

教师对学生工作过程与工作结果进行评价，并将评价结果填入表 2-4-1 中。

表 2-4-1　教师综合评价表

班级：		姓名：	学号：	
任务 2.4		沥青弹性恢复试验		
评价项目		评价标准	分值/分	得分/分
考勤（10%）		无无故缺勤、迟到、早退现象	10	
工作过程（60%）	检测目的	正确表述路基路面工程中沥青弹性恢复试验检测目的	5	
	仪器使用	能独立、正确使用沥青弹性恢复试验检测中的相关仪器	10	
	检测方法及步骤	正确阐述沥青弹性恢复试验的检测方法及检测步骤	10	
	试验报告的完成	按要求完成试验报告的填写，正确处理试验数据	10	
	劳动纪律	遵守试验室的管理条例	5	
	工作态度	态度端正、工作认真、主动，按时完成学生工作活页	5	
	团队意识	与小组成员能有效地合作交流、协调工作	5	
	职业素质	把党的二十大思想融入实践，按要求完成学习任务，及时并准确	5	
	创新意识	通过阅读《公路工程沥青及沥青混合料试验规程》（JTG E20—2011）、《公路工程质量检验评定标准 第一册 土建工程》（JTG F80/1—2017）等相关技术规范，查阅相关资料，能更好地理解沥青弹性恢复试验检测内容	5	
项目成果（30%）	工作完整	按时完成实训任务	5	
	工作规范	操作符合规范要求	10	
	回答问题	依据规范准确回答	10	
	成果展示	用语规范、表达准确	5	
小计			100	
综合评分				

T0662—2000 沥青弹性恢复试验

1. 目的与适用范围

本试验适用于评价热塑性橡胶类聚合物改性沥青的弹性恢复性能，即测定用延度试验仪拉长一定长度后的可恢复变形的百分率。非经注明，试验温度为 25 ℃，拉伸速率为 5 cm/min±0.25 cm/min。

2. 仪具与材料技术要求

(1)试模：采用延度试验所用试模，但中间部分换为直线侧模。制作的试件截面面积为 1 cm^2。

(2)水槽：能保持规定的试验温度，变化不超过 0.1 ℃。水槽的容积不小于 10 L，高度应满足试件浸没深度不小于 10 cm，距离水槽底部不少于 5 cm 的要求。

(3)延度试验机：同 T0605。

(4)温度计：符合延度试验的要求。

(5)剪刀。

3. 试验步骤

(1)按 T0605 沥青延度试验方法浇灌改性沥青试样、制模，最后将试样在25 ℃水槽中保温 1.5 h。

(2)将试样安装在滑板上，按延度试验方法以规定的 5 cm/min 的速率拉伸试样达 10 cm±0.25 cm 时停止拉伸。

(3)拉伸一停止就立即用剪刀在中间将沥青试样剪断，保持试样在水中 1 h，并保持水温不变。注意在停止拉伸后至剪断试样之间不得有时间间歇，以免使拉伸应力松弛。

(4)取下两个半截的回缩的沥青试样轻轻捋直，但不得施加拉力，移动滑板使改性沥青试样的尖端刚好接触，测量试件的残留长度 X。

4. 计算

按式(T0662-1)计算弹性恢复率。

$$D = \frac{10-X}{10} \times 100 \qquad \text{(T0662-1)}$$

式中　D——试样的弹性恢复率(%)；

　　　X——试样的残留长度(cm)。

改性沥青弹性恢复试验报告

沥青名称			试验日期	
试样用途			保温时间/h	
试验温度/℃			拉伸速度 /(cm·min⁻¹)	
试样编号	拉伸长度 /cm	残留长度 /cm	弹性恢复率/%	
			单值	平均值
1				
2				
3				

任务 2.5　沥青与粗集料的黏附性

任务描述

本任务要求认真阅读《公路工程沥青及沥青混合料试验规程》(JTG E20—2011)、《公路工程质量检验评定标准 第一册 土建工程》(JTG F80/1—2017)等相关技术规范，查阅相关资料；学会沥青黏附性试验。

学习目标

1. 掌握沥青黏附性试验检测目的、检测方法、检测步骤及检测原理；
2. 掌握沥青黏附性试验检测相关的技术规范；
3. 掌握各种检测仪器的性能及应用方法；
4. 能够完成试验的数据处理；
5. 能用定量的方法科学地评定沥青的质量。

工作准备

1. 阅读工作任务书，熟悉即将要学习的主要内容；
2. 收集并阅读《公路工程沥青及沥青混合料试验规程》(JTG E20—2011)、《公路工程质量检验评定标准 第一册 土建工程》(JTG F80/1—2017)等相关技术规范，查阅相关资料。在线了解路面工程建设中对沥青黏附性试验检测的要求。

引导问题 1：沥青黏附性试验的目的是什么？主要的试验仪器有哪些？

_____

_____

_____

_____

引导问题 2：沥青黏附性试验的试验条件是什么？

_____

_____

_____

_____

引导问题 3：简述沥青黏附性试验的注意事项。

_____

_____

_____

_____

_____

引导问题 4：沥青黏附性的概念是什么？

_____

_____

_____

_____

_____

引导问题 5：沥青黏附性的试验步骤有哪些？

_____

_____

_____

_____

_____

⚙ 任务反馈

教师对学生工作过程与工作结果进行评价，并将评价结果填入表 2-5-1 中。

表 2-5-1　教师综合评价表

班级：		姓名：		学号：
任务 2.5		沥青针入度试验		
评价项目		评价标准	分值/分	得分/分
考勤（10%）		无无故缺勤、迟到、早退现象	10	
工作过程（60%）	检测目的	正确表述路面工程中沥青黏附性试验检测目的	5	
	仪器使用	能独立、正确使用沥青黏附性试验检测中的相关仪器	10	
	检测方法及步骤	正确阐述沥青黏附性试验的检测方法及检测步骤	10	
	试验报告的完成	按要求完成试验报告的填写，正确处理试验数据	10	
	劳动纪律	遵守试验室的管理条例	5	
	工作态度	态度端正、工作认真、主动，按时完成学生工作活页	5	
	团队意识	与小组成员能有效地合作交流、协调工作	5	
	职业素质	把党的二十大思想融入实践，按要求完成学习任务，及时并准确	5	
	创新意识	通过阅读《公路工程沥青及沥青混合料试验规程》（JTG E20—2011）、《公路工程质量检验评定标准 第一册 土建工程》（JTG F80/1—2017）等相关技术规范，查阅相关资料，能更好地理解沥青黏附性试验检测内容	5	
项目成果（30%）	工作完整	按时完成实训任务	5	
	工作规范	操作符合规范要求	10	
	回答问题	依据规范准确回答	10	
	成果展示	用语规范、表达准确	5	
小计			100	
综合评分				

T0616—1993 沥青与粗集料的黏附性试验

1. 目的与适用范围

本方法适用于检验沥青与粗集料表面的黏附性及评定粗集料的抗水剥离能力。对于最大粒径大于 13.2 mm 的集料应用水煮法，对最大粒径小于或等于 13.2 mm 的集料应用水浸法进行试验。当同一种料源集料最大粒径既有大于又有小于 13.2 mm 的集料时，以大于 13.2 mm 水煮法试验为标准，对细粒式沥青混合料应以水浸法试验为标准。

2. 仪具与材料技术要求

(1)天平：称量 500 g，感量不大于 0.01 g。

(2)恒温水槽：能控温在 80 ℃±1 ℃。

(3)拌和用小型容器：500 mL。

(4)烧杯：1 000 mL。

(5)试验架。

(6)细线：尼龙线或棉线、铜丝线。

(7)铁丝网。

(8)标准筛：方孔筛，9.5 mm、13.2 mm、19 mm 各 1 个。

(9)烘箱：装有自动温度调节器。

(10)电炉、燃气炉。

(11)玻璃板：200 mm×200 mm 左右。

(12)搪瓷盘：300 mm×400 mm 左右。

(13)其他：拌和铲、石棉网、纱布、手套等。

3. 水煮法试验

3.1 准备工作

(1)将集料过 13.2 mm、19 mm 筛，取粒径 13.2～19 mm 形状接近立方体的规则集料 5 个，用洁净水洗净，置温度为 105 ℃±5 ℃的烘箱中烘干，然后放在干燥器中备用。

(2)大烧杯中盛水，并置于加热炉的石棉网上煮沸。

3.2 试验步骤

(1)将集料逐个用细线在中部系牢，再置 105 ℃±5 ℃烘箱内 1 h。按 T0602 的方法准备沥青试样。

(2)逐个用线提起加热的矿料颗粒，浸入预先加热的沥青(石油沥青 130～150 ℃)中 45 s 后，轻轻拿出，使集料颗粒完全为沥青膜所裹覆。

(3)将裹覆沥青的集料颗粒悬挂于试验架上，下面垫一张纸，使多余的沥青流掉，并在室温下冷却 15 min。

(4)待集料颗粒冷却后，逐个用线提起，浸入盛有煮沸水的大烧杯中央，调整加热炉，使烧杯中的水保持微沸状态，但不允许有沸开的泡沫。

(5)浸煮 3 min 后，将集料从水中取出，适当冷却，然后放入一个盛有常温水的纸杯等容器中，在水中观察矿料颗粒上沥青膜的剥落程度，并按表 T0616-1 评定其黏附性等级。

表 T0616-1　沥青与集料的黏附性等级

试验后集料表面上沥青膜剥落情况	黏附性等级
沥青膜完好保存，剥离面积百分率接近于 0	5
沥青膜少部为水所移动，厚度不均匀，剥离面积百分率小于 10%	4
沥青膜局部明显地为水所移动，基本保留在集料表面上，剥离面积百分率小于 30%	3
沥青膜大部为水所移动，局部保留在集料表面上，剥离面积百分率大于 30%	2
沥青膜完全为水所移动，集料基本裸露，沥青全浮于水面上	1

（6）同一试样应平行试验 5 个集料颗粒，并由两名以上经验丰富的试验人员分别评定后，取平均等级作为试验结果。

4. 水浸法试验

4.1　准备工作

（1）将集料过 9.5 mm、13.2 mm 筛，取粒径 9.5～13.2 mm 形状规则的集料 200 g 用洁净水洗净，并置温度为 105 ℃±5 ℃ 的烘箱中烘干，然后放在干燥器中备用。

（2）按 T0602 准备沥青试样，加热至按 T0702 的要求决定的拌合温度。

（3）将煮沸过的热水注入恒温水槽，并维持温度 80 ℃±1 ℃。

4.2　试验步骤

（1）按四分法称取集料颗粒（9.5～13.2 mm）100 g 置搪瓷盘中，连同搪瓷盘一起放入已升温至沥青拌合温度以上 5 ℃ 的烘箱中持续加热 1 h。

（2）按每 100 g 集料加入沥青 5.5 g±0.2 g 的比例称取沥青，准确至 0.1 g，放入小型拌合容器，一起置入同一烘箱加热 15 min。

（3）将搪瓷盘中的集料倒入拌合容器的沥青后，从烘箱中取出拌合容器，立即用金属铲均匀拌和 1～1.5 min，使集料完全被沥青薄膜裹覆；然后，立即将裹有沥青的集料取 20 个，用小铲移至玻璃板上摊开，并置室温下冷却 1 h。

（4）将放有集料的玻璃板浸入温度为 80 ℃±1 ℃ 的恒温水槽，保持 30 min，并将剥离及浮于水面的沥青用纸片捞出。

（5）由水中小心取出玻璃板，浸入水槽内的冷水，仔细观察裹覆集料的沥青薄膜的剥落情况。由两名以上经验丰富的试验人员分别目测，评定剥离面积的百分率，评定结果取平均值。

注：为使估计的剥离面积百分率较为准确，宜先制取若干个不同剥离率的样本，用比照法目测评定。不同剥离率的样本，可用加不同比例抗剥离剂的改性沥青与酸性集料拌和后浸水得到，也可由同一种沥青与不同集料品种拌和后浸水得到，逐个仔细计算得出样本的剥离面积百分率。

（6）由剥离面积百分率按表 T0616-1 评定沥青与集料黏附性的等级。

沥青与矿料黏附性试验报告

集料种类			试验日期			
沥青等级			沥青种类			
黏结力等级评定			黏附性		实测等级	矿料性质
			等级	性能		
沥青膜完全为水所移动，石料基本裸露			1	劣		
沥青膜大部为水所移动，局部保留在石料表面上，剥离面积百分率大于30%			2	差		
沥青膜局部为水所移动，基本保留在石料表面上，剥离面积百分率小于30%			3	中		
沥青膜少部为水所移动，厚度不均匀，剥离面积百分率小于10%			4	良		
沥青膜完好保存，剥离面积百分率接近于0			5	优		

任务 2.6 粗集料密度试验及吸水率试验

任务描述

本任务要求认真阅读《公路工程集料试验规程》(JTG E42—2005)、《公路工程质量检验评定标准 第一册 土建工程》(JTG F80/1—2017)等相关技术规范，查阅相关资料；学会粗集料密度试验及吸水率试验。

学习目标

1. 掌握粗集料密度试验及吸水率试验检测目的、检测方法、检测步骤及检测原理；
2. 掌握粗集料密度试验及吸水率试验检测相关的技术规范；
3. 掌握各种检测仪器的性能及应用方法；
4. 能够完成试验的数据处理；
5. 能用定量的方法科学地评定粗集料的质量。

工作准备

1. 阅读工作任务书，熟悉即将要学习的主要内容；
2. 收集并阅读《公路工程集料试验规程》(JTG E42—2005)、《公路工程质量检验评定标准 第一册 土建工程》(JTG F80/1—2017)等相关技术规范，查阅相关资料。在线了解路面工程建设中对粗集料密度试验及吸水率试验检测的要求。

引导问题1：简述粗集料密度试验及吸水率试验步骤，试验前用什么方法取样？

_____

_____

_____

引导问题2：试述粗集料密度试验及吸水率试验的目的、主要的试验仪器、适用范围。

_____

_____

_____

引导问题3：简述粗集料密度试验及吸水率试验的注意事项。

_____

_____

_____

_____

引导问题4：粗集料密度试验及吸水率试验时，两次平行试验后，结果如何处理？

_____

_____

_____

_____

引导问题5：若粗集料试样的烘干质量为 2 000 g，试样浸水 24 h 后在水中质量为 1 266 g，粗集料的表观密度为多少？（试验温度为 22 ℃）

_____

_____

_____

_____

⚙ 任务反馈

教师对学生工作过程与工作结果进行评价，并将评价结果填入表 2-6-1 中。

表 2-6-1　教师综合评价表

班级：		姓名：	学号：	
任务 2.6		粗集料密度试验及吸水率试验试验		
评价项目		评价标准	分值/分	得分/分
考勤(10%)		无无故缺勤、迟到、早退现象	10	
工作过程 （60%）	检测目的	正确表述路面工程中粗集料堆积密度检测目的	5	
	仪器使用	能独立、正确使用粗集料堆积密度检测中的相关仪器	10	
	检测方法及步骤	正确阐述粗集料堆积密度的检测方法及检测步骤	10	
	试验报告的完成	按要求完成试验报告的填写，正确处理试验数据	10	
	劳动纪律	遵守试验室的管理条例	5	
	工作态度	态度端正、工作认真、主动，按时完成学生工作活页	5	
	团队意识	与小组成员能有效地合作交流、协调工作	5	
	职业素质	把党的二十大思想融入实践，按要求完成学习任务，及时并准确	5	
	创新意识	通过阅读《公路工程集料试验规程》(JTG E42—2005)、《公路工程质量检验评定标准 第一册 土建工程》(JTG F80/1—2017)等相关技术规范，查阅相关资料，能更好地理解路基工程中粗集料密度试验及吸水率试验检测内容	5	
项目成果 （30%）	工作完整	按时完成实训任务	5	
	工作规范	操作符合规范要求	10	
	回答问题	依据规范准确回答	10	
	成果展示	用语规范、表达准确	5	
小计			100	
综合评分				

T0304—2005 粗集料密度及吸水率试验(网篮法)

1. 目的与适用范围

本方法适用于测定各种粗集料的表观相对密度、表干相对密度、毛体积相对密度、表观密度、表干密度、毛体积密度,以及粗集料的吸水率。

2. 仪具与材料

(1)天平或浸水天平:可悬挂吊篮测定集料的水中质量,称量应满足试样数量称量要求,感量不大于最大称量的 0.05%。

(2)吊篮:由耐锈蚀材料制成,直径和高度为 150 mm 左右,四周及底部用 1~2 mm 的筛网编制或具有密集的孔眼。

(3)溢流水槽:在称量水中质量时能保持水面高度一定。

(4)烘箱:能控温在 105 ℃±5 ℃。

(5)毛巾:纯棉制,洁净,也可用纯棉的汗衫布代替。

(6)温度计。

(7)标准筛。

(8)盛水容器(如搪瓷盘)。

(9)其他:刷子等。

3. 试验准备

(1)将试样用标准筛过筛除去其中的细集料,对较粗的粗集料可用 4.75 mm 筛过筛,对 2.36~4.75 mm 集料,或者混在 4.75 mm 以下石屑中的粗集料,则用 2.36 mm 标准筛过筛,用四分法或分料器法缩分至要求的质量,分两份备用。对沥青路面用粗集料,应对不同规格的集料分别测定,不得混杂,所取的每一份集料试样应基本上保持原有的级配。在测定 2.36~4.75 mm 的粗集料时,试验过程中应特别小心,不得丢失集料。

(2)经缩分后供测定密度和吸水率的粗集料质量应符合表 T0304-1 的规定。

表 T0304-1　测定密度所需要的试样最小质量

公称最大粒径/mm	4.75	9.5	16	19	26.5	31.5	37.5	63	75
每一份试样的最小质量/kg	0.8	1	1	1	1.5	1.5	2	3	3

(3)将每一份集料试样浸泡在水中,并适当搅动,仔细洗去附在集料表面的尘土和石粉,经多次漂洗干净至水完全清澈。清洗过程中不得散失集料颗粒。

4. 试验步骤

(1)取试样一份装入干净的搪瓷盘,注入洁净的水,水面至少应高出试样 20 mm,轻轻搅动石料,使附着在石料上的气泡完全逸出。在室温下保持浸水 24 h。

(2)将吊篮挂在天平的吊钩上,浸入溢流水槽,向溢流水槽中注水,水面高度至水槽的溢流孔,将天平调零。吊篮的筛网应保证集料不会通过筛孔流失,对 2.36~4.75 mm 粗集料应更换小孔筛网,或在网篮中加放入一个浅盘。

(3)调节水温在 15～25 ℃范围内。将试样移入吊篮。溢流水槽中的水面高度由水槽的溢流孔控制，维持不变。称取集料的水中质量(m_w)。

(4)提起吊篮，稍稍滴水后，较粗的粗集料可以直接倒在拧干的湿毛巾上。将较细的粗集料(2.36～4.75 mm)连同浅盘一起取出，稍稍倾斜搪瓷盘，仔细倒出余水，将粗集料倒在拧干的湿毛巾上，用毛巾吸走从集料中漏出的自由水。此步骤需特别注意不得有颗粒丢失，或有小颗粒附在吊篮上。再用拧干的湿毛巾轻轻擦干集料颗粒的表面水，至表面看不到发亮的水迹，即为饱和面干状态。当粗集料尺寸较大时，宜逐颗擦干。注意对较粗的粗集料，拧湿毛巾时不要太用力，防止拧得太干，对较细的含水较多的粗集料，毛巾可拧得稍干些。擦拭颗粒的表面水时，既要将表面水擦掉，又要保证不将颗粒内部的水吸出。整个过程中不得有集料丢失，且已擦干的集料不得继续在空气中放置，以防止集料干燥。

注：对 2.36～4.75 mm 集料，用毛巾擦拭时容易黏附细颗粒集料从而造成集料损失，此时宜改用洁净的纯棉汗衫布擦拭至表干状态。

(5)立即在保持表干状态下，称取集料的表干质量(m_f)。

(6)将集料置于浅盘中，放入 105 ℃±5 ℃的烘箱中烘干至恒重。取出浅盘，放在带盖的容器中冷却至室温，称取集料的烘干质量(m_a)。

注：恒重是指相邻两次称量间隔时间大于 3 h 的情况下，其前后两次称量之差小于该项试验要求的精密度，即 0.1%。一般在烘箱中烘烤的时间不得少于 4～6 h。

(7)对同一规格的集料应平行试验两次，取平均值作为试验结果。

5. 计算

(1)表观相对密度 γ_a、表干相对密度 γ_s、毛体积相对密度 γ_b。按式(T0304-1)～(T0304-3)计算至小数点后 3 位。

$$\gamma_a = \frac{m_a}{m_a - m_w} \qquad (\text{T0304-1})$$

$$\gamma_s = \frac{m_f}{m_f - m_w} \qquad (\text{T0304-2})$$

$$\gamma_b = \frac{m_a}{m_f - m_w} \qquad (\text{T0304-3})$$

式中 γ_a——集料的表观相对密度，无量纲；

   γ_s——集料的表干相对密度，无量纲；

   γ_b——集料的毛体积相对密度，无量纲；

   m_a——集料的烘干质量(g)；

   m_f——集料的表干质量(g)；

   m_w——集料的水中质量(g)。

(2)集料的吸水率以烘干试样为基准，按式(T0304-4)计算，精确至 0.01%。

$$w_x = \frac{m_f - m_a}{m_a} \times 100 \qquad (\text{T0304-4})$$

式中 w_x——粗集料的吸水率(%)。

(3)粗集料的表观密度(视密度)ρ_a、表干密度 ρ_s、毛体积密度 ρ_b，按式(T0304-5)～(T0304-7)计算，准确至小数点后 3 位。不同水温条件下测量的粗集料表观密度需进行水温修正，不同试验温度下水的密度 ρ_T 及水的温度修正系数 α_T 见二维码。

$$\rho_a = \gamma_a \times \rho_T \quad \text{或} \quad \rho_a = (\gamma_a - \alpha_T) \times \rho_T \qquad \text{(T0304-5)}$$

$$\rho_s = \gamma_s \times \rho_T \quad \text{或} \quad \rho_s = (\gamma_s - \alpha_T) \times \rho_w \qquad \text{(T0304-6)}$$

$$\rho_b = \gamma_b \times \rho_T \quad \text{或} \quad \rho_b = (\gamma_b - \alpha_T) \times \rho_w \qquad \text{(T0304-7)}$$

式中　ρ_a——粗集料的表观密度(g/cm^3)；

$\quad\quad$ ρ_s——粗集料的表干密度(g/cm^3)；

$\quad\quad$ ρ_b——粗集料的毛体积密度(g/cm^3)；

$\quad\quad$ ρ_T——试验温度 T 时水的密度(g/cm^3)；

$\quad\quad$ α_T——试验温度 T 时的水温修正系数；

$\quad\quad$ ρ_w——水在 4 ℃时的密度(1.000 g/cm^3)。

6. 精密度或允许差

重复试验的精密度，对表观相对密度、表干相对密度、毛体积相对密度，两次结果相差不得超过 0.02，对吸水率不得超过 0.2%。

路面用碎(砾)石试验报告(网篮法)

试样编号	烘干试样质量/g	试样水中质量/g	试样表干质量/g	水温修正系数 α_T	集料的吸水率/%	
					单值	平均值
1						
2						
集料的表观相对密度	单值	平均值	集料的表观密度/($g \cdot cm^{-3}$)	单　值	平均值	
集料的表干相对密度	单　值	平均值	集料的表干密度/($g \cdot cm^{-3}$)	单　值	平均值	
集料的毛体积相对密度	单　值	平均值	集料的毛体积密度/($g \cdot cm^{-3}$)	单　值	平均值	

任务 2.7 细集料密度试验及吸水率试验

任务描述

本任务要求认真阅读《公路工程集料试验规程》(JTG E42—2005)、《公路工程质量检验评定标准 第一册 土建工程》(JTG F80/1—2017)等相关技术规范，查阅相关资料；学会细集料密度试验及吸水率试验。

学习目标

1. 掌握细集料密度试验及吸水率试验检测目的、检测方法、检测步骤及检测原理；
2. 掌握细集料密度试验及吸水率试验检测相关的技术规范；
3. 掌握各种检测仪器的性能及应用方法；
4. 能够完成试验的数据处理；
5. 能用定量的方法科学地评定细集料的质量。

工作准备

1. 阅读工作任务书，熟悉即将要学习的主要内容；
2. 收集并阅读《公路工程集料试验规程》(JTG E42—2005)、《公路工程质量检验评定标准 第一册 土建工程》(JTG F80/1—2017)等相关技术规范，查阅相关资料。在线了解路面工程建设中对细集料密度试验及吸水率试验检测的要求。

任务实施

引导问题1：细集料密度试验及吸水率试验在试验前应如何取样？

引导问题 2：试述细集料密度试验及吸水率试验的目的、主要的试验仪器、适用范围。

_____

_____

_____

_____

_____

引导问题 3：简述细集料密度试验及吸水率试验的注意事项。

_____

_____

_____

_____

_____

引导问题 4：细集料密度试验及吸水率试验时，两次平行试验后，结果如何处理？

_____

_____

_____

_____

引导问题 5：细级料表观密度测定时，装料用于容量瓶中应注意什么？试验结果应如何评定？

_____

_____

_____

_____

_____

_____

🔧 任务反馈

教师对学生工作过程与工作结果进行评价，并将评价结果填入表 2-7-1 中。

表 2-7-1　教师综合评价表

班级：		姓名：		学号：
任务 2.7		细集料密度试验及吸水率试验		
评价项目		评价标准	分值/分	得分/分
考勤(10%)		无无故缺勤、迟到、早退现象	10	
工作过程 (60%)	检测目的	正确表述路面工程中细集料密度检测目的	5	
	仪器使用	能独立、正确使用细集料密度检测中的相关仪器	10	
	检测方法及步骤	正确阐述细集料密度的检测方法及检测步骤	10	
	试验报告的完成	按要求完成试验报告的填写，正确处理试验数据	10	
	劳动纪律	遵守试验室的管理条例	5	
	工作态度	态度端正、工作认真、主动，按时完成学生工作活页	5	
	团队意识	与小组成员能有效地合作交流、协调工作	5	
	职业素质	把党的二十大思想融入实践，按要求完成学习任务，及时并准确	5	
	创新意识	通过阅读《公路工程集料试验规程》(JTG E42—2005)、《公路工程质量检验评定标准 第一册 土建工程》(JTG F80/1—2017)等相关技术规范，查阅相关资料，能更好地理解路基工程中细集料密度检测内容	5	
项目成果 (30%)	工作完整	按时完成实训任务	5	
	工作规范	操作符合规范要求	10	
	回答问题	依据规范准确回答	10	
	成果展示	用语规范、表达准确	5	
小计			100	
综合评分				

相关知识点

T0330—2005 细集料密度及吸水率试验

1. 目的与适用范围

(1)用坍落筒法测定细集料(天然砂、机制砂、石屑)在 23 ℃时对水的毛体积相对密度、表观相对密度、表干相对密度(饱和面干相对密度)。

(2)用坍落筒法测定细集料(天然砂、机制砂、石屑)处于饱和面干状态时的吸水率。

(3)用坍落筒法测定细集料(天然砂、机制砂、石屑)的毛体积密度、表观密度、表干密度(饱和面干密度)。

(4)本方法适用于粒径小于 2.36 mm 的细集料。当含有大于 2.36 mm 的成分时,如0~4.75 mm 石屑,宜采用 2.36 mm 的标准筛进行筛分,其中大于 2.36 mm 的部分采用 T0308 方法测定,小于 2.36 mm 的部分用本方法测定。

2. 仪具与材料

(1)天平:称量 1 kg,感量不大于 0.1 g。

(2)饱和面干试模:上口径 40 mm±3 mm,下口径 90 mm±3 mm,高 75 mm±3 mm 的坍落筒。

(3)捣棒:金属棒,直径 25 mm±3 mm,质量 340 g±15 g。

(4)烧杯:500 mL。

(5)容量瓶:500 mL。

(6)烘箱:能控温在 105 ℃±5 ℃。

(7)洁净水:温度为 23 ℃±1.7 ℃。

(8)其他:干燥器、吹风机(手提式)、浅盘、铝制料勺、玻璃棒、温度计等。

3. 试验准备

(1)将来样用 2.36 mm 标准筛过筛,除去大于 2.36 mm 的部分。在潮湿状态下用分料器法或四分法缩分细集料至每份约 1 000 g,拌匀后分成两份,分别装入浅盘或其他合适的容器。

(2)注入洁净水,使水面高出试样表面 20 mm 左右(测量水温并控制在 23 ℃±1.7 ℃),用玻璃棒连续搅拌 5 min,以排除气泡,静置 24 h。

(3)细心倒去试样上部的水,但不得将细粉部分倒走,并用吸管吸去余水。

(4)将试样在盘中摊开,用手提吹风机缓缓吹入暖风,并不断翻拌试样,使集料表面的水在各部位均匀蒸发,达到估计的饱和面干状态。注意吹风过程中不得使细粉损失。

(5)将试样松散地一次装入饱和面干试模,用捣棒轻捣 25 次,捣棒端面与试样表面距离不超过 10 mm,使之自由落下,捣完后刮平模口,如留有空隙也不必再装满。

(6)从垂直方向徐徐提起试模,如试样保留锥形没有坍落,则说明集料中尚含有表面水,应继续按上述方法用暖风干燥、试验,直至试模提起后试样开始出现坍落。如试模提起后试样坍落过多,则说明试样已干燥过分,此时应将试样均匀洒水约 5 mL,经充分拌匀,并静置于加盖容器中 30 min 后,再按上述方法进行试验,直至达到饱和面干状态。判断饱和面干状态的标准,对天然砂,宜以"在试样中心部分上部成为 2/3 左右的圆锥体,即大致坍塌 1/3 左右"作为标准状态;对机制砂和石屑,宜以"当移去坍落筒第一次出现坍落时的含水率即最大含水率作为试样的饱和面干状态"作为标准状态。

4. 试验步骤

(1)立即称取饱和面干试样约 300 g(m_3)。

(2)将试样迅速放入容量瓶,勿使水分蒸发和集料粒散失,而后加洁净水至约 450 mL 刻度处,转动容量瓶排除气泡后,再仔细加水至 500 mL 刻度处,塞紧瓶塞,擦干瓶外水分,称其总量(m_2)。

(3)全部倒出集料试样,洗净瓶内外,用同样的水(每次需测量水温,宜为 23 ℃±

1.7 ℃，两次水温相差不大于 2 ℃），加至 500 mL 刻度处，塞紧瓶塞，擦干瓶外水分，称其总量(m_1)。将倒出的集料样置 105 ℃±5 ℃的烘箱中烘干至恒重，在干燥器内冷却至室温后，称取干样的质量(m_0)。

5. 计算

(1)细集料的表观相对密度 γ_a、表干相对密度 γ_s，及毛体积相对密度 γ_b。按式(T0330-1)～(T0330-3)计算至小数点后 3 位。

$$\gamma_a = \frac{m_0}{m_0 + m_1 - m_2} \qquad\qquad (\text{T0330-1})$$

$$\gamma_s = \frac{m_3}{m_3 + m_1 - m_2} \qquad\qquad (\text{T0330-2})$$

$$\gamma_b = \frac{m_0}{m_3 + m_1 - m_2} \qquad\qquad (\text{T0330-3})$$

式中 γ_a——集料的表观相对密度，无量纲；

γ_s——集料的表干相对密度，无量纲；

γ_b——集料的毛体积相对密度，无量纲；

m_0——试样烘干后质量(g)；

m_1——水、瓶总质量(g)；

m_2——饱和面干试样、水、瓶总质量(g)；

m_3——饱和面干试样质量(g)。

(2)细集料的表观密度 ρ_a、表干密度 ρ_s 及毛体积密度 ρ_b 按式(T0330-4)～(T0330-6)计算至小数点后 3 位。

$$\rho_a = (\gamma_a - \alpha_T) \times \rho_w \qquad\qquad (\text{T0330-4})$$

$$\rho_s = (\gamma_s - \alpha_T) \times \rho_w \qquad\qquad (\text{T0330-5})$$

$$\rho_b = (\gamma_b - \alpha_T) \times \rho_w \qquad\qquad (\text{T0330-6})$$

式中 ρ_a——集料的表观密度(g/cm^3)；

ρ_s——集料的表干密度(g/cm^3)；

ρ_b——集料的毛体积密度(g/cm^3)；

ρ_w——水在 4 ℃时的密度(g/cm^3)；

α_T——试验时水温对水密度影响的修正系数，按附录 B 表 B-1 取用。

(3)细集料的吸水率按式(T0330-7)计算，精确至 0.01%。

$$w_x = \frac{m_3 - m_0}{m_0} \times 100 \qquad\qquad (\text{T0330-7})$$

式中 w_x——集料的吸水率(%)；

m_3——饱和面干试样质量(g)；

m_0——烘干试样质量(g)。

(4)如因特殊需要，需以饱和面干状态的试样为基准求取细集料的吸水率时，细集料的饱和面干吸水率按式(T0330-8)计算，精确至 0.01%，但需在报告中注明。

$$w'_{x} = \frac{m_3 - m_0}{m_3} \times 100 \qquad (\text{T0330-8})$$

式中　w'_{x}——集料的饱和面干吸水率(%);

m_3——饱和面干试样质量(g);

m_0——烘干试样质量(g)。

细集料密度试验及
吸水率试验相关图片

6. 精度与允许差

(1)毛体积密度及饱和面干密度以两次平行试验结果的算术平均值为测定值,如两次结果与平均值之差大于 0.01 g/cm³,应重新取样进行试验。

(2)吸水率以两次平行试验结果的算术平均值作为测定值,如两次结果与平均值之差大于 0.02%,应重新取样进行试验。

路面用细集料试验报告

	试样的烘干质量/g	水和容量瓶质量/g	试样、水和容量瓶质量/g	表观密度/(g·cm⁻³)	
				单值	平均值
表观密度(容量瓶法)					
	饱和面干试样质量/s		烘干试样质量/g	吸水率	
				单值	平均值
吸水率					

任务 2.8　粗集料针片状颗粒含量试验(游标卡尺法)

任务描述

本任务要求认真阅读《公路工程集料试验规程》(JTG E42—2005)、《公路工程质量检验评定标准 第一册 土建工程》(JTG F80/1—2017)等相关技术规范,查阅相关资料;学会粗集料针片状试验。

1. 掌握粗集料针片状检测目的、检测方法、检测步骤及检测原理；
2. 掌握粗集料针片状检测相关的技术规范；
3. 掌握各种检测仪器的性能及应用方法；
4. 能够完成试验的数据处理；
5. 能用定量的方法科学地评定粗集料的质量。

工作准备

1. 阅读工作任务书，熟悉即将要学习的主要内容；
2. 收集并阅读《公路工程集料试验规程》(JTG E42—2005)、《公路工程质量检验评定标准 第一册 土建工程》(JTG F80/1—2017)等相关技术规范，查阅相关资料。在线了解路面工程建设中对粗集料针片状试验检测的要求。

任务实施

引导问题1：粗集料针片状实验在试验前应如何取样？

_____

_____

_____

_____

引导问题2：试述粗集料针片状试验的目的、主要的试验仪器、适用范围。

_____

_____

_____

_____

_____

引导问题3：简述粗集料针片状的注意事项。

_____

_____

_____

_____

_____

引导问题 4：粗集料针片状试验时，两次平行试验后，结果如何处理？

_____

_____

引导问题 5：简述粗集料针片状试验的步骤。

_____

_____

_____

⚙ 任务反馈

教师对学生工作过程与工作结果进行评价，并将评价结果填入表 2-8-1 中。

表 2-8-1　教师综合评价表

班级：		姓名：	学号：	
任务 2.8		粗集料针片状试验		
评价项目		评价标准	分值/分	得分/分
考勤（10%）		无无故缺勤、迟到、早退现象	10	
工作过程（60%）	检测目的	正确表述路面工程中粗集料针片状析检测目的	5	
	仪器使用	能独立、正确使用粗集料针片状检测中的相关仪器	10	
	检测方法及步骤	正确阐述粗集料针片状的检测方法及检测步骤	10	
	试验报告的完成	按要求完成试验报告的填写，正确处理试验数据	10	
	劳动纪律	遵守试验室的管理条例	5	
	工作态度	态度端正、工作认真、主动，按时完成学生工作活页	5	
	团队意识	与小组成员能有效地合作交流、协调工作	5	
	职业素质	把党的二十大思想融入实践，按要求完成学习任务，及时并准确	5	
	创新意识	通过阅读《公路工程集料试验规程》(JTG E42—2005)、《公路工程质量检验评定标准 第一册 土建工程》(JTG F80/1—2017)等相关技术规范，查阅相关资料，能更好地理解路面工程中粗集料针片状检测内容	5	
项目成果（30%）	工作完整	按时完成实训任务	5	
	工作规范	操作符合规范要求	10	
	回答问题	依据规范准确回答	10	
	成果展示	用语规范、表达准确	5	
小计			100	
综合评分				

T0312—2005 粗集料针片状颗粒含量试验(游标卡尺法)

1. 目的与适用范围

(1)本方法适用于测定粗集料的针状及片状颗粒含量,以百分率计。

(2)本方法测定的针片状颗粒,是指用游标卡尺测定的粗集料颗粒的最大长度(或宽度)方向与最小厚度(或直径)方向的尺寸之比大于3倍的颗粒。有特殊要求采用其他比例时,应在试验报告中注明。

(3)本方法测定的粗集料中针片状颗粒的含量,可用于评价集料的形状和抗压碎能力,以评定石料生产厂的生产水平及该材料在工程中的适用性。

2. 仪具与材料

(1)标准筛:方孔筛4.75 mm。

(2)游标卡尺:精密度为0.1 mm。

(3)天平:感量不大于1 g。

3. 试验步骤

(1)按T0301方法,采集粗集料试样。

(2)按分料器法或四分法选取1 kg左右的试样。对每一种规格的粗集料,应按照不同的公称粒径,分别取样检验。

(3)用4.75 mm标准筛将试样过筛,取筛上部分供试验用,称取试样的总质量 m_0,准确至1 g,试样数量应不少于800 g,并不少于100颗。

注:对2.36～4.75 mm级粗集料,由于卡尺量取困难,故一般不做测定。

(4)将试样平摊于桌面上,首先用目测挑出接近立方体的颗粒,剩下可能属于针状(细长)和片状(扁平)的颗粒。

(5)将欲测量的颗粒放在桌面上成一稳定的状态,颗粒平面方向的最大长度为 L,侧面厚度的最大尺寸为 t,颗粒最大宽度为 w,具体可见二维码。

注:稳定状态是指平放的状态,不是直立状态,侧面厚度的最大尺寸 t 为图中状态的颗粒顶部至平台的厚度,是在最薄的一个面上测平面图量的,但并非颗粒中最薄部位的厚度。

4. 计算

按公式计算针片状颗粒含量。

$$Q_e = \frac{m_1}{m_2} \times 100$$

式中 Q_e——针片状颗粒含量(%);

m_0——试验用的集料总质量(g);

m_1——针片状颗粒的质量(g)。

5. 报告

(1)试验要平行测定两次,计算两次结果的平均值。如两次结果之差小于平均值的20%,取平均值为试验值;如大于或等于20%,应追加测定一次,取3次结果的平均值作为测定值。

粗集料针片状颗粒含量试验
(游标卡尺法)相关图片

(2)试验报告应报告集料的种类、产地、岩石名称、用途。

碎(砾)石试验报告

集料品种				试验日期	
试样用途				标准依据	
针片状颗粒含量	试样质量/g	针片状颗粒质量/g	针片状颗粒含量/%		
			单值		平均值

任务 2.9　粗集料筛分试验(水洗法)

任务描述

本任务要求认真阅读《公路工程集料试验规程》(JTG E42—2005)、《公路工程质量检验评定标准 第一册 土建工程》(JTG F80/1—2017)等相关技术规范,查阅相关资料;学会粗集料筛分析试验。

学习目标

1.掌握粗集料筛分析检测目的、检测方法、检测步骤及检测原理;

2.掌握粗集料筛分析检测相关的技术规范;

3.掌握各种检测仪器的性能及应用方法;

4.能够完成试验的数据处理;

5.能用定量的方法科学地评定粗集料的质量。

工作准备

1.阅读工作任务书,熟悉即将要学习的主要内容;

2.收集并阅读《公路工程集料试验规程》(JTG E42—2005)、《公路工程质量检验评定标准 第一册 土建工程》(JTG F80/1—2017)等相关技术规范,查阅相关资料。在线了解路面工程建设中对粗集料筛分析试验检测的要求。

引导问题 1：粗集料筛分试验目的是什么？试验仪器有哪些？水泥混凝土用粗集料筛分实验标准筛的孔径的规格是多少？当筛上的筛余层厚度大于试样的最大粒径时应如何处理？

_____

_____

_____

_____

引导问题 2：简述沥青混合料用粗集料筛分方法。说明与水泥混凝土用集料试验方法有何不同。

_____

_____

_____

_____

引导问题 3：干筛法和水筛法各自的适用范围？简述水泥混凝土用粗集料干筛法试验步骤。筛分前如何取样？

_____

_____

_____

_____

引导问题 4：在粗集料的筛分试验中，当按筛孔大小顺序逐个进行手筛时，筛至何时为止？筛分前后质量允许误差是多少？

_____

_____

_____

_____

引导问题 5：筛分后可确定哪些级配参数？筛分试验时，两次平行试验后，结果如何处理？

_____

_____

_____

_____

任务反馈

教师对学生工作过程与工作结果进行评价，并将评价结果填入表 2-9-1 中。

表 2-9-1 教师综合评价表

班级：		姓名：		学号：
任务 2.9		粗集料筛分析试验		
评价项目		评价标准	分值/分	得分/分
考勤（10%）		无无故缺勤、迟到、早退现象	10	
工作过程（60%）	检测目的	正确表述路面工程中粗集料筛分析检测目的	5	
	仪器使用	能独立、正确使用粗集料筛分析检测中的相关仪器	10	
	检测方法及步骤	正确阐述粗集料筛分析的检测方法及检测步骤	10	
	试验报告的完成	按要求完成试验报告的填写，正确处理试验数据	10	
	劳动纪律	遵守试验室的管理条例	5	
	工作态度	态度端正、工作认真、主动，按时完成学生工作活页	5	
	团队意识	与小组成员能有效地合作交流、协调工作	5	
	职业素质	把党的二十大思想融入实践，按要求完成学习任务，及时并准确	5	
	创新意识	通过阅读《公路工程集料试验规程》(JTG E42—2005)、《公路工程质量检验评定标准 第一册 土建工程》(JTG F80/1—2017)等相关技术规范，查阅相关资料，能更好地理解路面工程中粗集料筛分析检测内容	5	
项目成果（30%）	工作完整	按时完成实训任务	5	
	工作规范	操作符合规范要求	10	
	回答问题	依据规范准确回答	10	
	成果展示	用语规范、表达准确	5	
小计			100	
综合评分				

1. 目的与适用范围

测定粗集料(碎石、砾石、矿渣等)的颗粒组成；掌握粗集料干筛法、水洗法试验方法。

水泥混凝土用粗集料可采用干筛法筛分，对沥青混合料及基层用粗集料必须采用水洗法试验。

本方法也适用于同时含有粗集料、细集料、矿粉的集料混合料筛分试验，如未筛碎石、级配碎石、天然砂砾、级配砂砾、无机结合料稳定基层材料、沥青拌合楼的冷料混合料、热料仓材料、沥青混合料经溶剂抽提后的矿料等。

2. 仪具与材料

(1)标准筛。

(2)天平或台秤：感量不大于试样质量的 0.1%。

(3)其他：盘子、铲子、毛刷等。

筛分用的试样质量见表 2-9-2。

表 2-9-2　筛分用的试样质量

公称最大粒径/mm	75	63	37.5	31.5	26.5	19	16	9.5	4.75
试样质量不小于/kg	10	8	5	4	2.5	2	1	1	0.5

3. 试验操作方法

3.1　试样准备

(1)将样品拌匀，用分料器或四分法缩分，风干后备用。

(2)除去超粒径部分颗粒。

(3)将天平调平，标准筛由大到小组装好。

3.2　试验步骤

(1)取一份试样，烘干，称取干燥集料试样的总质量。

(2)将集料全部用水淹没。搅动集料，使集料表面洗涤干净。组成一组套筛，其底部为 0.075 mm 标准筛，上部为 2.36 mm 或 4.75 mm 筛。将容器中悬浮液经过套筛流入另一容器中。

(3)重复以上步骤，直至倒出的水洁净。

(4)将套筛上的集料及容器中的集料全部回收在一个搪瓷盘中。将搪瓷盘连同集料一起烘干。

(5)称取干料的总质量。

(6)将回收的烘干集料按干筛方法筛分，测量 0.075 mm 筛以上各筛的筛余量。

3.3　结果整理

(1)计算粗集料中 0.075 mm 筛下部分质量 $m_{0.075}$ 和含量 $P_{0.075}$。

141

按式计算粗集料中 0.075 mm 筛下部分质量 $m_{0.075}$ 和含量 $P_{0.075}$，精确至 0.1%。

当两次试验结果 $P_{0.075}$ 的差值超过 1% 时，应重新进行试验。

$$m_{0.075} = m_3 - m_4$$

$$P_{0.075} = \frac{m_{0.075}}{m_3} = (m_3 - m_4)/m_3 \times 100$$

式中　$P_{0.075}$——粗集料中小于 0.075 mm 的含量(通过率)(%)；

　　　$m_{0.075}$——粗集料中水洗得到的小于 0.075 mm 部分的质量(g)；

　　　m_3——用于水洗的干燥粗集料总质量(g)；

　　　m_4——水洗后的干燥粗集料总质量(g)。

(2)计算损耗和损耗率。计算各筛分计筛余量及筛底存量的总和与筛分前试样的干燥总质量 m_4 之差，作为筛分时的损耗，并计算损耗率，若损耗率大于 0.3%，应重新进行试验。

$$m_5 = m_3 - \left(\sum m_i - m_{0.075}\right)$$

式中　m_5——由于筛分造成的损耗(g)；

　　　m_3——用于水筛筛分的干燥集料总质量(g)；

　　　m_i——各号筛上的分计筛余(g)；

　　　i——依次 0.075 mm、0.15 mm……至集料最大粒径的排序；

　　　$m_{0.075}$——水洗后得到的 0.075 mm 以下部分质量，即 $m_3 - m_4$(g)。

(3)计算分计筛余百分率、累计筛余百分率、质量通过百分率。计算其他各筛的分计筛余百分率、累计筛余百分率、质量通过百分率，计算方法与干筛法相同。当干筛时筛分有损耗时，应按干筛法从总质量中扣除损耗部分。

(4)试验结果以两次试验的平均值表示。

粗集料水筛法筛分试验记录(一)见表 2-9-3。

粗集料水筛法筛分试验记录(二)见表 2-9-4。

表 2-9-3　粗集料水筛法筛分试验记录(一)

干燥试样总量 m_0/g	第 1 组				第 2 组				平均
水洗后筛上总量 m_4/g									
水洗后 0.075 mm 筛下量 $m_{0.075}$/g									
水洗后 0.075 mm 筛下量 $m_{0.075}$/g									
筛孔尺寸 /mm	筛上质量 m_i/g	分计筛余 /%	累计筛余 /%	通过百分率 /%	筛上质量 m_i/g	分计筛余 /%	累计筛余 /%	通过百分率 /%	通过百分率 /%
	(1)	(2)	(3)	(4)	(1)	(2)	(3)	(4)	(5)
26.5									
19									
16									
13.2									
9.5									
4.75									
2.36									
1.18									
0.6									
0.3									
0.15									
0.075									
筛底 $m_底$/g									
干筛分后总量 $\sum m_i$/g									
损耗 m_5/g									
损耗率 /%									
扣除损耗后总量 /g									

143

表 2-9-4　粗集料水筛法筛分试验记录(二)

干燥试样总量 m_0/g	第1组				第2组				
水洗后筛上总量 m_4/g									平均
水洗后 0.075 mm 筛下量 $m_{0.075}$/g									
水洗后 0.075 mm 筛下量 $m_{0.075}$/g									
筛孔尺寸 /mm	筛上质量 m_i /g	分计筛余 /%	累计筛余 /%	通过百分率 /%	筛上质量 m_i /g	分计筛余 /%	累计筛余 /%	通过百分率 /%	通过百分率 /%
	(1)	(2)	(3)	(4)	(1)	(2)	(3)	(4)	(5)
16									
13.2									
9.5									
4.75									
2.36									
1.18									
0.6									
0.3									
0.15									
0.075									
筛底 $m_{底}$/g									
干筛分后总量 $\sum m_i$/g									
损耗 m_5 /g									
损耗率 /%									
扣除损耗后总量 /g									

任务 2.10　细集料筛分试验(水筛法)

任务描述

　　本任务要求认真阅读《公路工程集料试验规程》(JTG E42—2005)、《公路工程质量检验评定标准 第一册 土建工程》(JTG F80/1—2017)等相关技术规范，查阅相关资料；学会细集料筛分析试验。

学习目标

　　1. 掌握细集料筛分析检测目的、检测方法、检测步骤及检测原理；

　　2. 掌握细集料筛分析检测相关的技术规范；

　　3. 掌握各种检测仪器的性能及应用方法；

　　4. 能够完成试验的数据处理；

　　5. 能用定量的方法科学地评定细集料的质量。

工作准备

　　1. 阅读工作任务书，熟悉即将要学习的主要内容；

　　2. 收集并阅读《公路工程集料试验规程》(JTG E42—2005)、《公路工程质量检验评定标准 第一册 土建工程》(JTG F80/1—2017)等相关技术规范，查阅相关资料。在线了解路面工程建设中对细集料筛分析试验检测的要求。

任务实施

　　引导问题 1：细集料的筛分试验在试验前应如何取样？在细集料的筛分试验中，按筛孔大小顺序逐个进行手筛，筛到何时为止？筛分前后质量允许误差是多少？

_____

_____

_____

　　引导问题 2：试述细集料筛分试验的目的、主要的试验仪器，以及干筛法和水筛法各自的适用范围。

_____

_____

_____

_____

引导问题3：细集料筛分试验时，两次平行试验后，结果如何处理？

_____

_____

_____

引导问题4：试述细集料筛分试验的目的、主要的试验仪器。

_____

_____

_____

⚙ **任务反馈**

教师对学生工作过程与工作结果进行评价，并将评价结果填入表2-10-1中。

表2-10-1　教师综合评价表

班级：		姓名：	学号：	
任务2.10		细集料筛分析试验		
评价项目		评价标准	分值/分	得分/分
考勤（10%）		无无故缺勤、迟到、早退现象	10	
工作过程（60%）	检测目的	正确表述路面工程中细集料筛分析检测目的	5	
	仪器使用	能独立、正确使用细集料筛分析检测中的相关仪器	10	
	检测方法及步骤	正确阐述细集料筛分析的检测方法及检测步骤	10	
	试验报告的完成	按要求完成试验报告的填写，正确处理试验数据	10	
	劳动纪律	遵守试验室的管理条例	5	
	工作态度	态度端正、工作认真、主动，按时完成学生工作活页	5	
	团队意识	与小组成员能有效地合作交流、协调工作	5	
	职业素质	把党的二十大思想融入实践，按要求完成学习任务，及时并准确	5	
	创新意识	通过阅读《公路工程集料试验规程》(JTG E42—2005)、《公路工程质量检验评定标准 第一册 土建工程》(JTG F80/1—2017)等相关技术规范，查阅相关资料，能更好地理解路面工程中细集料筛分析检测内容	5	
项目成果（30%）	工作完整	按时完成实训任务	5	
	工作规范	操作符合规范要求	10	
	回答问题	依据规范准确回答	10	
	成果展示	用语规范、表达准确	5	
小计			100	
综合评分				

1. 目的与适用范围

(1)通过细集料筛分的测定，可以掌握细集料的颗粒级配和粗细程度，为路面配合比设计提供原始数据；

(2)掌握细集料干筛法、水洗法的试验方法。

本方法适用于不同用途细集料的筛分，对水泥混凝土用细集料可用干筛法，必要时也可用水筛法；对沥青混合料及基层用细集料必须用水洗法。

2. 主要仪具

(1)标准筛：尺寸 9.5 mm、4.75 mm、2.36 mm、1.18 mm、0.6 mm、0.3 mm、0.15 mm、0.075 mm 的方孔筛。

(2)天平：称量 1 000 g，感量不大于 0.5 g。

(3)摇筛机。

(4)烘箱：能控温在 105 ℃±5 ℃。

3. 试验操作方法

3.1 试样准备

(1)筛除超粒径部分的颗粒。将样品拌匀，用分料器法或四分法缩分至不少于 550 g 的试样两份。

(2)在 105 ℃±5 ℃ 的烘箱中烘至恒重，冷却备用。

(3)将天平调平，标准筛由大到小组装好。

3.2 试验步骤

(1)称取烘干试样约 500 g。

(2)放入容器，用水淹没，搅动，洗净。

(3)将混有细粉的悬浮液通过 1.18 mm 筛及 0.075 mm 筛组成的套筛。

(4)把洗净的料倒入盘中，置 105 ℃±5 ℃ 烘箱中烘至恒重。

(5)称取干料的总质量。洗前和洗后质量之差为通过 0.075 mm 筛部分集料质量。

(6)将洗去小于 0.075 mm 部分的干料按干筛法过筛，不需 0.075 mm 筛，最后称量各筛筛余量。

3.3 结果整理

(1)各号筛的分计筛余百分率为各号筛上的筛余量除以试样总量的百分率，精确至 0.1%。

(2)各号筛的累计筛余百分率为该号筛及大于该号筛的各号筛的分计筛余百分率之和，准确至 0.1%。

(3)各号筛的质量通过百分率等于 100 减去该号筛的累计筛余百分率，准确至 0.1%。

(4)根据各筛的累计筛余百分率或通过百分率绘制级配曲线计算。

(5)天然砂的细度模数，精确至 0.01。

$$M_X = \frac{(A_{0.15} + A_{0.3} + A_{0.6} + A_{1.18} + A_{2.36}) - 5A_{4.75}}{100 - A_{4.75}}$$

147

式中 M_X——砂的细度模数；

$A_{0.15}\cdots A_{4.75}$——0.15 mm、0.3 mm……4.75 mm 各筛上的累计筛余百分率(%)。

3.4 精密度和允许差

两次平行试验所得的细度模数之差应不大于 0.2，以两次结果的算术平均值作为测定值，否则应重做试验。

沥青路面用细集料试验报告筛分记录见表 2-10-2、表 2-10-3。

表 2-10-2 沥青路面用细集料试验报告筛分记录(一)

干燥试样总量 m_0/g	第 1 组				第 2 组				
水洗后筛上总量 m_4/g									
水洗后 0.075 mm 筛下量 $m_{0.075}$/g									平均
水洗后 0.075 mm 筛下量 $m_{0.075}$/g									
筛孔尺寸 /mm	筛上质量 m_i /g	分计筛余 /%	累计筛余 /%	通过百分率 /%	筛上质量 m_i /g	分计筛余 /%	累计筛余 /%	通过百分率 /%	通过百分率 /%
	(1)	(2)	(3)	(4)	(1)	(2)	(3)	(4)	(5)
9.5									
4.75									
2.36									
1.18									
0.6									
0.3									
0.15									
0.075									
筛底 $m_{底}$/g									
干筛分后总量 $\sum m_i$/g									
损耗 m_5 /g									
损耗率 /%									
扣除损耗后总量/g									

注：如筛底 $m_{底}$ 的值不是 0，应将其并入 $m_{0.075}$ 中重新计算 $P_{0.075}$

表 2-10-3　沥青路面用细集料试验报告筛分记录(二)

干燥试样总量 m_0/g	第 1 组				第 2 组				平均
水洗后筛上总量 m_4/g									
水洗后 0.075 mm 筛下量 $m_{0.075}$/g									
水洗后 0.075 mm 筛下量 $m_{0.075}$/g									
筛孔尺寸 /mm	筛上质量 m_i /g	分计筛余 /%	累计筛余 /%	通过百分率 /%	筛上质量 m_i /g	分计筛余 /%	累计筛余 /%	通过百分率 /%	通过百分率 /%
	(1)	(2)	(3)	(4)	(1)	(2)	(3)	(4)	(5)
9.5									
4.75									
2.36									
1.18									
0.6									
0.3									
0.15									
0.075									
筛底 $m_底$/g									
干筛分后总量 $\sum m_i$/g									
损耗 m_5 /g									
损耗率 /%									
扣除损耗后总量 /g									

任务 2.11　矿粉筛分试验方法（水洗法）

任务描述

本任务要求认真阅读《公路工程集料试验规程》(JTG E42—2005)、《公路工程质量检验评定标准 第一册 土建工程》(JTG F80/1—2017)等相关技术规范，查阅相关资料；学会矿粉筛分试验。

学习目标

1. 掌握矿粉筛分检测目的、检测方法、检测步骤及检测原理；
2. 掌握矿粉筛分检测相关的技术规范；
3. 掌握各种检测仪器的性能及应用方法；
4. 能够完成试验的数据处理；
5. 能用定量的方法科学地评定矿粉的质量。

工作准备

1. 阅读工作任务书，熟悉即将要学习的主要内容；
2. 收集并阅读《公路工程集料试验规程》(JTG E42—2005)、《公路工程质量检验评定标准 第一册 土建工程》(JTG F80/1—2017)等相关技术规范，查阅相关资料。在线了解路面工程建设中对矿粉筛分试验检测的要求。

⚙ 任务实施

引导问题 1：矿粉筛分试验在试验前应如何取样？

_____

_____

引导问题 2：试述矿粉筛分试验的目的、主要的试验仪器、适用范围。

_____

_____

引导问题 3：简述矿粉筛分试验的注意事项。

_____

_____

引导问题4：矿粉筛分试验时，两次平行试验后，结果如何处理？

_____

_____

_____

引导问题5：简述矿粉筛分试验的步骤。

_____

_____

_____

⚙ **任务反馈**

教师对学生工作过程与工作结果进行评价，并将评价结果填入表 2-11-1 中。

表 2-11-1　教师综合评价表

班级：		姓名：	学号：	
任务 2.11		矿粉筛分试验		
评价项目		评价标准	分值/分	得分/分
考勤(10%)		无无故缺勤、迟到、早退现象	10	
工作过程 (60%)	检测目的	正确表述路面工程中矿粉筛分检测目的	5	
	仪器使用	能独立、正确使用矿粉筛分检测中的相关仪器	10	
	检测方法及步骤	正确阐述矿粉筛分检测方法及检测步骤	10	
	试验报告的完成	按要求完成试验报告的填写，正确处理试验数据	10	
	劳动纪律	遵守试验室的管理条例	5	
	工作态度	态度端正、工作认真、主动，按时完成学生工作活页	5	
	团队意识	与小组成员能有效地合作交流、协调工作	5	
	职业素质	把党的二十大思想融入实践，按要求完成学习任务，及时并准确	5	
	创新意识	通过阅读《公路工程集料试验规程》(JTG E42—2005)、《公路工程质量检验评定标准 第一册 土建工程》(JTG F80/1—2017)等相关技术规范，查阅相关资料，能更好地理解路面工程中矿粉筛分检测内容	5	
项目成果 (30%)	工作完整	按时完成实训任务	5	
	工作规范	操作符合规范要求	10	
	回答问题	依据规范准确回答	10	
	成果展示	用语规范、表达准确	5	
小计			100	
综合评分				

T0351—2000 矿粉筛分试验(水洗法)

1. 目的与适用范围

测定矿粉的颗粒级配。同时适用于测定供拌制沥青混合料用的其他填料,如水泥、石灰、粉煤灰的颗粒级配。

2. 仪具与材料

(1)标准筛:孔径为 0.6 mm、0.3 mm、0.15 mm、0.075 mm。

(2)天平:感量不大于 0.1 g。

(3)烘箱:能控温在 105 ℃±5 ℃。

(4)搪瓷盘。

(5)橡皮头研杵。

3. 试验步骤

(1)将矿粉试样放入 105 ℃±5 ℃烘箱中烘干至恒重,冷却,称取 100 g,准确至 0.1 g。如有矿粉团粒存在,可用橡皮头研杵轻轻研磨粉碎。

(2)将 0.075 mm 筛装在筛底上,仔细倒入矿粉,盖上筛盖。手工轻轻筛分,到大体上筛不下去为止。存留在筛底上的小于 0.075 mm 部分可弃去。

(3)除去筛盖和筛底,按筛孔大小顺序套成套筛。将存留在 0.075 mm 筛上的矿粉倒回 0.6 mm 筛上,在自来水龙头下方接一胶管,打开自来水,用胶管的水轻轻冲洗矿粉过筛,0.075 mm 筛下部分任其流失,直至流出的水色清澈。水洗过程中,可以适当用手扰动试样,加速矿粉过筛,待上层筛冲干净后,移除 0.6 mm 筛,接着从 0.3 mm 筛或 0.15 mm 筛上冲洗,但不得直接冲洗 0.075 mm 筛。

注:①自来水的水量不可太大太急,防止损坏筛而或将矿粉冲出,水不得从两层筛之间流出,自来水龙头宜装有防溅水龙头。当现场缺乏自来水时,也可由人工浇水冲洗。

②如直接在 0.075 mm 筛上冲洗,将可能使筛而变形,筛孔堵塞,或者造成矿粉与筛面发生共振,不能通过筛孔。

(4)分别将各筛上的筛余反过来用小水流仔细冲洗入各个搪瓷盘,待筛余沉淀后,稍稍倾斜搪瓷盘,仔细除去清水,放入 105 ℃烘箱烘干至恒重。称取各号筛上的筛余量,准确至 0.1 g。

4. 计算

各号筛上的筛余量除以试样总量的百分率,即为各号筛的分计筛余百分率,精确至 0.1%。用 100% 减去 0.6 mm、0.3 mm、0.15 mm、0.075 mm 各筛的分计筛余百分率,即为通过 0.075 mm 筛的通过百分率,加上 0.075 mm 筛的分计筛余百分率即为 0.15 mm 筛的通过百分率,依次类推,计算出各号筛的通过百分率,精确至 0.1%。

5. 精密度或允许差

以两次平行试验结果的平均值作为试验结果。各号筛的通过率相差不得大于 2%。

矿粉试验报告

试样质量 /g								

筛孔尺寸 /mm	分计筛余质量/g			分计筛余 /%	累计筛余 /%	通过质量 百分比/%	标准级配 范围/%
	1	2	平均				
0.6							
0.3							
0.15							
0.075							
筛底							
Σ							

表观密度	牛角匙、瓷皿、漏斗及试验前瓷器中矿粉干燥质量/g	比重瓶加矿粉前的初读数/mL	牛角匙、瓷皿、漏斗及试验后瓷器中矿粉干燥质量/g	比重瓶加矿粉后的终读数/mL	表观密度/(g·cm⁻³)	
					单值	平均值

亲水系数	水中沉淀物体积 /mL	煤油中沉淀物体积 /mL	亲水系数	
			单值	平均值

153

任务 2.12　矿粉密度试验

任务描述

本任务要求认真阅读《公路工程集料试验规程》(JTG E42—2005)、《公路工程质量检验评定标准 第一册 土建工程》(JTG F80/1—2017)等相关技术规范，查阅相关资料；学会矿粉密度试验。

学习目标

1. 掌握矿粉密度检测目的、检测方法、检测步骤及检测原理；
2. 掌握矿粉密度检测相关的技术规范；
3. 掌握各种检测仪器的性能及应用方法；
4. 能够完成试验的数据处理；
5. 能用定量的方法科学地评定矿粉的质量。

工作准备

1. 阅读工作任务书，熟悉即将要学习的主要内容；
2. 收集并阅读《公路工程集料试验规程》(JTG E42—2005)、《公路工程质量检验评定标准 第一册 土建工程》(JTG F80/1—2017)等相关技术规范，查阅相关资料。在线了解路面工程建设中对矿粉密度试验检测的要求。

任务实施

引导问题 1：矿粉密度试验在试验前应如何取样？

_____

_____

引导问题 2：试述矿粉密度试验的目的、主要的试验仪器、适用范围。

_____

_____

引导问题 3：简述矿粉密度试验的注意事项。

_____

_____

_____

引导问题 4：矿粉密度试验时，两次平行试验后，结果如何处理？

_____

_____

_____

引导问题 5：简述矿粉密度试验的步骤。

_____

_____

_____

⚙ **任务反馈**

教师对学生工作过程与工作结果进行评价，并将评价结果填入表 2-12-1 中。

表 2-12-1　教师综合评价表

班级：	姓名：		学号：	
任务 2.12	矿粉密度试验			
评价项目	评价标准		分值/分	得分/分
考勤（10%）	无无故缺勤、迟到、早退现象		10	
工作过程（60%）	检测目的	正确表述路面工程中矿粉密度检测目的	5	
	仪器使用	能独立、正确使用矿粉密度检测中的相关仪器	10	
	检测方法及步骤	正确阐述矿粉密度的检测方法及检测步骤	10	
	试验报告的完成	按要求完成试验报告的填写，正确处理试验数据	10	
	劳动纪律	遵守试验室的管理条例	5	
	工作态度	态度端正、工作认真、主动，按时完成学生工作活页	5	
	团队意识	与小组成员能有效地合作交流、协调工作	5	
	职业素质	把党的二十大思想融入实践，按要求完成学习任务，及时并准确	5	
	创新意识	通过阅读《公路工程集料试验规程》(JTG E42—2005)、《公路工程质量检验评定标准 第一册 土建工程》(JTG F80/1—2017)等相关技术规范，查阅相关资料，能更好地理解路面工程中矿粉密度检测内容	5	
项目成果（30%）	工作完整	按时完成实训任务	5	
	工作规范	操作符合规范要求	10	
	回答问题	依据规范准确回答	10	
	成果展示	用语规范、表达准确	5	
小计			100	
综合评分				

T0352—2000 矿粉密度试验

1. 目的与适用范围

用于检验矿粉的质量，供沥青混合料配合比设计计算使用，同时适用于测定供拌制沥青混合料用的其他填料，如水泥、石灰、粉煤灰的相对密度。

2. 仪具与材料

(1) 李氏比重瓶：容量为 250 mL 或 300 mL。

(2) 天平：感量不大于 0.01 g。

(3) 烘箱：能控温在 105 ℃±5 ℃。

(4) 恒温水槽：能控温在 20 ℃±0.5 ℃。

(5) 其他：瓷皿、小牛角匙、干燥器、漏斗等。

3. 试验步骤

(1) 将代表性矿粉试样置瓷皿中，在 105 ℃烘箱中烘干至恒重(一般不少于 6 h)，放入干燥器中冷却后，连同小牛角匙、漏斗一起准确称量(m_1)，准确至 0.01 g，矿粉质量应不少于 200 g。

(2) 向比重瓶中注入蒸馏水，至刻度 0~1 mL，将比重瓶放入 20 ℃的恒温水槽，静放至比重瓶中的水温不再变化(一般不少于 2 h)，读取比重瓶中水面的刻度(V_1)，准确至 0.02 mL。

(3) 用小牛角匙将矿粉试样通过漏斗徐徐加入比重瓶中，待比重瓶中水的液面上升至接近比重瓶的最大读数时，轻轻摇晃比重瓶，使瓶中的空气充分逸出。再次将比重瓶放入恒温水槽，待温度不再变化时，读取比重瓶的读数(V_2)，准确至 0.02 mL。整个试验过程中，比重瓶中的水温变化不得超过 1 ℃。

(4) 准确称取牛角匙、瓷皿、漏斗及剩余矿粉的质量(m_2)，准确至 0.01 g。

注：对亲水性矿粉应采用煤油做介质测定，方法相同。

4. 计算

按式 $\rho_f = \dfrac{m_1 - m_2}{V_2 - V_1}$ 及式 $\gamma_f = \dfrac{\rho_F}{\rho'_w}$ 计算矿粉的密度和相对密度。

式中　ρ_r——矿粉的密度(g/cm³)；

　　　γ_f——矿粉对水的相对密度，无量纲；

　　　m_1——牛角匙、瓷皿、漏斗及试验前瓷器中矿粉的干燥质量(g)；

　　　m_2——牛角匙、瓷皿、漏斗及试验后瓷器中矿粉的干燥质量(g)；

　　　V_1——加矿粉以前比重瓶的初读数(mL)；

　　　V_2——加矿粉以后比重瓶的终读数(mL)；

　　　ρ'——试验温度时水的密度。

计算结果精确至小数点后 3 位。

5. 精密度或允许差

同一试样应平行试验两次，取平均值作为试验结果。两次试验结果的差值不得大于 0.01 g/cm³。

矿粉试验报告

试样质量/g								
筛孔尺寸/mm	分计筛余质量/g			分计筛余/%	累计筛余/%	通过质量百分比/%	标准级配范围/%	
	1	2	平均					
0.6								
0.3								
0.15								
0.075								
筛底								
$\sum$								

表观密度	牛角匙、瓷皿、漏斗及试验前瓷器中矿粉干燥质量/g	比重瓶加矿粉前的初读数/mL	牛角匙、瓷皿、漏斗及试验后瓷器中矿粉干燥质量/g	比重瓶加矿粉后的终读数/mL	表观密度/(g·cm⁻³)	
					单值	平均值

亲水系数	水中沉淀物体积/mL		煤油中沉淀物体积/mL		亲水系数	
					单值	平均值

任务 2.13　矿粉亲水系数试验

任务描述

本任务要求认真阅读《公路工程集料试验规程》(JTG E42—2005)、《公路工程质量检验评定标准 第一册 土建工程》(JTG F80/1—2017)等相关技术规范，查阅相关资料；学会矿粉亲水系数试验。

学习目标

1. 掌握矿粉亲水系数检测目的、检测方法、检测步骤及检测原理；
2. 掌握矿粉亲水系数检测相关的技术规范；
3. 掌握各种检测仪器的性能及应用方法；
4. 能够完成试验的数据处理；
5. 能用定量的方法科学地评定细集料的质量。

工作准备

1. 阅读工作任务书，熟悉即将要学习的主要内容；
2. 收集并阅读《公路工程集料试验规程》(JTG E42—2005)、《公路工程质量检验评定标准 第一册 土建工程》(JTG F80/1—2017)等相关技术规范，查阅相关资料。在线了解路面工程建设中对矿粉亲水系数试验检测的要求。

⚙ 任务实施

引导问题 1：矿粉亲水系数试验在试验前应如何取样？

_____

_____

引导问题 2：试述矿粉亲水系数试验的目的、主要的试验仪器、适用范围。

_____

_____

引导问题 3：简述矿粉亲水系数试验的注意事项。

_____

_____

_____

引导问题 4：矿粉亲水系数试验时，两次平行试验后，结果如何处理？

_____

_____

_____

引导问题 5：简述矿粉亲水系数试验的步骤。

_____

_____

_____

⚙ 任务反馈

教师对学生工作过程与工作结果进行评价，并将评价结果填入表 2-13-1 中。

表 2-13-1　教师综合评价表

班级：		姓名：	学号：	
任务 2.13		矿粉亲水系数试验		
评价项目		评价标准	分值/分	得分/分
考勤（10%）		无无故缺勤、迟到、早退现象	10	
工作过程（60%）	检测目的	正确表述路面工程中矿粉亲水系数检测目的	5	
	仪器使用	能独立、正确使用矿粉亲水系数检测中的相关仪器	10	
	检测方法及步骤	正确阐述矿粉亲水系数的检测方法及检测步骤	10	
	试验报告的完成	按要求完成试验报告的填写，正确处理试验数据	10	
	劳动纪律	遵守试验室的管理条例	5	
	工作态度	态度端正、工作认真、主动，按时完成学生工作活页	5	
	团队意识	与小组成员能有效地合作交流、协调工作	5	
	职业素质	把党的二十大思想融入实践，按要求完成学习任务，及时并准确	5	
	创新意识	通过阅读《公路工程集料试验规程》（JTG E42—2005）、《公路工程质量检验评定标准 第一册 土建工程》（JTG F80/1—2017）等相关技术规范，查阅相关资料，能更好地理解路面工程中矿粉亲水系数检测内容	5	
项目成果（30%）	工作完整	按时完成实训任务	5	
	工作规范	操作符合规范要求	10	
	回答问题	依据规范准确回答	10	
	成果展示	用语规范、表达准确	5	
小计			100	
综合评分				

T0353—2000 矿粉亲水系数试验

1. 目的与适用范围

矿粉的亲水系数即矿粉试样在水(极性介质)中膨胀的体积与同一试样在煤油(非极性介质)中膨胀的体积之比,用于评价矿粉与沥青结合料的黏附性能。本方法也适用于测定供拌制沥青混合料用的其他填料,如水泥、石灰、粉煤灰的亲水系数。

2. 仪具与材料

(1)量筒:50 mL 两个,刻度至 0.5 mL。

(2)研钵及有橡皮头的研杵。

(3)天平:感量不大于 0.01 g。

(4)煤油:在温度 270 ℃分馏得到的煤油,并经杂黏土过滤而得到者(过滤用杂黏土应先经加热至 250 ℃ 3 h,待其冷却后使用)。

(5)烘箱。

3. 试验步骤

(1)称取烘干至恒重的矿粉 5 g(准确至 0.01 g),将其放在研钵中,加入 15～30 mL 蒸馏水,用橡皮研杵仔细研磨 5 min,然后用洗瓶把研钵中的悬浮液洗入量筒,使量筒中的液面恰为 50 mL。然后用玻璃棒搅和悬浮液。

(2)同上法将另一份同样质量的矿粉,用煤油仔细研磨后将悬浮液冲洗移入另一量筒中,液面也为 50 mL。

(3)将上两量筒静置,使量筒内液体中的颗粒沉淀。

(4)每天两次记录沉淀物的体积,直至体积不变。

4. 计算

(1)亲水系数按式(T0353-1)计算。

$$\rho = \frac{V_B}{V_H} \qquad\qquad (T0353\text{-}1)$$

式中　ρ——亲水系数,无量纲;

　　　V_B——水中沉淀物体积(mL);

　　　V_H——煤油中沉淀物体积(mL)。

(2)平行测定两次,以两次测定值的平均值作为试验结果。

矿粉试验报告

试样质量 /g							
筛孔尺寸 /mm	分计筛余质量/g			分计筛余 /%	累计筛余 /%	通过质量 百分比/%	标准级配 范围/%
	1	2	平均				
0.6							
0.3							
0.15							
0.075							
筛底							
$\sum$							

	牛角匙、瓷皿、漏斗及试验前瓷器中矿粉干燥质量/g	比重瓶加矿粉前的初读数/mL	牛角匙、瓷皿、漏斗及试验后瓷器中矿粉干燥质量/g	比重瓶加矿粉后的终读数/mL	表观密度/(g·cm^{-3})	
					单值	平均值
表观密度						

	水中沉淀物体积 /mL		煤油中沉淀物体积 /mL		亲水系数	
					单值	平均值
亲水系数						

任务 2.14　沥青混合料配合比设计

任务描述

　　本任务要求认真阅读《公路工程集料试验规程》(JTG E42—2005)、《公路工程质量检验评定标准 第一册 土建工程》(JTG F80/1—2017)等相关技术规范，查阅相关资料；学会沥青混合料配合比设计。

学习目标

　　1. 掌握沥青混合料配合比设计目的、检测方法、检测步骤及检测原理；
　　2. 掌握沥青混合料配合比设计相关的技术规范；
　　3. 掌握各种检测仪器的性能及应用方法；
　　4. 能够完成试验的数据处理。

工作准备

　　1. 阅读工作任务书，熟悉即将要学习的主要内容；
　　2. 收集并阅读《公路工程集料试验规程》(JTG E42—2005)、《公路工程质量检验评定标准 第一册 土建工程》(JTG F80/1—2017)等相关技术规范，查阅相关资料。在线了解路面工程建设中对沥青混合料配合比设计的要求。

⚙ 任务实施

引导问题 1：沥青混合料配合比设计的目的是什么？

_____

_____

_____

_____

引导问题 2：沥青混合料配合比设计的步骤有哪些？

_____

_____

_____

_____

引导问题3：什么是目标配合比？

_____

_____

_____

引导问题4：确定最佳沥青用量需要绘制哪些图形？

_____

_____

_____

⚙ 任务反馈

教师对学生工作过程与工作结果进行评价，并将评价结果填入表2-14-1中。

表2-14-1 教师综合评价表

班级：		姓名：	学号：	
任务2.14		沥青混合料配合比设计		
评价项目		评价标准	分值/分	得分/分
考勤(10%)		无无故缺勤、迟到、早退现象	10	
工作过程 (60%)	检测目的	正确表述路面工程中沥青混合料配合比设计目的	5	
	仪器使用	能独立、正确完成沥青混合料配合比设计	10	
	检测方法及步骤	正确阐述沥青混合料配合比设计的步骤	10	
	试验报告的完成	按要求完成试验报告的填写，正确处理试验数据	10	
	劳动纪律	遵守试验室的管理条例	5	
	工作态度	态度端正、工作认真、主动，按时完成学生工作活页	5	
	团队意识	与小组成员能有效地合作交流、协调工作	5	
	职业素质	把党的二十大思想融入实践，按要求完成学习任务，及时并准确	5	
	创新意识	通过阅读《公路工程沥青及沥青混合料试验规程》(JTG E20—2011)、《公路工程质量检验评定标准 第一册 土建工程》(JTG F80/1—2017)等相关技术规范，查阅相关资料，能更好地理解沥青混合料配合比设计的内容	5	
项目成果 (30%)	工作完整	按时完成实训任务	5	
	工作规范	操作符合规范要求	10	
	回答问题	依据规范准确回答	10	
	成果展示	用语规范、表达准确	5	
小计			100	
综合评分				

1. 热拌沥青混合料的概述

热拌沥青混合料路面质量，应满足《公路沥青路面施工技术规范》(JTG F40-2004)的要求。

1.1 热拌沥青混合料种类

热拌沥青混合料(HMA)适用于各种等级公路的沥青路面。其种类按集料公称最大粒径、矿料级配、空隙率划分，分类见表2-14-2。

表 2-14-2 热拌沥青混合料分类

混合料类型	密级配			开级配		半开级配	公称最大粒径/mm	最大粒径/mm
	连续级配		间断级配	间断级配		沥青碎石		
	沥青混凝土	沥青稳定碎石	沥青玛琋脂碎石	排水式沥青磨耗层	排水式沥青碎石基层			
特粗式	—	ATB—40			ATPB—40	—	37.5	53.0
粗粒式		ATB—30			ATPB—30	—	31.5	37.5
	AC—25	ATB—25	—	—	ATPB—25	—	26.5	31.5
中粒式	AC—20	—	SMA—20	—	—	AM—16	19.0	26.5
	AC—16	—	SMA—16	OGFC—16	—	AM—16	16.0	19.0
细粒式	AC—13	—	SMA—13	OGFC—13	—	AM—13	13.2	16.0
	AC—10	—	SMA—10	OGFC—10	—	AM—10	9.5	13.2
砂粒式	AC—5				—	AM—5	4.75	9.5
设计空隙率/%	3~5	3~6	3~4	>18	>18	6~12	—	—

注：设计空隙率可按配合比设计要求适当调整

1.2 工程设计级配范围

沥青混合料的矿料级配应符合工程设计规定的级配范围。密级配沥青混合料宜根据公路等级、气候及交通条件按表2-14-3选择采用粗型(C型)或细型(F型)混合料，并在表2-14-4范围内确定工程设计级配范围，通常情况下工程设计级配范围不宜超出表2-14-2的要求。其他类型的混合料宜符合表2-14-5的要求。

表 2-14-3　粗型和细型密级配沥青混凝土的关键性筛孔通过率

混合料类型	公称最大粒径/mm	用以分类的关键性筛孔/mm	粗型密级配		细型密级配	
			名称	关键性筛孔通过率/%	名称	关键性筛孔通过率/%
AC—25	26.5	4.75	AC—25C	<40	AC—25F	>40
AC—20	19	4.75	AC—20C	<45	AC—20F	>45
AC—16	16	2.36	AC—16C	<38	AC—16F	>38
AC—13	13.2	2.36	AC—13C	<40	AC—13F	>40
AC—10	9.5	2.36	AC—10C	<45	AC—10F	>45

表 2-14-4　密级配沥青混凝土混合料矿料级配范围

级配类型		通过下列筛孔(mm)的质量百分率/%											
		31.5	26.5	19	16	13.2	9.5	4.75	2.36	1.18	0.6	0.3	0.15	0.075
粗粒式	AC—25	100	90~100	75~90	65~83	57~76	45~65	24~52	16~42	12~33	8~24	5~17	4~13	3~7
中粒式	AC—20		100	90~100	78~92	62~80	50~72	26~56	16~44	12~33	8~24	5~17	4~13	3~7
	AC—16			100	90~100	76~92	60~80	34~62	20~48	13~36	9~26	7~18	5~14	4~8
细粒式	AC—13				100	90~100	68~85	38~68	24~50	15~38	10~28	7~20	5~15	4~8
	AC—10					100	90~100	45~75	30~58	20~44	13~32	9~23	6~16	4~8
砂粒式	AC—5						100	90~100	55~75	35~55	20~40	12~28	7~18	5~10

表 2-14-5　沥青玛琋脂碎石混合料矿料级配范围

级配类型		通过下列筛孔(mm)的质量百分率/%											
		26.5	19	16	3.2	9.5	4.75	2.36	1.18	0.6	0.3	0.15	0.075
中粒式	SMA—20	100	90~100	72~92	62~82	40~55	18~30	13~22	12~20	10~16	9~14	8~13	8~12
	SMA—16		100	90~100	65~85	45~65	20~32	15~24	14~22	12~18	10~15	9~14	8~12
细粒式	SMA—13			100	90~100	50~75	20~34	15~26	14~24	12~20	10~16	9~15	8~12
	SMA—10			~	100	90~100	28~60	20~32	14~26	12~22	10~18	9~16	8~13

1.3　马歇尔试验技术标准

采用马歇尔试验配合比设计方法，沥青混合料技术要求应符合表 2-14-6～表 2-14-9 的规定，并有良好的施工性能。当采用其他方法设计沥青混合料时，应按规定进行马歇尔试验及各项配合比设计检验，并报告不同设计方法的试验结果。二级公路宜参照一级公路的技术标准执行。重载交通路段是指设计交通量在 1 000 万辆以上的路段，长大坡度的路段按重载交通路段考虑。

表 2-14-6　密级配沥青混凝土混合料马歇尔试验技术标准
(本表适用于公称最大粒径≤26.5 mm 的密级配沥青混凝土混合料)

试验指标		单位	高速公路、一级公路				其他等级公路	行人道路
			夏炎热区(1-1、1-2、1-3、1-4 区)		夏热区及夏凉区(2-1、2-2、2-3、2-4、3-2 区)			
			中轻交通	重载交通	中轻交通	重载交通		
击实次数(双面)		次	75				50	50
试件尺寸		mm	$\phi101.6×63.5$					
空隙率 W	深约 90 mm 以内	%	3～5	4～6	2～4	3～5	3～6	2～4
	深约 90 mm 以下	%	3～6		2～4	3～6	3～6	—
稳定度 MS 不小于		kN	8				5	3
流值 FL		mm	2～4	1.5～4	2～4.5	2～4	2～4.5	2～5
矿料间隙率 VMA /% 不小于	设计空隙率 /%	相应于以下公称最大粒径(mm)的最小 VMA 及 VFA 技术要求/%						
		26.5	19	16	13，2	9.5	4.75
	2	10	11	11.5	12	13	15
	3	11	12	12.5	13	14	16
	4	12	13	13.5	14	15	17
	5	13	14	14.5	15	16	18
	6	14	15	15.5	16	17	19
沥青饱和度 VFA /%			55～70		65～75		70～85	

注：1. 对空隙率大于 5% 的夏炎热区重载交通路段，施工时应至少提高压实度 1 个百分点。

　　2. 当设计的空隙率不是整数时，由内插确定要求的 VMA 最小值。

　　3. 对改性沥青混合料，马歇尔试验的流值可适当放宽。

表 2-14-7 沥青稳定碎石混合料马歇尔试验配合比设计技术标准

试验指标	单位	密级配基层（ATB）		半开级配面层（AM）	排水式开级配磨耗层（OGFC）	排水式开级配基层（ATPB）
公称最大粒径	mm	26.5	大于或等于31.5	小于或等于26.5	小于或等于26.5	所有尺寸
马歇尔试件尺寸	mm	$\phi101.6\times63.5$	$\phi152.4\times95.3$	$\phi101.6\times63.5$	$\phi101.6\times63.5$	$\phi152.4\times95.3$
击实次数（双面）	次	75	112	50	50	75
空隙率 VV	%	3～6		6～10	不小于18	不小于18
稳定度，不小于	kN	7.5	15	3.5	3.5	—
流值	mm	1.5～4	实测	—	—	—
沥青饱和度 VFA	%	55～70		40～70	—	—
密级配基层 ATB 的矿料间隙率 VMA，不小于/%		设计空隙率(%)		ATB－40	ATB－30	ATB－25
		4		11	11.5	12
		5		12	12.5	13
		6		13	13.5	14

注：在干旱地区，可将密级配沥青稳定碎石基层的空隙率适当放宽到8%。

表 2-14-8 SMA 混合料马歇尔试验配合比设计技术要求

试验项目	单位	技术要求		试验方法
		不使用改性沥青	使用改性沥青	
马歇尔试件尺寸	mm	$\phi101.6\times63.5$		T0702
马歇尔试件击实次数[1]	—	两面击实 50 次		T0702
空隙率 VV[2]	%	3～4		T0708
矿料间隙率 VMA[2]，不小于	%	17.0		T0708
粗集料骨架间隙率 $V_{CA\,min}$[3]，不大于	—	V_{CA}DRC		T0708
沥青饱和度 VFA	%	75～85		T0708
稳定度[4]，不小于	kN	5.5	6.0	T0709
流值	mm	2～5		T0709
谢伦堡沥青析漏试验的结合料损失	%	不大于 0.2	不大于 0.1	T0732
肯塔堡飞散试验的混合料损失或浸水飞散试验	%	不大于 20	不大于 15	T0733

注：[1]对集料坚硬不易击碎，通行重载交通的路段，也可将击实次数增加为双面 75 次。
　　[2]对高温稳定性要求较高的重交通路段或炎热地区，设计空隙率允许放宽到 4.5%，VMA 允许放宽到 16.5%（SMA－16）或 16%（SMA－19），VFA 允许放宽到 70%。
　　[3]试验粗集料骨架间隙率 V_{CA} 的关键性筛孔，对 SMA－19、SMA－16 是指 4.75 mm，对 SMA－13、SMA－10 是指 2.36 mm。
　　[4]稳定度难以达到要求时，容许放宽到 5.0 kN（非改性）或 5.5 kN（改性），但动稳定度检验必须合格

表 2-14-9　OGFC 混合料技术要求

试验项目	单位	技术要求	试验方法
马歇尔试件尺寸	mm	$\phi 101.6 \times 63.5$	T0702
马歇尔试件击实次数	—	两面击实 50 次	T0702
空隙率	%	18～25	T0708
马歇尔稳定度,不小于	kN	3.5	T0709
析漏损失	%	＜0.3	T0732
肯特堡飞散损失	%	＜20	T0733

1.4　混合料检验

对用于高速公路和一级公路的公称最大粒径小于或等于 19 mm 的密级配沥青混合料 (AC) 及 SMA、OGFC 混合料,需要在配合比设计的基础上按下列步骤进行各种使用性能检验。不符合要求的沥青混合料,必须更换材料或重新进行配合比设计。二级公路参照此要求执行。

(1) 必须在规定的试验条件下进行车辙试验,并符合表 2-14-10 的要求。

表 2-14-10　沥青混合料车辙试验动稳定度技术要求

气候条件与技术指标	相应于下列气候分区所要求的动稳定度/(次·mm^{-1})									试验方法
七月平均最高气温/℃ 及气候分区	＞30				20～30				＜20	
	1. 夏炎热区				2. 夏热区				3. 夏凉区	
	1-1	1-2	1-3	1-4	2-1	2-2	2-3	2-4	3-2	
普通沥青混合料,不小于	800		1 000		600		800		600	T0719
改性沥青混合料,不小于	2 400		2 800		2 000		2 400		1 800	
SMA 混合料　非改性,不小于	1 500									
SMA 混合料　改性,不小于	3 000									
OGFC 混合料	1 500(一般交通路段)、3 000(重交通量路段)									

注:1. 如果其他月份的平均最高气温高于 7 月时,可采用该月平均最高气温。
2. 在特殊情况下,如钢桥面铺装、重载车特别多或纵坡较大的长距离上坡路段、厂矿专用道路,可酌情提高动稳定度的要求。
3. 对因气候寒冷确需使用针入度很大的沥青(如大于 100),动稳定度难以达到要求,或因采用石灰岩等不很坚硬的石料,改性沥青混合料的动稳定度难以达到要求等特殊情况,可酌情降低要求。
4. 为满足炎热地区及重载车要求,在配合比设计时采取减少最佳沥青用量的技术措施时,可适当提高试验温度或增加试验荷载进行试验,同时增加试件的碾压成型密度和施工压实度要求。
5. 车辙试验不得采用二次加热的混合料,试验必须检验其密度是否符合试验规程的要求。
6. 如需要对公称最大粒径大于或等于 26.5 mm 的混合料进行车辙试验,可适当增加试件的厚度,但不宜作为评定合格与否的依据

(2) 必须在规定的试验条件下进行浸水马歇尔试验和冻融劈裂试验检验沥青混合料的水稳定性,并同时符合表 2-14-11 中的两个要求。达不到要求时必须采取抗剥落措施,调整最佳沥青用量后再次试验。

表 2-14-11　沥青混合料水稳定性检验技术要求

气候条件与技术指标	相应于下列气候分区的技术要求/%				试验方法
年降雨量/mm 及气候分区	>1 000	500~1 000	250~500	<250	
	1. 潮湿区	2. 湿润区	3. 半干区	4. 干旱区	
浸水马歇尔试验残留稳定度/%，不小于					
普通沥青混合料	80		75		T0790
改性沥青混合料	85		80		
SMA 混合料	普通沥青	75			
	改性沥青	80			
冻融劈裂试验的残留强度比/%，不小于					
普通沥青混合料	75		70		T0729
改性沥青混合料	80		75		
SMA 混合料	普通沥青	75			
	改性沥青	80			

(3)宜对密级配沥青混合料在温度 −10 ℃、加载速率 50 mm/min 的条件下进行弯曲试验，测定破坏强度、破坏应变、破坏劲度模量，并根据应力—应变曲线的形状，综合评价沥青混合料的低温抗裂性能。其中，沥青混合料的破坏应变宜不小于表 2-14-12 的要求。

表 2-14-12　沥青混合料低温弯曲试验破坏应变($\mu\varepsilon$)技术要求

气候条件与技术指标	相应于下列气候分区所要求的破坏应变($\mu\varepsilon$)								试验方法
年极端最低气温/℃ 及气候分区	<−37.0		−21.5~−37.0			−9.0~−21.5		>−9.0	
	1. 冬严寒区		2. 冬寒区			3. 冬冷区		4. 冬温区	
	1-1	2-1	1-2	2-2	3-2	1-3	2-3	1-4　2-4	
普通沥青混合料，不小于	2 600		2 300			2 000			T0728
改性沥青混合料，不小于	3 000		2 800			2 500			

(4)宜利用轮碾成型机成型的车辙试验试件，脱模架起进行渗水试验，并符合表 2-14-13 的要求。

表 2-14-13　沥青混合料试件渗水系数技术要求

级配类型	渗水系数要求/(mL·min)	试验方法
密级配沥青混凝土，不大于	120	
SMA 混合料，不大于	80	T0730
OGFC 混合料，不小于	实测	

(5)对使用钢渣作为集料的沥青混合料，应按 T0363 方法进行活性和膨胀性试验，钢渣沥青混凝土的膨胀量不得超过 1.5%。

(6)对改性沥青混合料的性能检验，应针对改性目的进行。以提高高温抗车辙性能为主

169

要目的时，低温性能可按普通沥青混合料的要求执行；以提高低温抗裂性能为主要目的时，高温稳定性可按普通沥青混合料的要求执行。

沥青路面使用性能气候分区见表2-14-14。

表 2-14-14　沥青路面使用性能气候分区

气候区名		最热月平均最高气温/℃	年极端最低气温/℃	备注
1-1	夏炎热冬严寒	>30	<−37.0	
1-2	夏炎热冬寒		−37.0～−21.5	
1-3	夏炎热冬冷		−21.5～−9.0	
1-4	夏炎热冬温		>−9.0	
2-1	夏热冬严寒	20～30	<−37.0	
2-2	夏热冬寒		−37.0～−21.5	
2-3	夏热冬冷		−21.5～−9.0	
2-4	夏热冬温		>−9.0	
3-1	夏凉冬严寒	<20	<−37.0	不存在
3-2	夏凉冬寒		−37.0～−21.5	
3-3	夏凉冬冷		−21.5～−9.0	不存在
3-4	夏凉冬温		>−9.0	不存在

(7)本方法适用于密级配沥青混凝土及沥青稳定碎石混合料。高速公路、一级公路沥青混合料的配合比设计应在调查以往同类材料的配合比设计经验和使用效果的基础上，按以下步骤进行。二级及二级以下其他等级公路热拌沥青混合料的配合比设计也可按以下步骤进行，当材料与同类道路完全相同时，也可直接引用成功的经验。

2. 沥青混合料配合比设计

热拌沥青混合料的配合比设计包括目标配合比设计、生产配合比设计和生产配合比验证三个阶段。

目标配合比设计可分为矿料配合比设计和确定最佳沥青用量(或油石比)两部分。

2.1　目标配合比设计阶段

目标配合比在沥青面层施工1个月前进行，通过目标配合比设计确定各矿料的组成比例、沥青混合料的最佳油石比，并进行残留稳定度检验(图2-14-1)。

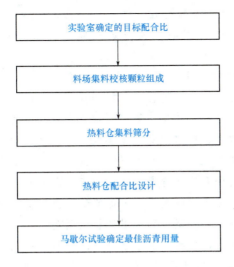

图 2-14-1　目标配合设计比阶段工作内容

具体设计方法如下：

(1)矿质混合料组成设计。

①根据道路等级、路面结构层位及结构层厚度等方面要求，按照上述方法，选择适用的沥青混合料类型，并按照现行规范的要求确定相应矿料级配范围，经技术经济论证后确定。

②矿质混合料配合比计算。

a. 组成材料的原始数据测定。按照规定方法对实际工程使用的材料进行取样，测试粗集料、细集料及矿粉的密度，并进行筛分试验，测定各种规格集料的粒径组成。

b. 确定各档集料的用量比例。根据各档集料的筛分结果，采用计算法或图解法，确定各规格集料的用量比例，求得矿质混合料的合成级配。矿质混合料的合成级配曲线必须符合设计级配范围的要求。当经过反复调整仍有两个以上的筛孔超出设计级配范围时，必须对原材料进行调整或更换原材料重新设计。

通常情况下，合成级配曲线宜尽量接近设计级配中限，尤其应使 0.075 mm、2.36 mm、4.75 mm 等筛孔的通过量尽量接近设计级配范围的中限。对于交通量大、轴载重的道路，合成级配可以考虑偏向级配范围的下限，而对于中小交通量或人行道路等，合成级配宜偏向级配范围的上限。

(2)沥青混合料马歇尔试验。沥青混合料马歇尔试验的主要目的是确定最佳沥青用量(以 OAC 表示)。沥青用量可以通过各种理论公式计算得到，但由于实际材料性质的差异，计算得到的最佳沥青用量仍然要通过试验进行修正，所以采用马歇尔试验是沥青混合料配合比设计的基本方法。

①制备试样。

a. 马歇尔试件制备过程是针对选定混合料类型，根据经验确定沥青大致用量或依据推荐的沥青用量范围，在该用量范围内制备一批沥青用量不同且沥青用量等差变化的若干组(通常为 5 组)马歇尔试件，并要求每组试件数量不少于 4 个。

b. 按已确定的矿质混合料级配类型，计算某个沥青用量条件下一个马歇尔试件或一组试件中各种规格集料的用量(实践中大多是一个标准马歇尔试件矿料总量 1 200 g 左右)。

c. 确定一个或一组马歇尔试件的沥青用量(通常采用油石比)，按要求将沥青和矿料拌制成沥青混合料，并按现行规范规定的击实次数和操作方法成型马歇尔试件。

②测定试件的物理力学指标。首先，测定沥青混合料试件的密度，并计算试件的理论最大密度、空隙率、沥青饱和度、矿料间隙率等参数。在测试沥青混合料密度时，应根据沥青混合料类型及密实程度选择测试方法。在工程中，吸水率小于 0.5% 的密实型沥青混合料试件应采用水中重法测定；较密实的沥青混合料试件应采用表干法测定；吸水率大于 2% 的沥青混合料、沥青碎石混合料等不能用表干法测定的试件应采用蜡封法测定；空隙率较大的沥青碎石混合料、开级配沥青混合料试件可采用体积法测定。

随后，在马歇尔试验仪上，按照标准方法测定沥青混合料试件的马歇尔稳定度和流值。

(3)最佳沥青用量的确定。以沥青用量(通常采用油石比表示)为横坐标，以沥青混合料试件的密度、空隙率、沥青饱和度、马歇尔稳定度和流值指标为纵坐标，将试验结果绘制成关系曲线如图 2-14-2 所示。

①确定最佳沥青用量的初始值 OAC_1 根据图 2-14-2，取马歇尔稳定度和密度最大值相对应的沥青用量 a_1 和 a_2，以及与设计要求空隙率范围中值对应的沥青用量 a_3[图 2-14-2 中的(a)、(b)、(c)]，由公式(2-14-1)计算三者的平均值作为最佳沥青用量的初始值 OAC_1。

$$OAC_1 = (a_1 + a_2 + a_3)/3 \qquad (2\text{-}14\text{-}1)$$

②确定沥青最佳用量的中值 OAC_2。由规范的内容确定沥青混合料的马歇尔试验技术标准，在图 2-14-2 上求出各项指标均符合技术标准的沥青用量范围 $OAC_{min} \sim OAC_{max}$[图 2-14-2 中的(a)、(c)、(d)、(e)]，由公式(2-14-2)计算沥青最佳用量的中值 OAC_2。

$$OAC_2 = (OAC_{min} + OAC_{max})/2 \qquad (2\text{-}14\text{-}2)$$

在图 2-14-2 中，首先检查在沥青用量为初始值 OAC_1 时，沥青混合料的各项指标是否满足设计要求，同时检验 VMA 是否符合要求。当符合要求时，由 OAC_1 及 OAC_2 综合决定最佳沥青用量 OAC。否则应调整级配，重新进行马歇尔试验配合比设计，直至各项指标均能符合要求。

③根据 OAC_1 和 OAC_2 综合确定最佳沥青用量 OAC。最佳沥青用量 OAC 的选择应通过对沥青路面的类型、工程实践经验、道路等级、交通特性、气候条件等诸多因素的综合考虑分析后，加以确定。

一般情况下，当 OAC_1 及 OAC_2 的结果接近时，可取两者的平均值作为最佳沥青用量 OAC。

当 OAC 和 OAC_2 结果有一定差距时，不能采用平均的方法确定最终的 OAC，而应分别通过随后的水稳性试验和高温稳定性试验，综合考察后决定。

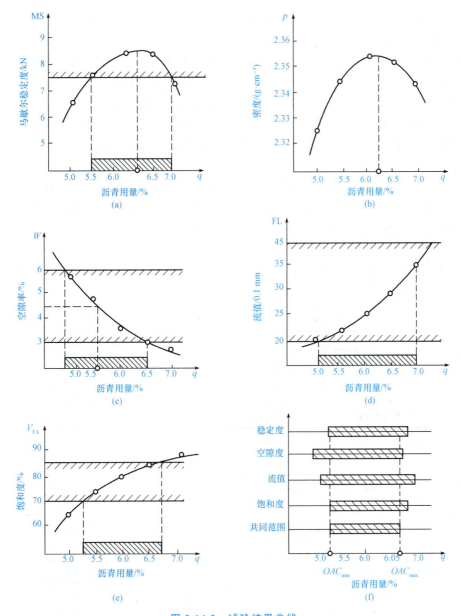

图 2-14-2 试验结果曲线

(a)马歇尔稳定度；(b)密度；(c)空隙率；(d)流值；

(e)饱和度；(f)OAC 范围

对热区道路以及车辆渠化交通的高速公路、一级公路、城市快速路、主干路，预计有可能出现较大车辙时，可以在中限值 OAC_2 与下限值 OAC_{min} 的范围内决定最佳沥青用量，但一般不宜小于 OAC_2 的 0.5%。

对寒区道路、旅游区道路，最佳沥青用量可以在中限值 OAC_2 与上限值 OAC_{max} 范围内决定，但一般不宜大于 OAC_2 的 0.3%。

(4)沥青混合料的性能检验。通过马歇尔试验和结果分析，得到的最佳沥青用量 OAC

（必要时应包括 OAC_1 和 OAC_2），还需要进一步的试验检验，以验证沥青混合料的关键性能是否满足路用技术要求。

①沥青混合料的水稳定性检验。按最佳沥青用量 OAC 制作马歇尔试件进行浸水马歇尔试验或冻融劈裂试验，检验试件的残留稳定度或冻融劈裂强度比是否满足要求。

②沥青混合料的高温稳定性检验。再按最佳沥青用量 OAC 制作车辙试验试件，采用规定的方法进行车辙试验，检验设计沥青混合料的高温抗车辙能力，是否达到规定的动稳定度指标。当其动稳定度不符合要求时，应对矿料级配或沥青用量进行调整，重新进行配合比设计。

如果试验中除了 OAC 以外，如果还要对 OAC_1 和 OAC_2 同时进行相应的试验检测，则要通过试验结果综合判断在何种沥青用量条件下，沥青混合料具有更好的性能表现，或能更好地满足特定路用需求，以此确定最终的最佳沥青用量。

2.2　生产配合比设计阶段

此阶段在沥青面层施工前 10d 左右进行。通过试验确定各热料仓矿料和矿粉的用量、确定生产配合比的最佳油石比（图 1-14-3）。

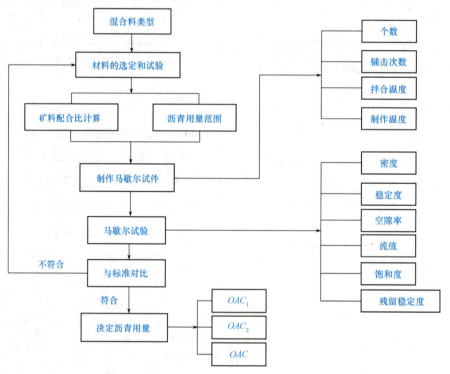

图 2-14-3　生产配合比设计阶段工作内容

2.3　生产配合比验证阶段

生产配合比验证阶段采用的机械设备、施工工序、质量管理和检验方法与面层正式开工的日常生产相同，通过试拌试铺为正式铺筑提供经验和数据（图 2-14-4）。

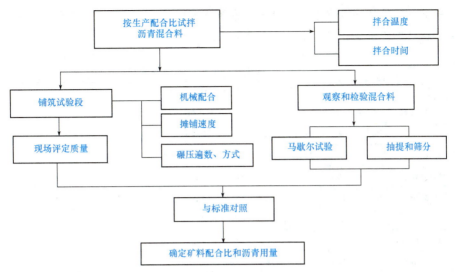

图 2-14-4　生产配合比验证阶段工作内容

(1)沥青混凝土试验段。试验路段施工分试拌和试铺两个阶段，需要确定如下内容：

①根据各种机械的施工能力相匹配的原则，确定合适的施工机械，按生产能力决定机械数量与组合方式。

②通过试拌决定：拌合机的操作方式(上料速度、拌合速度、每盘拌合数量、拌合时间、拌合温度等)；验证沥青混合料的配合比设计，确定正式的生产配合比和油石比。

③通过试铺决定：摊铺机的操作方式(摊铺温度、摊铺速度、摊铺宽度、初步振捣夯实的方式和强度、自动找平方式等)，压实机械的选择、组合、压实顺序、碾压速度、碾压遍数；施工缝的处理方法；各种沥青面的松铺系数；前后摊铺机的合理间距、两机接合部的质量控制、混合料的离析防控、摊铺层边部的压实机具与压实工艺。

(2)沥青混凝土拌合楼。

①组成。沥青混凝土拌合设备一般分四大部分，即中央控制室；由冷集料给料装置及输送机、干燥箱组成的干燥机组；从热集料提升机至搅拌器之间各部分组成的搅拌机组；由矿粉供给系统、沥青供给系统和除尘系统等共同组成的辅助机组。整个拌合楼系统工作由中央控制室控制。

中央控制室通过现代化的自动控制系统检查控制拌合楼系统的工作。控制室内的计算机是中央控制室的神经。拌合楼工作信息的发出、工作状况参数和配料比例控制均可在计算机上实现并获悉参数。拌合机组是热集料、热沥青和填充料均匀拌和的重要环节。干燥机组中冷料仓的输送转速也会直接影响混合料的拌合时间。

②工作原理。由中央控制室控制的整个拌合系统是在计算机发出开机命令后，冷料仓各个室内的集料，按目标配合比矿料级配比例调好粗略的转速落到皮带传送机上，由此进入干燥式拌合滚筒内，冷料供料机内的流量由变速电动机转速控制。集料在筒内连续旋转前进，烘干后的集料由热料提升机连续输入振动筛上进行筛分。筛分后不同规格的集料分别落入热料仓的各个室内，矿粉由螺旋送料器送入热料仓中的粉料室，各种集料、矿粉及沥青的比例由中央控制室的计算机控制各个室的电子秤计量，随后输入搅拌锅内进行均匀搅拌，形成的成品料卸到下

面送料小车上及时送往储料罐中，通过储料罐卸料闸门，成品料落入下面的运输车。

沥青混合料中矿质混合料的设计见表2-14-15。

表 2-14-15　沥青混合料中矿质混合料的设计

沥青混合料类型：AC−20Ⅰ

矿质材料 / 筛孔孔径	26.5	19.0	16.0	13.2	9.5	4.75	2.36	1.18	0.6	0.3	0.15	0.075
	通过下列筛孔(mm)的质量百分率/%											
沥青混合料矿质组成材料 16～19 mm	100.0	95.1	14.3	0.0	0.0	0.0	0.0	0.0	0.0	0.0	0.0	0.0
13.2～16 mm	100.0	100	97.0	3.8	0.1	0.1	0.0	0.0	0.0	0.0	0.0	0.0
9.5～13.2 mm	100.0	100	99.8	97.4	3.6	0.1	0.0	0.0	0.0	0.0	0.0	0.0
4.75～9.5 mm	100.0	100	100	100	93.9	2.7	0.0	0.0	0.0	0.0	0.0	0.0
2.36～4.75 mm	100.0	100	100	100	100	97.5	3.2	0.1	0.0	0.0	0.0	0.0
1.18～2.36 mm	100.0	100	100	100	100	100.0	96.1	11.1	0.6	0.0	0.0	0.0
0.075～1.18 mm	100.0	100	100	100	100	100.0	100	96.7	66.4	31.3	14.2	3.3
矿粉	100.0	100	100	100	100	100.0	100	100	100	100	99.4	96.4
水泥	100.0	100	100	100	100	100.0	100	100	100	100	100	99.7
各矿质组成材料所占比例 16～19 /mm	10.0	10.0	9.5	1.4	0.0	0.0	0.0	0.0	0.0	0.0	0.0	0.0
13.2～16 /mm	20.0	20.0	20.0	19.4	0.7	0.0	0.0	0.0	0.0	0.0	0.0	0.0
9.5～13.2 /mm	13.0	13.0	13.0	13.0	12.6	0.5	0.0	0.0	0.0	0.0	0.0	0.0
4.75～9.5 /mm	20.0	20.0	20.0	20.0	20.0	18.8	0.5	0.0	0.0	0.0	0.0	0.0
2.36～4.75 /mm	13.0	13.0	13.0	13.0	13.0	13.0	12.7	0.4	0.0	0.0	0.0	0.0
1.18～2.36 /mm	7.0	7.0	7.0	7.0	7.0	7.0	7.0	6.7	0.7	0.0	0.0	0.0
0.075～1.18 /mm	11.0	11.0	11.0	11.0	11.0	11.0	11.0	11.0	10.6	7.1	2.2	0.3
矿粉	3.0	3.0	3.0	3.0	3.0	3.0	3.0	3.0	3.0	3.0	3.0	2.9
水泥	3.0	3.0	3.0	3.0	3.0	3.0	3.0	3.0	3.0	3.0	3.0	3.0
混合料矿料合成级配	100.0	99.5	90.7	70.4	56.2	37.2	24.1	17.4	13.1	8.2	6.3	5.9
工程设计级配范围 级配中值	100.0	97.5	90.0	68.5	58.5	39.0	28.0	19.0	14.0	10.0	7.5	5.0
下限	100.0	95.0	87.0	62.0	52.0	33.0	22.0	14.0	10.0	7.0	5.0	3.0
上限	100.0	100	93.0	75.0	65.0	45.0	34.0	24.0	18.0	13.0	10.0	7.0

一定筛孔通过质量百分率如图 2-14-5 所示。

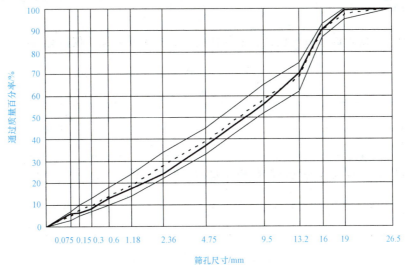

图 2-14-5　一定筛孔通过质量百分率

任务 2.15　压实沥青混合料密度试验

任务描述

本任务要求认真阅读《公路工程沥青及沥青混合料试验规程》(JTG E20—2011)、《公路工程质量检验评定标准 第一册 土建工程》(JTG F80/1—2017)等相关技术规范，查阅相关资料；学会沥青混合料密度试验方法。

学习目标

1. 掌握沥青混合料密度检测目的、检测方法、检测步骤及检测原理；
2. 掌握沥青混合料密度检测相关的技术规范；
3. 掌握各种检测仪器的性能及应用方法；
4. 能够完成试验的数据处理；
5. 能用定量的方法科学地评定沥青混合料的质量。

工作准备

1. 阅读工作任务书，熟悉即将要学习的主要内容；
2. 收集并阅读《公路工程沥青及沥青混合料试验规程》(JTG E20—2011)、《公路工程质量检验评定标准 第一册 土建工程》(JTG F80/1—2017)等相关技术规范，查阅相关资料。在线了解路面工程建设中对沥青混合料密度试验检测的要求。

引导问题 1：沥青混合料密度试验的目的是什么？主要的试验仪器有哪些？

_____

_____

_____

引导问题 2：沥青混合料密度试验前需要如何准备试样？

_____

_____

_____

引导问题 3：沥青混合料密度的注意事项有哪些？

_____

_____

_____

_____

引导问题 4：沥青混合料密度的计算公式是什么？

_____

_____

_____

_____

引导问题 5：简述沥青混合料密度的试验步骤。

_____

_____

_____

_____

⚙ 任务反馈

教师对学生工作过程与工作结果进行评价，并将评价结果填入表 2-15-1 中。

表 2-15-1　教师综合评价表

班级：		姓名：	学号：	
任务 2.15		沥青混合料密度试验		
评价项目		评价标准	分值/分	得分/分
考勤(10%)		无无故缺勤、迟到、早退现象	10	
工作过程 (60%)	检测目的	正确表述路面工程中沥青混合料密度检测目的	5	
	仪器使用	能独立、正确使用沥青混合料密度检测中的相关仪器	10	
	检测方法及步骤	正确阐述沥青混合料密度的检测方法及检测步骤	10	
	试验报告的完成	按要求完成试验报告的填写，正确处理试验数据	10	
	劳动纪律	遵守试验室的管理条例	5	
	工作态度	态度端正、工作认真、主动，按时完成学生工作活页	5	
	团队意识	与小组成员能有效地合作交流、协调工作	5	
	职业素质	把党的二十大思想融入实践，按要求完成学习任务，及时并准确	5	
	创新意识	通过阅读《公路工程沥青及沥青混合料试验规程》(JTG E20—2011)、《公路工程质量检验评定标准 第一册 土建工程》(JTG F80/1—2017)等相关技术规范，查阅相关资料，能更好地理解沥青混合料密度检测内容	5	
项目成果 (30%)	工作完整	按时完成实训任务	5	
	工作规范	操作符合规范要求	10	
	回答问题	依据规范准确回答	10	
	成果展示	用语规范、表达准确	5	
小计			100	
综合评分				

T0705—2011 压实沥青混合料密度试验(表干法)

1. 目的与适用范围

(1)本方法适用于测定吸水率不大于 2% 的各种沥青混合料试件,包括密级配沥青混凝土、沥青玛蹄脂碎石混合料(SMA)和沥青稳定碎石等沥青混合料试件的毛体积相对密度和毛体积密度。标准温度为 25 ℃±0.5 ℃。

(2)本方法测定的毛体积相对密度和毛体积密度适用于计算沥青混合料试件的空隙率、矿料间隙率等各项体积指标。

2. 仪具与材料技术要求

(1)浸水天平或电子天平:当最大称量在 3 kg 以下时,感量不大于 0.1 g;最大称量 3 kg 以上时,感量不大于 0.5 g。应有测量水中重的挂钩。

(2)网篮。

(3)溢流水箱:使用洁净水,有水位溢流装置,保持试件和网篮浸入水中后的水位一定。能调整水温至 25 ℃±0.5 ℃。

(4)试件悬吊装置:天平下方悬吊网篮及试件的装置,吊线应采用不吸水的细尼龙线绳,并有足够的长度。对轮碾成型机成型的板块状试件可用铁丝悬挂。

(5)秒表。

(6)毛巾。

(7)电风扇或烘箱。

3. 方法与步骤

(1)准备试件。本试验可以采用室内成型的试件,也可以采用工程现场钻芯、切割等方法获得的试件。当采用现场钻芯取样时,应按照 T0710 的方法进行。试验前试件宜在阴凉处保存(温度不宜高于 35 ℃),且放置在水平的平面上,注意不要使试件产生变形。

(2)选择适宜的浸水天平或电子天平,最大称量应满足试件质量的要求。

(3)除去试件表面的浮粒,称取干燥试件的空中质量(m_a),根据选择的天平的感量读数,准确至 0.1 g 或 0.5 g。

(4)将溢流水箱水温保持在 25 ℃±0.5 ℃。挂上网篮,浸入溢流水箱,调节水位,将天平调平并复零,把试件置于网篮中(注意不要晃动水)浸水中 3~5 min,称取水中质量(m_w)。若天平读数持续变化,不能很快达到稳定,说明试件吸水较严重,不适用于此法测定,应改用 T0707 的蜡封法测定。

(5)从水中取出试件,用洁净柔软的拧干湿毛巾轻轻擦去试件的表面水(不得吸走空隙内的水),称取试件的表干质量(m_f)。从试件拿出水面到擦拭结束不宜超过 5 s,称量过程中流出的水不得再擦拭。

(6)对从工程现场钻取的非干燥试件,可先称取水中质量(m_w)和表干质量(m_f),然后用电风扇将试件吹干至恒重(一般不少于 12 h,当不需进行其他试验时,也可用 60 ℃±5 ℃烘箱烘干至恒重),再称取空气中质量(m_a)。

4. 计算

(1)按式(T0705-1)计算试件的吸水率，取 1 位小数。

$$S_a = \frac{m_f - m_a}{m_f - m_w} \times 100 \qquad (T0705\text{-}1)$$

式中 S_a——试件的吸水率(%)；

m_a——干燥试件的空中质量(g)；

m_w——试件的水中质量(g)；

m_f——试件的表干质量(g)。

(2)按式(T0705-2)及式(T0705-3)计算试件的毛体积相对整度和毛体系密度，取 3 位小数。

$$\gamma_f = \frac{m_a}{m_f - m_w} \qquad (T0705\text{-}2)$$

$$\rho_f = \frac{m_a}{m_f - m_w} \times \rho_w \qquad (T0705\text{-}3)$$

式中 γ_f——试件毛体积相对密度，无量纲；

ρ_f——试件毛体积密度(g/cm^2)；

ρ_w——25 ℃时水的密度，取 0.997 1 g/cm^3。

(3)按式(T0705-4)计算试件的空隙率，取 1 位小数。

$$VV = \left(1 - \frac{\gamma_f}{\gamma_t}\right) \times 100 \qquad (T0705\text{-}4)$$

式中 VV——试件的空隙率(%)；

γ_t——沥青混合料理论最大相对密度，按本款(7)的方法计算或实测得到，无量纲；

γ_f——试件的毛体积相对密度，无量纲，通常采用表干法测定；当试件吸水率 $S_a >$ 2%时，宜采用蜡封法测定；当按规定容许采用水中重法测定时，也可采用表观相对密度代替。

(4)按式(T0705-5)计算矿料的合成毛体积相对密度，取 3 位小数。

$$\gamma_{sb} = \frac{100}{\dfrac{P_1}{\gamma_1} + \dfrac{P_2}{\gamma_2} + \cdots + \dfrac{P_n}{\gamma_n}} \qquad (T0705\text{-}5)$$

式中 γ_{sb}——矿料的合成毛体积相对密度，无量纲；

P_1、$P_2 \cdots P_n$——各种矿料占矿料总质量的百分率(%)，其和为 100；

γ_1、$\gamma_2 \cdots \gamma_n$——各种矿料的相对密度，无量纲；

采用《公路工程集料试验规程》(JTG E42—2005)的方法进行测定，粗集料按 T0304 方法测定；机制砂及石屑可按 T0330 方法测定，也可以用筛出的 2.36~4.75 mm 部分按 T0304 方法测定的毛体积相对密度代替；矿粉(含消石灰、水泥)采用表观相对密度。

（5）按式（T0705-6）计算矿料的合成表观相对密度，取3位小数。

$$\gamma_{sa} = \frac{100}{\frac{P_1}{\gamma'_1} + \frac{P_2}{\gamma'_2} + \cdots + \frac{P_n}{\gamma'_n}}$$ （T0705-6）

式中 γ_{sa}——矿料的合成表观相对密度，无量纲；

γ'_1、γ'_2 $\cdots$ γ'_n——各种矿料的表观相对密度，无量纲。

（6）确定矿料的有效相对密度，取3位小数。

①对非改性沥青混合料，采用真空法实测理论最大相对密度，取平均值。按式（T0705-7）计算合成矿料的有效相对密度 γ。

$$\gamma_{se} = \frac{100 - P_b}{\frac{100}{\gamma_1} - \frac{P_b}{\gamma_b}}$$ （T0705-7）

式中 γ_{se}——合成矿料的有效相对密度，无量纲；

P_b——沥青用量，即沥青质量占沥青混合料总质量的百分比（%）；

γ_1——实测的沥青混合料理论最大相对密度，无量纲；

γ_b——25 ℃时沥青的相对密度，无量纲。

②对改性沥青及SMA等难以分散的混合料，有效相对密度宜直接由矿料的合成毛体积相对密度与合成表观相对密度按式（T0705-8）计算确定，其中沥青吸收系数 C 值根据材料的吸水率由式（T0705-9）求得，合成矿料的吸水率按式（T0705-10）计算。

$$\gamma_{se} = C \times \gamma_{sa} + (1 - C) \times \gamma_{sb}$$ （T0705-8）

$$C = 0.033 w_x^2 - 0.2936 w_x + 0.933\,9$$ （T0705-9）

$$w_s = \left(\frac{1}{\gamma_{sb}} - \frac{1}{\gamma_{sa}} \right) \times 100$$ （T0705-10）

式中 C——沥青吸收系数，无量纲；

w_x——合成矿料的吸水率（%）。

（7）确定沥青混合料的理论最大相对密度，取3位小数。

①对非改性的普通沥青混合料，采用真空法实测沥青混合料的理论最大相对密度 γ_t。

②对改性沥青或SMA混合料宜按式（T0705-11）或式（T0705-12）计算沥青混合料对应油石比的理论最大相对密度。

$$\gamma_t = \frac{100 + P_a}{\frac{100}{\gamma_{se}} + \frac{P_a}{\gamma_b}}$$ （T0705—11）

$$\gamma_t = \frac{100 + P_a + P_x}{\frac{100}{\gamma_{se}} + \frac{P_a}{\gamma_b} + \frac{P_x}{\gamma_x}}$$ （T0705—12）

式中 γ_t——计算沥青混合料对应油石比的理论最大相对密度，无量纲；

P_a——油石比，即沥青质量占矿料总质量的百分比（%）；

$$P_a = [P_b/(100 - P_b)] \times 100$$

式中 P_a——纤维用量，即纤维质量占矿料总质量的百分比（%）；

γ_x——25 ℃时纤维的相对密度，由厂方提供或实测得到，无量纲；

γ_{se}——合成矿料的有效相对密度，无量纲；

γ_b——25 ℃时沥青的相对密度，无量纲。

③对旧路面钻取芯样的试件缺乏材料密度、配合比及油石比的沥青混合料，可以采用真空法实测沥青混合料的理论最大相对密度 γ_t。

(8)按式(T0705-13)~式(T0705-15)计算试件的空隙率、矿料间隙率和有效沥青的饱和度，取1位小数。

$$VV = \left(1 - \frac{\gamma_f}{\gamma_t}\right) \times 100 \qquad (T0705\text{-}13)$$

$$VMA = \left(1 - \frac{\gamma_f}{\gamma_{sb}} \times \frac{P_s}{100}\right) \times 100 \qquad (T0705\text{-}14)$$

$$VFA = \frac{VMA - VV}{VMA} \times 100 \qquad (T0705\text{-}15)$$

$$VFA = VMA$$

式中　VV——沥青混合料试件的空隙率(%)；

VMA——沥青混合料试件的矿料间隙率(%)；

VFA——沥青混合料试件的有效沥青饱和度(%)；

P_s——各种矿料占沥青混合料总质量的百分率之和(%)；

$$P_s = 100 - P_b$$

式中　γ_{sb}——矿料的合成毛体积相对密度，无量纲。

压实沥青混合料密度
试验相关图片

5. 报告

应在试验报告中注明沥青混合料的类型及测定密度采用的方法。

6. 允许误差

试件毛体积密度试验重复性的允许误差为 0.020 g/cm³。试件毛体积相对密度试验重复性的允许误差为 0.020。

任务 2.16　沥青混合料理论最大相对密度试验

任务描述

本任务要求认真阅读《公路工程沥青及沥青混合料试验规程》(JTG E20—2011)、《公路工程质量检验评定标准 第一册 土建工程》(JTG F80/1—2017)等相关技术规范，查阅相关资料；学会沥青混合料理论最大相对密度试验方法。

1. 掌握沥青混合料理论最大相对密度检测目的、检测方法、检测步骤及检测原理；
2. 掌握沥青混合料理论最大相对密度检测相关的技术规范；
3. 掌握各种检测仪器的性能及应用方法；
4. 能够完成试验的数据处理；
5. 能用定量的方法科学地评定沥青混合料的质量。

工作准备

1. 阅读工作任务书，熟悉即将要学习的主要内容；
2. 收集并阅读《公路工程沥青及沥青混合料试验规程》(JTG E20—2011)、《公路工程质量检验评定标准 第一册 土建工程》(JTG F80/1—2017)等相关技术规范，查阅相关资料。在线了解路面工程建设中对沥青混合料理论最大相对密度试验检测的要求。

任务实施

引导问题1：沥青混合料理论最大相对密度试验的目的是什么？主要的试验仪器有哪些？

_____

_____

引导问题2：沥青混合料理论最大相对密度试验前需要如何准备试样？

_____

_____

引导问题3：沥青混合料理论最大相对密度的注意事项有哪些？

_____

_____

引导问题4：沥青混合料理论最大相对密度的计算公式是什么？测定沥青混合料理论最大相对密度在工程应用中有何意义？

_____

_____

引导问题5：简述沥青混合料理论最大相对密度的试验步骤。

_____

_____

教师对学生工作过程与工作结果进行评价，并将评价结果填入表 2-16-1 中。

表 2-16-1　教师综合评价表

班级：	姓名：		学号：	
任务 2.16	沥青混合料理论最大相对密度试验			
评价项目		评价标准	分值/分	得分/分
考勤(10%)		无无故缺勤、迟到、早退现象	10	
工作过程 (60%)	检测目的	正确表述路面工程中沥青混合料理论最大相对密度检测目的	5	
	仪器使用	能独立、正确使用沥青混合料理论最大相对密度检测中的相关仪器	10	
	检测方法及步骤	正确阐述沥青混合料理论最大相对密度的检测方法及检测步骤	10	
	试验报告的完成	按要求完成试验报告的填写，正确处理试验数据	10	
	劳动纪律	遵守试验室的管理条例	5	
	工作态度	态度端正、工作认真、主动，按时完成学生工作活页	5	
	团队意识	与小组成员能有效地合作交流、协调工作	5	
	职业素质	把党的二十大思想融入实践，按要求完成学习任务，及时并准确	5	
	创新意识	通过阅读《公路工程沥青及沥青混合料试验规程》(JTG E20—2011)、《公路工程质量检验评定标准 第一册 土建工程》(JTG F80/1—2017)等相关技术规范，查阅相关资料，能更好地理解沥青混合料理论最大相对密度检测内容	5	
项目成果 (30%)	工作完整	按时完成实训任务	5	
	工作规范	操作符合规范要求	10	
	回答问题	依据规范准确回答	10	
	成果展示	用语规范、表达准确	5	
小计			100	
综合评分				

相关知识点

沥青混合料理论最大相对密度试验(真空法)

1. 目的与适用范围

(1)本方法适用于真空法测定沥青混合料理论最大相对密度，供沥青混合料配合比设计、路况调查或路面施工质量管理计算空隙率、压实度等使用。

(2)本方法不适用于吸水率大于3%的多孔性集料的沥青混合料。

2. 仪具与材料

(1)天平：称量5 kg以上，感量不大于0.1 g；称量2 kg以下，感量不大于0.05 g。

(2)负压容器：根据试样数量选用表2-16-2中的A、B、C任何一种类型。负压容器口带橡皮塞，上接橡胶管，管口下方有滤网，防止细料部分吸入胶管。

表 2-16-2　负压容器类型

类型	容器	附属设备
A	耐压玻璃、塑料或金属制的罐，容积大于2 000 mL	有密封盖，接真空胶管，与真空泵连接
B	容积大于2 000 mL的真空容量瓶	带胶皮塞，接真空胶管，与真空泵连接
C	4 000 mL耐压真空干燥器	带胶皮塞，放气阀，按真空胶皮管与真空泵连接

(3)真空负压装置。

(4)恒温水槽：能控温在25 ℃±0.5 ℃。

(5)温度计。

(6)其他：玻璃板等。

3. 方法与步骤

3.1　准备工作

(1)按取样方法或从沥青路面上采取(或钻取)沥青混合料试样。试样数量不少于如下规定数量：

沥青混合料中集料公称最大粒径/mm	最少试样数量/g
37.5	4 000
31.5	3 000
26.5	2 500
19.0	2 000
13.2、16.0	1 500
9.5	1 000
4.75	500

(2)将平底盘中在热沥青混合料，在室温中冷却或者用电吹风扇吹，一边冷却一边将沥青混合料团块仔细分散，粗集料不破碎，细集料团块分散到小于6.4 mm。若混合料坚硬时可用烘箱适当加热后分散，一般加热温度不超过60 ℃，分散试样应用手掰开，不得用锤打碎，防止集料破碎。当试样是从路上采取的非干燥混合料时，应用电风扇吹干至恒重后再操作。

(3)负压容器标定方法。

①采用A类容器时，将容器全部浸入25 ℃±0.5 ℃的恒温水槽中，负压容器完全浸没、恒温10 min±1 min后，称取容器的水中质量(m_1)。

②B、C类负压容器：大端口的负压容器，需要有大于负压容器端口的玻璃板，将负压

容器和玻璃板放进水槽中，注意轻轻摇动负压容器，使容器内的气泡排出。恒温 10 min±1 min，取出负压容器和玻璃板，向负压容器内加满 25 ℃±0.5 ℃水至液面稍微溢出，用玻璃板先盖住容器端口 1/3，然后慢慢沿容器端口水平方向移动盖住整个端口，注意查看有没有气泡。擦除负压容器四周的水，称取盛满水的负压容器质量为 m_b。

小端口的负压容器，需要采用中间带垂直孔的塞子，其下部为凹槽，以便于空气从孔中排除。将负压容器和塞子放进水槽中，注意轻轻摇动负压容器使容器内气泡排出。恒温 10 min±1 min，在水中将瓶塞塞进瓶口，使多余的水由瓶塞上的孔中挤出。取出负压容器，将负压容器用干净软布将瓶塞顶部擦拭一次，再迅速擦除负压容器外面的水分，最后称其质量 m_b。

(4)将负压容器干燥、编号，称取其干燥质量。

3.2 试验步骤

(1)将沥青混合料试样装入干燥的负压容器，称容器及沥青混合料总质量，得到试样的净质量 m_a，试样质量应不小于上述规定的最小数量。

(2)在负压容器中注入约 25 ℃±0.5 ℃的水，将混合料全部浸没，并较混合料顶面高出约 2 mm。

(3)将负压容器放到试验仪上，与真空泵、压力表等连接，开动真空泵，使负压容器内负压在 2 min 内达到 3.7 kPa±0.3 kPa(27.5 mm±2.5 mmHg)时，开始计时，同时开动振动装置和抽真空，持续 15 min±2 min。

为使气泡容易除去，试验前可在水中加 0.01％浓度的表面活性剂(如每 100 mL 水中加 0.01 g 洗涤灵)。

(4)当抽真空结束后，关闭真空装置和振动装置，打开调压阀慢慢卸压，卸压速度不得大于 8 kPa/s(通过真空表读数控制)，使负压容器内压力逐渐恢复。

(5)当负压容器采用 A 类容器时，将盛试样的容器浸入保温至 25 ℃±0.5 ℃的恒温水槽，约 10 min±1 min 后，称取负压容器与沥青混合料的水中质量(m_2)。

(6)当负压容器采用 B、C 类容器时，将装有沥青混合料试样的容器浸入保温至 25 ℃±0.5 ℃的恒温水槽，约 10 min±1 min 后，注意容器中不得有气泡，擦净容器外的水分，称取容器、水和沥青混合料试样的总质量(m_c)。

4. 计算

(1)采用 A 类容器时，沥青混合料的理论最大相对密度按式(1)计算。

$$\gamma_t = \frac{m_a}{m_2 - m_1} \tag{1}$$

式中 γ_t——沥青混合料理论最大相对密度；

m_a——干燥沥青混合料试样的空气中质量(g)；

m_1——负压容器在 25 ℃水中的质量(g)；

m_2——负压容器与沥青混合料一起在 25 ℃水中的质量(g)。

(2)采用 B、C 类容器作负压容器时，沥青混合料的理论最大相对密度按式(2)计算。

$$\gamma_t = \frac{m_a}{m_a + m_b - m_c} \tag{2}$$

式中　m_b——装满 25 ℃水的负压容器质量(g)；

　　　　m_c——25 ℃试样、水与负压容器的总质量(g)。

（3）沥青混合料 25 ℃时的理论最大密度按式(3)计算。

$$\rho_t = \gamma_t \times \rho_w \tag{3}$$

式中　ρ_t——沥青混合料的理论最大密度(g/cm^3)；

　　　　ρ_w——25 ℃时水的密度，取 0.9971 g/cm^3。

5. 修正试验

5.1　需要进行修正试验的情况

（1）对现场钻取芯样或切割后的试件，粗集料有破碎情况，破碎面没有裹覆沥青。

（2）沥青与集料拌和不均匀，部分集料没有完全裹覆沥青。

5.2　修正试验方法

（1）完成 3.2.5 后，将负压容器静置一段时间使混合料沉淀后，使容器慢慢倾斜，使容器内水通过 0.075 mm 筛滤掉。

（2）将残留部分水的沥青混合料细心倒入一平底盘中，然后用适当水涮容器和 0.075 mm 筛网，并将其也倒入平底盘中，重复几次直到无残留混合料。

（3）静置一段时间后，稍微提高平底盘一端，使试样中部分水倒出平底盘，并用洗耳球慢慢吸去水。

（4）将试样在平底盘中尽量摊开，用吹风机或电风扇吹干，并不断翻拌试样。每 15 min 称量一次，当两次质量相差小于 0.05％时，认为达到表干状态，称取质量为表干质量，用表干质量代替 m_a 重新计算。

6. 报告

同一试样至少平行试验两次，计算平均值作为试验结果，取 3 位小数。采用修正试验时需要在报告中注明。

7. 允许误差

重复性试验的允许误差为 0.011 g/cm^3，再现性试验的允许误差为 0.019 g/cm^3。

沥青混合料理论最大相对密度试验相关图片

微课：沥青混合料理论最大相对密度试验

任务 2.17　沥青混合料马歇尔稳定度试验

任务描述

本任务要求认真阅读《公路工程沥青及沥青混合料试验规程》(JTG E20—2011)、《公路工程质量检验评定标准 第一册 土建工程》(JTG F80/1—2017)等相关技术规范，查阅相关资料；学会沥青混合料马歇尔稳定度试验方法。

学习目标

1. 掌握沥青混合料马歇尔稳定度检测目的、检测方法、检测步骤及检测原理；
2. 掌握沥青混合料马歇尔稳定度检测相关的技术规范；
3. 掌握各种检测仪器的性能及应用方法；
4. 能够完成试验的数据处理；
5. 能用定量的方法科学地评定沥青混合料的质量。

工作准备

1. 阅读工作任务书，熟悉即将要学习的主要内容；
2. 收集并阅读《公路工程沥青及沥青混合料试验规程》(JTG E20—2011)、《公路工程质量检验评定标准 第一册 土建工程》(JTG F80/1—2017)等相关技术规范，查阅相关资料。在线了解路面工程建设中对沥青混合料马歇尔稳定度试验检测的要求。

任务实施

引导问题1：沥青混合料马歇尔稳定度试验的目的是什么？主要的试验仪器有哪些？

_____

_____

引导问题2：沥青混合料马歇尔稳定度试验前需要如何准备试样？

_____

_____

引导问题3：沥青混合料马歇尔稳定度的注意事项有哪些？

_____

_____

引导问题4：沥青混合料马歇尔稳定度的计算公式是什么？

_____

_____

_____

引导问题5：简述沥青混合料马歇尔稳定度的试验步骤。

_____

_____

_____

_____

⚙ 任务反馈

教师对学生工作过程与工作结果进行评价，并将评价结果填入表 2-17-1 中。

表 2-17-1　教师综合评价表

班级：		姓名：		学号：
任务 2.17		沥青混合料马歇尔稳定度试验		
评价项目		评价标准	分值/分	得分/分
考勤(10%)		无无故缺勤、迟到、早退现象	10	
工作过程（60%）	·检测目的	正确表述路面工程中沥青混合料马歇尔稳定度检测目的	5	
	仪器使用	能独立、正确使用沥青混合料马歇尔稳定度检测中的相关仪器	10	
	检测方法及步骤	正确阐述沥青混合料马歇尔稳定度的检测方法及检测步骤	10	
	试验报告的完成	按要求完成试验报告的填写，正确处理试验数据	10	
	劳动纪律	遵守试验室的管理条例	5	
	工作态度	态度端正、工作认真、主动，按时完成学生工作活页	5	
	团队意识	与小组成员能有效地合作交流、协调工作	5	
	职业素质	把党的二十大思想融入实践，按要求完成学习任务，及时并准确	5	
	创新意识	通过阅读《公路工程沥青及沥青混合料试验规程》(JTG E20—2011)、《公路工程质量检验评定标准 第一册 土建工程》(JTG F80/1—2017)等相关技术规范，查阅相关资料，能更好地理解沥青混合料马歇尔稳定度检测内容	5	
项目成果（30%）	工作完整	按时完成实训任务	5	
	工作规范	操作符合规范要求	10	
	回答问题	依据规范准确回答	10	
	成果展示	用语规范、表达准确	5	
小计			100	
综合评分				

1. 沥青混合料试件制作(击实法)

1.1 目的与适用范围

(1)本方法适用于采用标准击实法或大型击实法制作沥青混合料试件,以供试验室进行沥青混合料物理力学性质试验使用。

(2)标准击实法适用于标准马歇尔试验、间接抗拉试验（劈裂法）等所使用的 $\phi 101.6\ mm \times 63.5\ mm$ 圆柱体试件的成型。大型击实法适用于大型马歇尔试验和 $\phi 152.4\ mm \times 95.3\ mm$ 大型圆柱体试件的成型。

(3)沥青混合料试件制作时的条件及试件数量应符合下列规定:

①当集料公称最大粒径小于或等于 26.5 mm 时,采用标准击实法。一组试件的数量不少于 4 个。

②当集料公称最大粒径大于 26.5 mm 时,宜采用大型击实法。一组试件的数量不少于 6 个。

沥青混合料马歇尔
试件制作相关图片

1.2 仪具与材料技术要求

(1)自动击实仪:击实仪应具有自动记数、控制仪表、按钮设置、复位及暂停等功能,按其用途分为以下两种:

①标准击实仪:由击实锤、$\phi 985\ mm \pm 0.5\ mm$ 平圆形压实头及带手柄的导向棒组成。用机械将压实锤提升至 $457.2\ mm \pm 1.5\ mm$ 高度,沿导向棒自由落下连续击实。标准击实锤质量 4536 g±9 g。

②大型击实锤:由击实锤、$\phi 149.4\ mm \pm 0.1\ mm$ 平圆形实头及带手柄的导向棒组成。用机械将击实锤提升至 $457.2\ mm \pm 2.5\ mm$ 高度,沿导向棒自由落下击实,大型击实锤质量 10210 g±10 g。

微课:电动击实仪操作

(2)试验室用沥青混合料拌和机:能保证拌和温度并充分拌和均匀,可控制拌和时间,容量不小于 10L,搅拌叶自转速度 70~80r/min,公转速度 40~50r/min。

(3)试模:由高碳钢或工具钢制成,几何尺寸如下:

①标准击实仪试模的内径为 101.6 mm±0.2 mm,圆柱形金属筒高 87 mm,底座直径约 120.6 mm,套内径 104.8 mm、高 70 mm。

②大型击实仪的试模与套筒尺寸:套筒外径 165.1 mm,内径 155.6 mm±0.3 mm,总高 83 mm。试模内径 152.4 mm±0.2 mm,总高 115 mm;底座厚 12.7 mm,直径 172 mm。

(4)脱模器:电动或手动,应能无破损地推出圆柱体试件,备有标准试件及大型试件尺寸的推出环。

(5)烘箱:大、中型各 1 台,应有温度调节器。

(6)天平或电子秤:用于称量沥青的,感量不大于 0.1 g;用称量矿料的,感量不大于 0.5 g。

(7)布洛克菲德黏度计。

(8)插刀或大螺丝刀。

(9)温度计：分度值1℃宜采用有金属插杆的插入式数显温度计，金属插杆的长度不小于150 mm。量程0～300℃。

(10)其他：电炉或燃气炉、沥青熔化锅、拌和铲、标准筛、滤纸（或普通纸）、胶布、卡尺、秒表、粉笔、棉纱等。

1.3 准备工作

(1)确定制作沥青混合料试件的拌和温度与压实温度。

①按《公路工程沥青及沥青混合料试验规程》(JTG E20—2011)测定沥青的黏度，绘制黏温曲线。按表2-17-2的要求确定适宜于沥青混合料拌和及压实的等黏温度。

②当缺乏沥青黏度测定条件时，试件的拌和与压实温度可按表2-17-3选用，并根据沥青品种和标号作适当调整。针入度小、稠度大的沥青取上限；针入度大、稠度小的沥青取下限，一般取中值。

③对改性沥青，应根据实践经验、改性剂的品种和用量，适当提高混合料的拌和和压实温度，对大部分聚合物改性沥青，通常在普通沥青的基础上提高10～20℃，掺加纤维时，尚需再提高10℃左右。

表 2-17-2　沥青混合料拌和及压实的沥青等粘温度

沥青结合料种类	黏度与测定方法	适宜于拌和的 沥青结合料黏度	适宜于压实的 沥青结合料黏度
石油沥青	表观黏度，T0625	(0.17±0.02) Pa·s	(0.28±0.03) Pa·s
注：液体沥青混合料的压实成型温度按石油沥青要求执行			

表 2-17-3　沥青混合料拌和及压实温度参考表

沥青结合料种类	拌和温度/℃	压实温度/℃
石油沥青	140～160	120～150
改性沥青	160～175	140～170

④常温沥青混合料的拌和及压实在常温下进行。

(2)沥青混合料试件的制作条件

①在拌和厂或施工现场采取沥青混合料制作试样时，按T0701的方法取样，将试样置于烘箱加热或保温，在混合料中插入温度计测量温度，待混合料温度符合要求后成型。需要拌和时可倒入已加热的室内沥青混合料拌和机中适当拌和，时间不超过1 min。不得在电炉或明火上加热炒拌。

②在试验室人工配制沥青混合料时，试件的制作按下列步骤进行：

a. 将各种规格的矿料置105℃±5℃的烘箱中烘干至恒重（一般不少于4～6 h）。

b. 将烘干分级的粗、细集料，按每个试件设计级配要求称其质量，在一金属盘中混合均匀，矿粉单独放入小盆里；然后置烘箱中加热至沥青拌和温度以上约15℃（采用石油沥青时通常为163℃；采用改性沥青时通常需180℃）备用。一般按一组试件（每组4～6个）备料，但进行配合比设计时宜对每个试件分别备料。常温沥青混合料的矿料不应加热。

c. 将按本规程采取的沥青试样，用烘箱加热至规定的沥青混合料拌和温度，但不得超过 175 ℃。当不得已采用燃气炉或电炉直接加热进行脱水时，必须使用石棉垫隔开。

1.4　拌制沥青混合料

(1)黏稠石油沥青混合料

①用蘸有少许黄油的棉纱擦净试模、套筒及击实座等，置 100 ℃ 左右烘箱中加热 1 h 备用。常温沥青混合料用试模不加热。

②将沥青混合料拌和机提前预热至拌和温度 10 ℃ 左右。

③将加热的粗细集料置于拌和机，用小铲子适当混合；然后加入需要数量的沥青(如沥青已称量在一专用容器内，可在倒掉沥青后用一部分热矿粉将粘在容器壁上的沥青擦拭掉并一起倒入拌和锅)，开动拌和机一边搅拌一边使拌和叶片插入混合料中拌和 1~1.5 min；暂停拌和，加入加热的矿粉，继续拌和至均匀，并使沥青混合料保持在要求的拌和温度范围内。标准的总拌和时间为 3 min。

(2)液体石油沥青混合料：将每组(或每个)试件的矿料已加热至 55~100 ℃ 的沥青混合料拌和机中，注入要求数量的液体沥青，并将混合料边加热边拌和，使液体沥青中的溶剂挥发至 50% 以下。拌和时间应事先试拌确定。

(3)乳化沥青混合料：将每个试件的粗细集料，置于沥青混合料拌和机(不加热，也可用人工炒拌中)；注入计算的用水量(阴离子乳化沥青不加水)后，拌和均匀并使矿料表面完全湿润；再注入设计的沥青乳液用量，在 1 min 内使混合料拌匀；然后，加入矿粉迅速拌和，使混合料拌成褐色为止。

1.5　成型方法

(1)击实法的成型步骤如下：

①将拌好的沥青混合料，用小铲适当拌和均匀，称取一个试件所需的用量(标准马歇尔试件约 1 200 g，大型马歇尔试件约 4 050 g)。当已知沥青混合料的密度时，可根据试件的标准尺寸计算并乘以 1.03 得到要求的混合料数量。当一次拌和几个试件时，宜将其倒入经预热的金属盘中，用小铲适当拌和均匀分成几份，分别取用。在试件制作过程中，为防止混合料温度下降，应连盘放在烘箱中保温。

②从烘箱中取出预热的试模及套筒，用蘸有少许黄油的棉纱擦拭套筒、底座及击实锤底面。将试模装在底座上，放一张圆形的吸油性小的纸，用小铲将混合料铲入试模中，用插刀或大螺钉旋具沿周边插捣 15 次，中间插捣 10 次，插捣后将沥青混合料表面整平。对采用大型击实法的试件，混合料分两次加入，每次插捣次数同上。

③插入温度计至混合料中心附近，检查混合料温度。

④待混合料温度符合要求的压实温度后，将试模连同底座一起放在击实台上固定。在装好的混合料上面垫一张吸油性小的圆纸，再将装有击实锤及导向棒的压实头放入试模。开启电机，使击实锤从 457 mm 的高度自由落下到击实规定的次数(75 次或 50 次)。对大型试件，击实次数为 75 次(相应于标准击实的 50 次)或 112 次(相应于标准实 75 次)。

⑤试件击实一面后，取下套筒，将试模翻面，装上套筒；然后，以同样的方法和次数击实另一面。

乳化沥青混合料试件在两面击实后，将一组试件在室温下横向放置 24 h，另一组试件置温度为 105 ℃±5 ℃的烘箱中养生 24 h。将养生试件取出后再立即两面锤击各 25 次。

⑥试件击实结束后，立即用镊子取掉上下表面的纸，用卡尺量取试件离试模上的高度并由此计算试件高度，高度不符合要求时，试件应作废，并按下式调整试件的混合料质量，以保证高度符合 63.5 mm±13 mm（标准试件）或 95.3 mm±2.5 mm（大型试件）的要求。

调整后混合料质量＝（要求试件高度×原用混料质量）/所得试件的高度

(2)卸去套筒和质座将装有试件并试模横向放置冷却至室后（不少于 12 h），置脱模机上脱出试件。用于 T0709 现场马歇尔指标检验的试件，在施工质量检验过中如急需试验，允许用电风扇吹冷 1h，或浸水冷却 3 min 以上的方法脱模；但浸水脱模法不能用于测量密度、空隙率等各项物理指标。

(3)将试件仔细置于干燥洁净的平面上，供试验用。

2. 沥青混合料马歇尔试验

2.1 目的与适用范围

(1)本方法适用于马歇尔稳定度试验和没水马歇尔稳定度试验，以进行沥青配合比设计或沥青路面施工质量检验。浸水马歇尔稳定度试验（根据需要，也可进行真水马歇尔试验）供检验沥青混合料受水损害时抵抗剥落的能力时使用，通过测试其稳定性检验配合比设计的可行性。

(2)本方法适用于按 T0702 成型的标准马歇尔试件圆柱体和大型马歇尔试件圆柱体。

2.2 仪具与材料技术要求

(1)沥青混合料马歇尔试验仪：分为自动式和手动式。自动马歇尔试验仪应具备控制装置、记录荷载-位移曲线、自动测定荷载与试件的垂直变形，能自动显示和存储或打印试验结果等功能。手动式由人工操作，试验数据通过操作者目测读取数据。

对用于高速公路和一级公路的沥青混合料宜采用自动马歇尔试验仪。

①当集料公称最大粒径小于或等于 26.5 mm 时，宜采用 ϕ101.6 mm×63.5 mm 的标准马歇尔试件，试验仪最大荷载不得小于 25 kN，读数准确至 0.1 kN，加载速率应能保持在 50 mm/min±5 mm/min。钢球直径 16 mm±0.05 mm，上下压头曲率半径为 50.8 mm±0.08 mm

②当集料公称最大粒径大于 26.5 mm 时，宜采用 ϕ152.4 mm×95.3 mm 的大型马歇尔试件，试验仪最大荷载不得小于 50 kN，读数准确至 0.1 kN。上下压头的曲率内径为 ϕ152.4 mm±0.2 mm，上下压头间距 19.05 mm±0.1 mm。

(2)恒温水槽：控温准确至 1 ℃，深度不小于 150 mm。

(3)真空饱水容器：包括真空泵及真空干燥器。

(4)烘箱。

(5)天平：感量不大于 0.1 g。

(6)温度计：分度值 1 ℃。

(7)卡尺。

(8)其他：棉纱、黄油。

194

2.3 标准马歇尔试验方法

2.3.1 准备工作

(1)按 T0702 标准击实法成型马歇尔试件,标准马歇尔试件尺寸应符合直径 101.6 mm±0.2 mm、高 63.5 mm±1.3 mm 的要求。对大型马歇尔试件,尺寸应符合直径 152.4 mm±0.2 mm、高 95.3 mm±2.5 mm 的要求。一组试件的数量不得少于 4 个,并符合 T0702 的规定。

(2)量测试件的直径及高度:用卡尺测量试件中部的直径,用马歇尔试件高度测定器或卡尺在十字对称的 4 个方向量测试件边缘 10 mm 处的高度,准确至 0.1 mm,并以其平均值作为试件的高度。如试件高度不符合 63.5 mm±1.3 mm 或 95.3 mm±2.5 mm 要求或两侧高度差大于 2 mm,此试件应作废。

(3)按本规程规定的方法测定试件的密度,并计算空隙率、沥青体积百分率、沥青饱和度、矿料间隙率等体积指标。

(4)将恒温水槽调节至要求的试验温度,对黏稠石油沥青或烘箱养生过的乳化沥青混合料为 60 ℃±1 ℃,对煤沥青混合料为 33.8 ℃±1 ℃,对空气养生的乳化沥青或液体沥青混合料为 25 ℃±1 ℃。

2.3.2 试验步骤

(1)将试件置于已达规定温度的恒温水槽保温,保温时间对标准马歇尔试件需 30～40 min,对大型马歇尔试件需 45～60 min。试件之间应有间隔,底下应垫起,距水槽底部不小于 5 cm。

(2)将马歇尔试验仪的上下压头放入水槽或烘箱中达到同样温度。将上下压头从水槽或烘箱中取出擦拭干净内面。为使上下压头滑动自如,可在下压头的导棒上涂少量黄油。再将试件取出置于下压头上,盖上上压头,然后装在加载设备上。

(3)在上压头的球座上放妥钢球,并对准荷载测定装置的压头。

(4)当采用自动马歇尔试验仪时,将自动马歇尔试验仪的压力传感器、位移传感器与计算机或 X—Y 记录仪正确连接,调整好适宜的放大比例,压力和位移传感器调零。

(5)当采用压力环和流值计时,将流值计安装在导棒上,使导向套管轻轻地压住上压头,同时将流值计读数调零。调整压力环中百分表,对零。

(6)启动加载设备,使试件承受荷载,加载速度为 50 mm/min±5 mm/min。计算机或 X—Y 记录仪自动记录传感器压力和试件变形曲线并将数据自动存入计算机。

(7)当试验荷载达到最大值的瞬间,取下流值计,同时读取压力环中百分表读数及流值计的流值读数。

(8)从恒温水槽中取出试件至测出最大荷载值的时间,不得超过 30 s。

2.4 浸水马歇尔试验方法

浸水马歇尔试验方法与标准马歇尔试验方法的不同之处在于,试件在已达规定温度恒温水槽中的保温时间为 48 h,其余步骤均与标准马歇尔试验方法相同。

2.5 真空饱水马歇尔试验方法

试件先放入真空干燥器中,关闭进水胶管,开动真空泵,使干燥器的真空度达到 97.3 kPa(730 mmHg)以上,维持 15 min;然后打开进水胶管,靠负压进入冷水流使试件全部浸入水中，浸水 15 min 后恢复常压，取出试件再放入已达规定温度的恒温水槽中保温 48 h。其余均与标准马歇尔试验方法相同。

2.6　计算

(1)试件的稳定度及流值。

①当采用自动马歇尔试验仪时，将计算机采集的数据绘制成压力和试件变形曲线，或由 X—Y 记录仪自动记录的荷载-变形曲线，按图 T0709-2 所示的方法在切线方向延长曲线与横坐标相交于，将 O_1 作为修正原点，从 0 起量取相应于荷载最大值时的 0 变形作为流值(FL)，以 mm 计，准确至 0.1 mm。最大荷载即为稳定度(MS)，以 kN 计，准确至 0.01 kN。

②采用压力环和流值计测定时，根据压力环标定曲线，将压力环中百分表的读数换算为荷载值，或者由荷载测定装置读取的最大值即为试样的稳定度(MS)，以 kN 计，准确至 0.01 kN。由流值计及位移传感器测定装置读取的试件垂直变形，即为试件的流值(FL)，以 mm 计，准确至 0.1 mm。

(2)试件的马歇尔模数按式(1)计算。

$$T = \frac{MS}{FL} \tag{1}$$

式中　T——试件的马歇尔模数(kN/ mm)；

　　　MS——试件的稳定度(kN)；

　　　FL——试件的流值(mm)。

(3)试件的浸水残留稳定度按式(2)计算。

$$MS_0 = \frac{MS_1}{MS} \times 100 \tag{2}$$

式中　MS_0——试件的浸水残留稳定度(%)；

　　　MS_1——试件浸水 48 h 后的稳定度(kN)。

(4)试件的真空饱水残留稳定度按式(3)计算。

$$MS'_0 = \frac{MS_2}{MS} \times 100 \tag{3}$$

式中　MS'_0——试件的真空饱水残留稳定度(%)；

　　　MS_2——试件真空饱水后浸水 48 h 后的稳定度(kN)。

2.7　报告

(1)当一组测定值中某个测定值与平均值之差大于标准差的 k 倍时，该测定值应予舍弃，并以其余测定值的平均值作为试验结果。当试件数目 n 为 3、4、5、6 时，k 值分别为 1.15、1.46、1.67、1.82。

沥青混合料马歇尔
稳定度试验相关图片

(2)报告中需列出马歇尔稳定度、流值、马歇尔模数，以及试件尺寸、密度、空隙率、沥青用量、沥青体积百分率、沥青饱和度、矿料间隙率等各项物理指标。当采用自动马歇尔试验时，试验结果应附上荷载-变形曲线原件或自动打印结果。

沥青混合料马歇尔稳定度试验记录(表干法)

试件编号	沥青用量/%	试件厚度/mm		空气中质量/g	水中质量/g	表干质量/g	体积/cm³	相对密度		空隙率VV/%	粒料间隙率VMA/%	饱和度VFA/%	稳定度MS/kN	流值FL/mm	备注
		单值	平均值					毛体积	最大理论						
平均															
平均															

报告日期:　　年　月　日

沥青混合料马歇尔稳定度试验记录(表干法)

试件编号	沥青用量/%	试件厚度/mm		空气中质量/g	水中质量/g	表干质量/g	体积/cm³	相对密度		空隙率VV/%	粒料间隙率VMA/%	饱和度VFA/%	稳定度MS/kN	流值FL/mm	备注
		单值	平均值					毛体积	最大理论						
平均															
平均															

报告日期:　　年　月　日

沥青混合料马歇尔稳定度试验记录(表干法)

试件编号	沥青用量/%	试件厚度/mm		空气中质量/g	水中质量/g	表干质量/g	体积/cm³	相对密度		空隙率VV/%	粒料间隙率VMA/%	饱和度VFA/%	稳定度MS/kN	流值FL/mm	备注
		单值	平均值					毛体积	最大理论						
平均															
结论															

报告日期：　年　月　日

任务 2.18　沥青混合料车辙试验

任务描述

本任务要求认真阅读《公路工程沥青及沥青混合料试验规程》(JTG E20—2011)、《公路工程质量检验评定标准 第一册 土建工程》(JTG F80/1—2017)等相关技术规范，查阅相关资料；学会沥青混合料车辙试验方法。

学习目标

1. 掌握沥青混合料车辙的检测目的、检测方法、检测步骤及检测原理；
2. 掌握沥青混合料车辙检测相关的技术规范；
3. 掌握各种检测仪器的性能及应用方法；
4. 能够完成试验的数据处理；
5. 能用定量的方法科学地评定沥青混合料的质量。

工作准备

1. 阅读工作任务书，熟悉即将要学习的主要内容；
2. 收集并阅读《公路工程沥青及沥青混合料试验规程》(JTG E20—2011)、《公路工程质

量检验评定标准 第一册 土建工程》(JTG F80/1—2017)等相关技术规范，查阅相关资料。在线了解路面工程建设中对沥青混合料车辙试验检测的要求。

⚙ 任务实施

引导问题 1：沥青混合料车辙试验的目的是什么？主要的试验仪器有哪些？

_____

_____

_____

_____

引导问题 2：沥青混合料车辙试验前需要如何准备试样？

_____

_____

_____

_____

引导问题 3：沥青混合料车辙的注意事项有哪些？

_____

_____

_____

_____

引导问题 4：沥青混合料车辙的计算公式是什么？

_____

_____

_____

_____

引导问题 5：简述沥青混合料车辙的试验步骤。

_____

_____

_____

_____

_____

任务反馈

教师对学生工作过程与工作结果进行评价，并将评价结果填入表 2-18-1 中。

表 2-18-1　教师综合评价表

班级：		姓名：		学号：
任务 2.18		沥青混合料车辙试验		
评价项目		评价标准	分值/分	得分/分
考勤（10%）		无无故缺勤、迟到、早退现象	10	
工作过程（60%）	检测目的	正确表述路面工程中沥青混合料车辙检测目的	5	
	仪器使用	能独立、正确使用沥青混合料车辙检测中的相关仪器	10	
	检测方法及步骤	正确阐述沥青混合料车辙的检测方法及检测步骤	10	
	试验报告的完成	按要求完成试验报告的填写，正确处理试验数据	10	
	劳动纪律	遵守试验室的管理条例	5	
	工作态度	态度端正、工作认真、主动，按时完成学生工作活页	5	
	团队意识	与小组成员能有效地合作交流、协调工作	5	
	职业素质	把党的二十大思想融入实践，按要求完成学习任务，及时并准确	5	
	创新意识	通过阅读《公路工程沥青及沥青混合料试验规程》（JTG E20—2011）、《公路工程质量检验评定标准 第一册 土建工程》（JTG F80/1—2017）等相关技术规范，查阅相关资料，能更好地理解沥青混合料车辙检测内容	5	
项目成果（30%）	工作完整	按时完成实训任务	5	
	工作规范	操作符合规范要求	10	
	回答问题	依据规范准确回答	10	
	成果展示	用语规范、表达准确	5	
小计			100	
综合评分				

1. 沥青混合料试件成型试验(轮碾法)

1.1　目的与适用范围

(1)本方法规定了在试验室用轮碾法制作沥青混合料试件的方法,以供进行沥青混合料物理力学性质试验时使用。

(2)轮碾法适用于长 300 mm×宽 300 mm×厚 50~100 mm 板块状试件的成型,此试件可用切割机切制成棱柱体试件,或在试验室用取芯机钻取试样。成型试件的密度应符合马歇尔标准击实试样密度 100%± 1% 的要求。

沥青混合料车辙试件
制作相关图片

(3)沥青混合料试件制作时的试件厚度可根据集料粒径大小及工程需要进行选择。对于集料公称最大粒径小于或等于 19 mm 的沥青混合料,宜采用长 300 mm×宽 300 mm×50 mm 的板块试模成型;对于集料公称最大粒径大于或等于 26.5 mm 的沥青混合料,宜采用长 300 mm×宽 300 mm×厚 80~100 mm 的板块试模成型。

1.2　仪具与材料技术要求

(1)轮成型机:其有与钢筒式压路机相似的圆弧形碾压轮,轮宽 300 mm,压实线荷载为 300 N/cm,碾压行程等于试件长度,经碾压后的板块状试件可达到马歇尔试验标准击实密度的 100%±1%。

(2)试验室用沥青混合料拌和机:能保证拌和温度并充分拌和均匀,可控制拌和时间,宜采用容量大于 30 L 的大型沥青混合料拌和机,也可采用容量大于 10 L 的小型拌和机。

(3)试模:由高碳钢或工具钢制成,试模尺寸应保证成型后符合要求试件尺寸的规定。试验室制作车辙试验板块状试件的标准试模如图 T0703-2 所示。内部平面尺寸为长 300m×宽 300 mm×厚(50~100) mm。

(4)切割机:试验室用金刚石锯片锯石机(单锯片或双钢片切割机)或现场用路面切割机,有淋水冷却装置,其切制厚度不小于试件厚度。

(5)钻孔取芯机:用电力或汽油机、柴油机驱动,有淋水冷却装置。金刚石钻头的直径根据试件直径的大小选择(100 mm 或 150 mm)。钻孔深度不小于试件厚度,钻头转速不小于 1 000 r/min。

(6)烘箱:大、中型各 1 台,装有温度调节器。

(7)台秤、天平或电子秤:称量 5 kg 以上的,感量不大于 1 g;称量 5 kg 以下的,用于称量矿料时感量不大于 0.5 g,用于称量沥青时感量不大于 0.1 g。

(8)沥青黏度测定设备:布洛克非尔德黏度计、真空减压毛细管。

(9)小型击实锤:钢制端部断面尺寸 80 mm×80 mm,厚 10 mm,带手柄,总质量 0.5 kg 左右。

(10)温度计:分度值 1 ℃。宜采用有金属插杆的插入式数显温度计,金属插杆的长度不小于 150 mm。量程 0～300 ℃。

(11)其他：电炉或燃气炉、沥青熔化锅、拌和铲、标准筛、滤纸、胶布、卡尺、秒表、粉笔、垫木、棉纱等。

1.3 准备工作

(1)按规程的方法确定制作沥青混合料试件的拌和与压实温度。常温沥青混合料的拌和及压实在常温下进行。

(2)按规程在拌和厂或施工现场采取代表性的沥青混合料，如混合料温度符合要求，可直接用于成型。在试验室人工配制沥青混合料时，按规程的方法准备矿料及沥青。常温沥青混合料的矿料不加热。

(3)将金属试模及小型击实锤等置100 ℃左右烘箱中加热1h备用。常温沥青混合料用试件不加热。

(4)按规程的方法拌制沥青混合料。当采用大容量沥青混合料拌和机时，宜一次拌和；当采用小型混合料拌和机时，可分两次拌和。混合料质量及各种材料数量由试件的体积按马歇尔标准密度乘以 1.03 的系数求得。常温沥青混合料的矿料不加热。

1.4 轮碾成型方法

1.4.1 在试验室用轮碾成型机制备试件

试件尺寸可为长 300 mm×宽 300 mm×厚 50～100 mm。试件的厚度可根据集料粒径大小选择，同时根据需要厚度也可以采用其他尺寸，但混合料一层碾压的厚度不得超过100 mm。

(1)将预热的试模从烘箱中取出，装上试模框架；在试模中铺一张的普通纸(可用报纸)，使底面及侧面均被纸隔离；将拌和好的全部沥青混合料(注意不得散失，分两次拌和的应倒在一起)，用小铲稍加拌和后均匀地沿试模由边至中按顺序转圈装入试模，中部要略高于四周。

(2)取下试模框架，用预热的小型击实锤由边至中转圈夯实一遍，整平成凸圆弧形。

(3)插入温度计，待混合料达到规程规定的压实温度(为使冷却均匀，模底下可用垫木支起)时，在表面铺一张裁好尺寸的普通纸。

(4)成型前将碾压轮预热至 100 ℃左右，然后，将盛有沥青混合料的试模置于轮碾机的平台上，轻轻放下碾压轮，调整总荷载为 9 kN(线荷载 300 N/cm)。

(5)启动轮碾机，先在一个方向碾压 2 个往返(4 次)；卸荷；再抬起碾压轮，将试件调转方向；再加相同荷载碾压至马歇尔标准密实度 100%±1%。试件正式压实前，应经试压，测定密度后，确定试件的碾压次数。对普通沥青混合料，一般 12 个往返(24 次)左右可达要求(试件厚为 50 mm)。

(6)压实成型后，揭去表面的纸，用粉笔在试件表面标明限压方向。

(7)盛有压实试件的试模，置室内环境下冷却，至少 12 h 后方可脱模。

1.4.2 在工地制备试件

(1)按规程采取代表性的新青混合料样品，数量需多于 3 个试件的需要量。

(2)按试验室方法称取一个试样混合料数量装入符合要求尺寸的试模中，用小锤均匀击实。试模应不妨碍碾压成型。

(3)碾压成型：在工地上，可用小型振动压路机或其他适宜的压路机碾压，在规定的压实温度下，每一遍俱压 3～4 s，约 25 次往返，使沥青混合料压实密度达到马歇尔标准密度 $100\%\pm1\%$。

(4)如将工地取样的沥青混合料送往试验室成型，混合料必须放在保温桶内，不使其温度下降，且在抵达试验室后立即成型；如温度低于要求，可适当加热至压实温度后，用轮碾成型机成型。如属于完全冷却后经二次加热重塑成型的试件，必须在试验报告中注明。

2. 沥青混合料的车辙试验

2.1 目的与适用范围

(1)本方法适用于测定沥青混合料的高温抗车辙能力，供沥青混合料配合比设计时的高温稳定性检验使用，也可用于现场沥青混合料的高温稳定性检验。

(2)车辙试验的温度与轮压(试验轮与试件的接触压强)可根据有关规定和需要选用，非经注明，试验温度为 60 ℃，轮压为 0.7 MPa。根据需要，如在寒冷地区也可采用 45 ℃，在高温条件下试验温度可采用 70 ℃等，对重载交通的轮压可增加至 1.4 MPa，但应在试验报告中注明。计算动稳定度的时间原则上为试验开始后 45～60 min。

(3)本方法适用于用轮碾成型机碾压成型的长 300 mm、宽 300 mm、厚 50～100 mm 的板块状试件。根据工程需要也可采用其他尺寸的试件。本方法也适用于现场切割板块状试件，切割试件的尺寸根据现场面层的实际情况由试验确定。

2.2 仪具与材料技术要求

(1)车辙试验机，主要由下列部分组成：

①试件台：可牢固地安装两种宽度(300 mm、150 mm)规定尺寸试件的试模。

②试验轮：橡胶制的实心轮胎，外径 200 mm，轮宽 50 mm，橡胶层厚 15 mm。橡胶硬度(国际标准硬度)20 ℃时为 84±4，60 ℃时为 78±2。试验轮行走距离为 230 mm±10 mm，往返碾压速度为 42 次/min±1 次/min(21 次往返/min)。采用曲柄连杆驱动加轮往返运行方式。

③加载装置：通常情况下试验轮与试件的接触压强在 60 ℃时 0.7 MPa±0.05 MPa，施加的总荷载约为 780 N，根据需要可以调整接触压强大小。

④试模：钢板制成，由底板及侧板组成，试模内侧尺寸宜采用长为 300 mm，宽度为 50～100 mm，也可根据需要对厚度进行调整。

⑤试件变形测量装置：自动采集车辙变形并记录曲线的装置，通常采用位移传感器 LVDT 或非接触位移计。位移测量范围 0～130 mm，精度±0.01 mm。

⑥温度检测装置：自动检测并记录试件表面及恒温室内温度的温度传感器，精度 ±0.5 ℃。应能自动连续记录温度。

(2)恒温室：恒温室应具有足够的空间。车辙试验机必须整机安放在恒温室内，装有加热器、气流循环装置及装有自动温度控制设备，同时恒温室还应有至少能保温 3 块试件并进行试验的条件。保持恒温室温度 60 ℃±1 ℃(试件内部温度 60 ℃±0.5 ℃)，根据需要也可采用其他试验温度。

(3)台秤：称量 15 kg，感量不大于 5 g。

2.3 方法与步骤

2.3.1 准备工作

(1)试验轮接地压强测定:测定在 60 ℃时进行,在试验台上放置一块 50 mm 厚的钢板,其上铺一张毫米方格纸,再铺一张新的复写纸,以规定的 700 N 荷载后试验轮静压复写纸,即可在方格纸上得出轮压面积,并由此求得接地压强。当压强不符合 0.7 MPa±0.05 MPa 时,荷载应予适当调整。

(2)按规程用轮碾成型法制作车辙试验试块。在试验室或工地制备成型的车辙试件,板块状试件尺寸为长 300 mm×宽 300 mm×厚(50~100) mm(厚度根据需要确定),也可从路面切割得到需要尺寸的试件。

(3)当直接在拌和厂取拌和好的沥青混合料样品制作车辙试验试件检验生产配合比设计或混合料生产质量时,必须将混合料装入保温桶中,在温度下降至成型温度之前迅速送至试验室制作试件。如果温度稍低,可放在烘箱中稍事加热(时间不超过 30 min)后成型,但不得将混合料放冷却后二次加热重塑制作试件。重塑制件的试验结果仅供参考,不得用于评定配合比设计检验是否合格的标准。

(4)如需要,将试件脱模按本规程规定的方法测定密度及空隙率等各项物理指标。

(5)试件成型后,连同试模一起在常温条件下放置的时间不得少于 12 h。对聚合物改性沥青混合料,放置时间以 48 h 为宜,使聚合物改性沥青充分固化后方可进行车辙试验,室温放置时间不得长于 1 周。

2.3.2 试验步骤

(1)将试件连同试模一起,置于已达到试验温度 60 ℃±1 ℃的恒温室中,保温不少于 5 h,也不得超过 12 h。在试件的试验轮不行走的部位上,粘贴一个热电偶温度计(也可在试件制作时预先将热电偶导线埋入试件一角),控制试件温度稳定在 60 ℃±0.5 ℃。

(2)将试件连同试模移置于轮辙试验机的试验台上,试验轮在试件的中央部位,其行走方向须与试件碾压或行车方向一致。开动车辙变形自动记录仪,然后启动试验机,使试验轮往返行走,时间约 1 h,或最大变形达到 25 mm 时为止。试验时,记录仪自动记录变形曲线及试件温度。

2.4. 计算

(1)从图变形曲线图上读取 45 min(t_1)及 60 min(t_2)时的车辙变形 d_1 及 d_2,准确至 0.01 mm。

当变形过大,在未到 60 min 变形已达 25 mm 时,则以达到 25 mm(d_2)的时间为 t_2,将其前 15 min 为 t_1,此时的变形量为 d_1。

(2)沥青混合料试件的动稳定度按式(1)计算。

$$D_s = \frac{(t_2 - t_1) \times N}{d_2 - d_1} \times C_1 \times C_2 \tag{1}$$

式中 D_s——沥青混合料的动稳定度(次/mm);

d_1——对应于时间 t_1 的变形量(mm);

d_2——对应于时间 t_2 的变形量(mm);

C_1——试验机类型修正系数，曲柄连杆驱动试件的变速行走方式为1.0，链驱动试验轮的等速方式为1.5；

C_2——试件系数，试验室制备的宽300 mm的试件为1.0，从路面切割的宽150 mm的试件为0.8；

N——试验轮往返碾压速度，通常取42次/min。

2.5 报告

(1)同一沥青混合料或同一路段路面，至少平行试验3个试件。当3个试件动稳定度变异系数不大于20%时，取其平均值作为试验结果；当变异系数大于20%时，应分析原因，并追加试验。如计算动稳定度值大于6 000次/mm，记作：>6 000次/mm。

(2)试验报告应注明试验温度、试验轮接地压强、试件密度、空隙率及试件制作方法等。

2.6. 允许误差

重复性试验动稳定度变异系数不大于20%。

项目 3

砌体材料的质量检测

任务 3.1　岩石的密度试验

任务描述

　　本任务要求认真阅读《公路工程岩石试验规程》(JTG E41—2005)、《公路工程质量检验评定标准 第一册 土建工程》(JTG F80/1—2017)等相关技术规范，查阅相关资料；学会测定岩石的密度。

学习目标

　　1. 掌握岩石的密度检测目的、检测方法、检测步骤及检测原理；

　　2. 掌握岩石的密度检测相关的技术规范；

　　3. 掌握各种检测仪器的性能及应用方法；

　　4. 能够完成试验的数据处理；

　　5. 能用定量的方法科学地评定岩石的质量。

工作准备

　　1. 阅读工作任务书，熟悉即将要学习的主要内容；

　　2. 收集并阅读《公路工程岩石试验规程》(JTG E41—2005)、《公路工程质量检验评定标准 第一册 土建工程》(JTG F80/1—2017)等相关技术规范，查阅相关资料。在线了解道路工程建设中对岩石的密度试验检测的要求。

⚙ 任务实施

　　引导问题1：岩石密度试验的目的是什么？主要的试验仪器有哪些？

_____

_____

引导问题2：试验过程中需要恒温几次？每次恒温多长时间？恒温温度如何确定？

_____

_____

_____

引导问题3：什么液体可作为试液？适用范围是什么？分别可以采用什么方法排气？

_____

_____

_____

_____

引导问题4：岩石的密度计算公式是什么？

_____

_____

_____

_____

引导问题5：岩石密度的试验步骤中关键词有哪些？

_____

_____

_____

_____

引导问题6：岩石密度的试验中应注意哪些事项？

_____

_____

_____

_____

⚙ 任务反馈

教师对学生工作过程与工作结果进行评价，并将评价结果填入表 3-1-1 中。

表 3-1-1　教师综合评价表

班级：	姓名：		学号：	
任务 3.1	岩石的密度试验			
评价项目	评价标准		分值/分	得分/分
考勤（10%）	无无故缺勤、迟到、早退现象		10	
工作过程（60%）	检测目的	正确表述道路工程中岩石的密度检测目的	5	
	仪器使用	能独立、正确使用岩石的密度检测中的相关仪器	10	
	检测方法及步骤	正确阐述岩石的检测方法及检测步骤	10	
	试验报告的完成	按要求完成试验报告的填写，正确处理试验数据	10	
	劳动纪律	遵守试验室的管理条例	5	
	工作态度	态度端正、工作认真、主动，按时完成学生工作活页	5	
	团队意识	与小组成员能有效地合作交流、协调工作	5	
	职业素质	把党的二十大思想融入实践，按要求完成学习任务，及时并准确	5	
	创新意识	通过阅读《公路工程岩石试验规程》(JTG E41—2005)、《公路工程质量检验评定标准 第一册 土建工程》(JTG F80/1—2017)等相关技术规范，查阅相关资料，能更好地理解道路工程中岩石的密度检测内容	5	
项目成果（30%）	工作完整	按时完成实训任务	5	
	工作规范	操作符合规范要求	10	
	回答问题	依据规范准确回答	10	
	成果展示	用语规范、表达准确	5	
小计			100	
综合评分				

岩石的密度试验

1. 目的和适用范围

岩石的密度(颗粒密度)是选择建筑材料、研究岩石风化、评价地基基础工程岩体稳定性及确定围岩压力等必需的计算指标。

本法用洁净水做试液时适用于不含水溶性矿物成分的岩石的密度测定,对含水溶性矿物成分的岩石应使用中性液体(如煤油)做试液。

2. 仪器设备

(1)密度瓶:短颈量瓶,容积 100 mL。

(2)天平:感量 0.001 g。

(3)轧石机、球磨机、瓷研钵、玛瑙研钵、磁铁块和孔径为 0.315 mm(0.3 mm)的筛子。

(4)砂浴、恒温水槽(灵敏度±1 ℃)及真空抽气设备。

(5)烘箱:能使温度控制在 105~110 ℃。

(6)干燥器:内装氯化钙或硅胶等干燥剂。

(7)锥形玻璃漏斗、瓷皿、滴管、中骨匙和温度计等。

3. 试样制备

取代表性岩石试样在小型轧石机上初碎(或手工用钢锤捣碎),再置于球磨机进一步磨碎,然后用研钵研细,使之全部粉碎成能通过 0.315 mm 筛孔的岩粉。

4. 试验步骤

(1)将制备好的岩粉放在瓷皿中,置于温度为 105~110 ℃的烘箱烘至恒量,烘干时间一般为 6~12 h,然后再置于干燥器冷却至室温(20 ℃+2 ℃)备用。

(2)用四分法取两份岩粉,每份试样从中称取 15 g(m_1),精确至 0.001 g(本试验称量精度皆同),用漏斗灌入洗净烘干的密度瓶中,并注入试液至瓶的一半处,摇动密度瓶使岩粉分散。

(3)当使用洁净水作试液时,可采用沸煮法或真空抽气法排除气体;当使用煤油作试液时,应采用真空抽气法排除气体。采用沸煮法排除气体时,沸煮时间自悬液沸腾时算起不得少于 1 h;采用真空抽气法排除气体时,真空压力表读数宜为 100 kPa,抽气时间维持 1~2 h,直至无气泡逸出。

(4)将经过排除气体的密度瓶取出擦干,冷却至室温,再向密度瓶中注入排除气体且同温条件的试液,使接近满瓶,然后置于恒温水槽(20 ℃±2 ℃)内。待密度瓶内温度稳定,上部悬液澄清后,塞好瓶塞,使多余试液溢出。从恒温水槽内取出密度瓶,擦干瓶外水分,立即称其质量(m_3)。

(5)倾出悬液,洗净密度瓶,注入经排除气体并与试验同温度的试液至密度瓶,再置于恒温水槽内。待瓶内试液的温度稳定后,塞好瓶塞,将逸出瓶外试液擦干,立即称其质量(m_2)。

5. 结果整理

(1)按式计算岩石的密度值(精确至 0.01 g/cm^3):

$$\rho_t = \frac{m_1}{(m_1 + m_2 - m_3)} \times \rho_{wt}$$

式中　ρ_t——岩石的密度(g/cm^3);

　　　m_1——岩粉的质量(g);

　　　m_2——瓶与试液的合质量(g);

　　　m_3——瓶、试液与岩粉的总质量(g);

　　　ρ_{wt}——与试验同温度试液的密度(g/cm^3)。

试液的密度:洁净水的密度查表可得;煤油的密度按下式计算:

$$\rho_{wt} = \frac{(m_5 - m_4)}{(m_6 - m_4)} \rho_w$$

式中　m_4——密度瓶的质量(g);

　　　m_5——瓶加煤油的质量(g);

　　　m_6——瓶与水的质量(g);

　　　ρ_w——经排气的洁净水的密度(g/cm^3)。

(2)以两次试验结果的算术平均值作为测定值,如两次试验结果之差大于 0.02 g/cm^3,应重新取样进行试验。

(3)试验记录

密度试验记录应包括岩石名称、试验编号、试样编号、试液温度、试液密度、烘干岩粉试样质量、瓶和试液合质量以及瓶、试液和岩粉试样总质量、密度瓶质量。

岩石的密度试验

岩石品种		试验日期	
试样用途		标准依据	
试液温度/℃		试液密度/(g·cm^{-3})	

试验次数	试样的烘干质量 m_1/g	试样、试液与瓶的总质量 m_3/g	试液与瓶的总质量 m_2/g	岩石的密度 ρ_t/(g·cm^{-3})	
				个别值	平均值
1					
2					

任务 3.2　岩石的毛体积密度试验

任务描述

本任务要求认真阅读《公路工程岩石试验规程》(JTG E41—2005)、《公路工程质量检验评定标准 第一册 土建工程》(JTG F80/1—2017)等相关技术规范，查阅相关资料；学会测定岩石的毛体积密度。

学习目标

1. 掌握岩石的毛体积密度检测目的、检测方法、检测步骤及检测原理；
2. 掌握岩石的毛体积密度检测相关的技术规范；
3. 掌握各种检测仪器的性能及应用方法；
4. 能够完成试验的数据处理；
5. 能用定量的方法科学地评定岩石的质量。

工作准备

1. 阅读工作任务书，熟悉即将要学习的主要内容；
2. 收集并阅读《公路工程岩石试验规程》(JTG E41—2005)、《公路工程质量检验评定标准 第一册 土建工程》(JTG F80/1—2017)等相关技术规范，查阅相关资料。在线了解道路工程建设中对岩石的毛体积密度试验检测的要求。

任务实施

引导问题 1：岩石毛体积密度试验的目的是什么？在使用水中称量法测定岩石毛体积密度过程中，主要的试验仪器有哪些？

_____

_____

引导问题 2：蜡封法岩石毛体积密度计算公式是什么？孔隙率计算公式是什么？

_____

_____

引导问题 3：使用水中称量法，依据岩石性质分别可以选用什么方法排气？适用范围是什么？

_____

_____

引导问题 4：简述用水中称量法测定岩石毛体积密度的试验步骤及注意事项。

_____

_____

_____

引导问题 5：使用水中称量法，岩石三种不同含水状态的毛体积密度计算公式是什么？

_____

_____

_____

任务反馈

教师对学生工作过程与工作结果进行评价，并将评价结果填入表 3-2-1 中。

表 3-2-1　教师综合评价表

班级：		姓名：	学号：	
任务 3.2		岩石的毛体积密度试验		
评价项目		评价标准	分值/分	得分/分
考勤(10%)		无无故缺勤、迟到、早退现象	10	
工作过程 (60%)	检测目的	正确表述道路工程中岩石的毛体积密度检测目的	5	
	仪器使用	能独立、正确使用岩石的毛体积密度检测中的相关仪器	10	
	检测方法及步骤	正确阐述岩石的毛体积密度的检测方法及检测步骤	10	
	试验报告的完成	按要求完成试验报告的填写，正确处理试验数据	10	
	劳动纪律	遵守试验室的管理条例	5	
	工作态度	态度端正、工作认真、主动，按时完成学生工作活页	5	
	团队意识	与小组成员能有效地合作交流、协调工作	5	
	职业素质	把党的二十大思想融入实践，按要求完成学习任务，及时并准确	5	
	创新意识	通过阅读《公路工程岩石试验规程》(JTG E41—2005)、《公路工程质量检验评定标准 第一册 土建工程》(JTG F80/1—2017)等相关技术规范，查阅相关资料，能更好地理解道路工程中岩石的毛体积密度检测内容	5	
项目成果 (30%)	工作完整	按时完成实训任务	5	
	工作规范	操作符合规范要求	10	
	回答问题	依据规范准确回答	10	
	成果展示	用语规范、表达准确	5	
小计			100	
综合评分				

岩石的毛体积密度试验

1. 目的和适用范围

岩石的毛体积密度（块体密度）是间接反映岩石致密程度、孔隙发育程度的参数，也是评价工程岩体稳定性及确定围岩压力等必需的计算指标。根据岩石含水状态，毛体积密度可分为干密度、饱和密度和天然密度。

岩石毛体积密度试验可分为量积法、水中称量法和蜡封法。

量积法适用于能制备成规则试件的各类岩石；水中称量法适用于除遇水崩解、溶解和干缩湿账外的其他各类岩石；蜡封法适用于不能用量积法或直接在水中称量进行试验的岩石。

2. 仪器设备

(1)切石机、钻石机、磨石机等岩石试件加工设备。

(2)天平：感量 0.01 g，称量大于 500 g。

(3)烘箱：能使温度控制在 105~110 ℃。

(4)石蜡及熔蜡设备。

(5)水中称量装置。

(6)游标卡尺。

3. 设件制备

(1)量积法试件制备，试件尺寸应符合本规程中的规定。

(2)水中称最法试件制备，试件尺寸应符合下列规定；试件可采用规则或不规则形快，试件尺寸应大于组成岩石最大颗粒粒径的 10 倍，每个试件质量不宜小于 150 g。

(3)蜡封法试件制备，试件尺寸应符合下列规定，将岩样制成边长约 40~60 mm 的立方体试件，并用砂轮将尖锐棱角打磨光滑；或采用直径为 48~52 mm 圆柱体试件。测定天然密度的试件，应在岩样拆封后，在设法保持天然湿度的条件下，迅速制样、称量和密封。

(4)试件数量，同一含水状态，每组不得少于 3 个。

4. 量积法试验步骤

(1)量测试件的直径或边长：用游标卡尺量测试件两端和中间 3 个断面上互相垂直的两个方向的直径或边长，按截面面积计算平均值。

(2)量测试件的高度：用游标卡尺量测试件断面周边对称的 4 个点(圆柱体试件为互相垂直的直径与圆周交点处；立方体试件为边长的中点)和中心点的 5 个高度，计算平均值。

(3)测定天然密度：应在岩样开封后，在保持天然湿度的条件下，立即加工试件和称量。测定后的试件，可作为天然状态的单轴抗压强度试验用的试件。

(4)测定饱和密度：试件的饱和过程和称量，应符合 T0205 相关条款的规定。测定后的试件，可作为饱和状态单轴抗压强度试验用的试件。

(5)测定干密度：将试件放入烘箱内，控制在 105~110 ℃温度下烘 12~24h，取出后放入干燥器内冷却至室温，称干试件质量。测定后的试件，可作为干燥状态单轴抗压强度试验用的试件。

(6)本试验称量精确至 0.01 g；量测精确 0.01 mm。

5. 水中称量法试验步骤

(1)测天然密度时，应取有代表性的岩石制备试件并称量；测干密度时，将试件放入烘箱，在 105～110 ℃下烘至恒量，烘干时间一般为 12～24 h，取出试件置于干燥器内冷却至室温后，称干试件质量。

(2)将干试件浸入水中进行饱和，饱和方法可依岩石性质选用煮沸法或真空抽气法。试件的饱和过程和称量，应符合 T0205 相关条款的规定。

(3)取出饱和浸水试件，用湿纱布擦去试件表面水会，立即称其质量。

(4)将试样放在水中称量装置的丝网上，称取试样在水中的质量(丝网在水中质量可事先用砝码平衡)。在称量过程中，称量装置的液面应始终保持同一高度，并记录水温。

(5)本试验称量精确至 0.01 g。

6. 蜡封法试验步骤

(1)测天然密度时，应取有代表性的岩石制备试件并称量；测干密度时，将试件放入烘箱，在 105～110 ℃下烘至恒量，烘干时间一般为 12～24h，取出试件置于干燥器内冷却至室温。

(2)从干燥器内取出试件，放在天平上称量，精确至 0.01 g(本试验称量精度皆同此)。

(3)把石蜡装在干净铁盆中加热熔化，至稍高于熔点(一般石蜡熔点在 55～58 ℃)。岩石试件可通过滚涂或刷涂的方法使其表面涂上一层厚度 1 mm 左右的石蜡层，冷却后准确称出蜡封试件的质量。

(4)将涂有石蜡的试件置于天平上，称出其在洁净水中的质量。

(5)擦干试件表面的水分，在空气中重新称取蜡封试件的质量，检查此时蜡封试件的质量是否大于浸水前的质量。如超过 0.05 g，说明试件蜡封不好，洁净水已浸入试件，应取试件重新测定。

7. 结果整理

(1)量积法岩石毛体积密度计算：

$$\rho_0 = m_0/V$$
$$\rho_s = m_s/V$$
$$\rho_d = m_d/V$$

式中　ρ_0——天然密度(g/cm³)；

ρ_s——饱和密度(g/cm³)；

ρ_d——干密度(g/cm³)；

m_0——试件烘干前的质量(g)；

m_s——试件强制饱和后的质量(g)；

m_d——试件烘干后的质量(g)；

V——岩石的体积(cm³)。

(2)水中称量法岩石毛体积密度计算：

$$\rho_0 = m_0/(m_s - m_w) \times \rho_w$$

$$\rho_s = m_s/(m_s - m_w) \times \rho_w$$

$$\rho_d = m_d/(m_s - m_w) \times \rho_w$$

式中　m_w——试件强制饱和后的水中质量(g)；

　　　ρ_w——洁净水的密度(g/cm^3)。

(3)蜡封法岩石毛体积密度计算：

$$\rho_0 = m_0/[(m_1 - m_2)/\rho_w - (m_1 - m_d)/\rho_N]$$

$$\rho_s = m_d/[(m_1 - m_2)/\rho_w - (m_1 - m_d)/\rho_N]$$

式中　m_1——蜡封试件质量(g)；

　　　m_2——蜡封试件在洁净水中的质量(g)；

　　　ρ_N——石蜡的密度(g/cm^3)。

(4)毛体积密度试验结果精确至 0.01 g/cm^3，3 个试件平行试验。组织均匀的岩石，毛体积密度应为 3 个试件测得结果之平均值；组织不均匀的岩石，毛体积密度应列出每个试件的试验结果。

(5)孔隙率计算，试验结果精确至 0.1%。

$$n = (1 - \rho_d/\rho_t) \times 100$$

式中　n——岩石总孔隙率(%)；

　　　ρ_t——岩石的密度(g/cm^3)。

(6)试验记录。毛体积密度试验记录应包括岩石名称、试验编号、试件编号、试件描述、试验方法、试件在各种含水状态下的质量、试件水中称量、试件尺寸、洁净水的密度和石蜡的密度等。

岩石毛体积密度试验(水中称量法)

岩石品种			试验日期		
试样用途			水的密度 /($g \cdot cm^{-3}$)		
试件编号	干燥试件的质量 md/g	吸水饱和试件的质量 m_s/g	吸水饱和试件在水中的质量 m_w/g	石料体积 $V = (m_s - m_w)/\rho_w$ /($g \cdot cm^{-3}$)	毛体积密度/($g \cdot cm^{-3}$)	
					个别值	平均值
1						
2						
3						

任务 3.3 砂浆配合比设计

任务描述

本任务要求认真阅读《建筑砂浆基本性能试验方法标准》(JGJ/T 70—2009)、《公路工程质量检验评定标准 第一册 土建工程》(JTG F80/1—2017)等相关技术规范，查阅相关资料；学会砂浆的配合比设计。

学习目标

1. 掌握砂浆的配合比设计方法和步骤；
2. 能用定量的方法科学地评定砂浆的质量。

工作准备

1. 阅读工作任务书，熟悉即将要学习的主要内容；
2. 收集并阅读《建筑砂浆基本性能试验方法标准》(JGJ/T 70—2009)、《公路工程质量检验评定标准 第一册 土建工程》(JTG F80/1—2017)等相关技术规范，查阅相关资料。在线了解道路工程建设中对砂浆的要求。

任务实施

引导问题1：砂浆按其用途可分为哪几种？

_____

_____

_____

引导问题2：砂浆配合比设计的步骤有哪些？

_____

_____

_____

引导问题3：砂浆配合比设计的目的是什么？

_____

_____

_____

引导问题 4：简述新拌砂浆的和易性概念。其包括哪几方面？

_____

_____

_____

⚙ 任务反馈

教师对学生工作过程与工作结果进行评价，并将评价结果填入表 3-3-1 中。

表 3-3-1　教师综合评价表

班级：		姓名：	学号：	
任务 3.3		砂浆配合比设计		
评价项目	评价标准		分值/分	得分/分
考勤(10%)		无无故缺勤、迟到、早退现象	10	
工作过程（60%）	检测目的	正确表述道路工程中砂浆配合比设计的目的	5	
	仪器使用	能独立、正确完成砂浆配合比设计	10	
	检测方法及步骤	正确阐述砂浆配合比设计的步骤	10	
	试验报告的完成	按要求完成试验报告的填写，正确处理试验数据	10	
	劳动纪律	遵守试验室的管理条例	5	
	工作态度	态度端正、工作认真、主动，按时完成学生工作活页	5	
	团队意识	与小组成员能有效地合作交流、协调工作	5	
	职业素质	把党的二十大思想融入实践，按要求完成学习任务，及时并准确	5	
	创新意识	通过阅读《建筑砂浆基本性能试验方法标准》(JGJ/T 70—2009)、《公路工程质量检验评定标准 第一册 土建工程》(JTG F80/1—2017)等相关技术规范，查阅相关资料，能更好地理解道路工程中砂浆配合比设计的内容	5	
项目成果（30%）	工作完整	按时完成实训任务	5	
	工作规范	操作符合规范要求	10	
	回答问题	依据规范准确回答	10	
	成果展示	用语规范、表达准确	5	
小计			100	
综合评分				

1. 材料成因及组成

砂浆是由胶结料、细集料、掺合料和水配制而成的建筑工程材料，在工程中起粘结、衬垫和传递应力的作用。常用的胶结料为水泥、石灰等，细集料则多采用天然砂。

因此按其用途可分为砌筑砂浆和抹面砂浆。

1.1 砌筑砂浆

砌筑砂浆是将砖、石或砌块等粘结成为整体的砂浆，可分为水泥砂浆和水泥混合砂浆。水泥砂浆是由水泥、细集料和水配制而成的砂浆；水泥混合砂浆是由水泥、细集料、掺合料和水配制而成的砂浆。

1.2 抹面砂浆

涂抹于建筑物或建筑构件表面的砂浆称为抹面砂浆。

由于抹面砂浆常用于桥涵砌体和地下物的表面，一般对抹面砂浆的强度要求不高，但要求其保水性好，与基底的黏附性好。

按使用要求不同，抹面砂浆又分为普通抹面砂浆和防水抹面砂浆等。

普通抹面砂浆可对砌体起保护作用，通常分两层或三层施工，要求砂浆具有较高的流动性和保水性。其组成可参考有关施工手册。

2. 材料的技术性质

新拌砂浆应保证有较好的和易性，硬化后有足够的强度。

2.1 新拌砂浆的和易性

砂浆的组成中没有粗集料，因此和易性包括流动性及保水性两方面要求。

(1)流动性。是指新拌砂浆在自重或外力作用下，易于产生流动的性质。砂浆的流动性是用稠度表示的。

稠度是将新拌砂浆均匀装入砂浆筒，置于砂浆稠度仪台座上，标准圆锥体锥尖由试样表面下沉，经10 s的沉入深度(以cm计)即为稠度。其稠度应按表3-3-2的规定选用。

表3-3-2 砌筑砂浆的施工稠度(JGJ/T 98—2010)

砌体种类	砂浆稠度/mm
烧结普通砖砌体、粉煤灰砖砌体	70～90
混凝土砖砌体、普通混凝土小型空心砌块砌体、灰砂砖砌体	60～90
烧结多孔砖砌体、烧结空心砖砌体、轻集料、混凝土小型空心砌块砌体、蒸压加气混凝土砌块砌体	60～80
石砌体	30～50

砂浆的流动性主要取决于用水量以及胶结材料的种类和用量，细集料的种类、颗粒形状及粗糙程度和级配等。

(2)保水性。保水性指新拌砂浆在运输和施工过程中保持水分不流失和各组分不分离的能力。保水性差的砂浆不仅易出现泌水、流浆现象，而且会影响砂浆和砌筑材料的黏结和砂浆的硬化，降低砌体的强度。

砂浆的保水性用分层度表示。通常将新拌的砂浆装入内径 15 cm，高 30 cm 的圆桶，静止 30 min 后分别对上部和底部各 1/3 高度的砂浆测定其稠度，两部分砂浆稠度的差值即为分层度。砌筑砂浆的分层度不得大于 30 mm。

影响保水性的主要因素是胶结材料的种类、用量和用水量，以及砂的品种、细度和用量等。掺有石灰膏和黏土浆的混合砂浆具有较好的保水性。

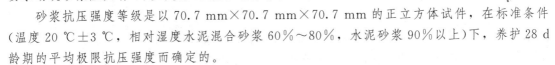

微课：砂浆的
保水性试验

2.2 硬化后砂浆的强度

砂浆硬化后应具有足够的强度。砂浆在砌体中，主要是传递压力，所以要求砌筑砂浆应具有一定的抗压强度。砂浆抗压强度是确定其强度等级的重要依据。

砂浆抗压强度等级是以 70.7 mm×70.7 mm×70.7 mm 的正立方体试件，在标准条件（温度 20 ℃±3 ℃，相对湿度水泥混合砂浆 60%～80%，水泥砂浆 90% 以上）下，养护 28 d 龄期的平均极限抗压强度而确定的。

《砌筑砂浆配合比设计规程》(JGJ/T 98—2010)规定，水泥砂浆及预拌砌筑砂浆的强度等级可分为 M30、M25、M20、M15、M10、M7.5、M5。

2.3 粘结力

砂浆应具有较强的粘结力，以便将砌体材料牢固粘结成为一个整体。砂浆的粘结力与其强度密切相关，通常砂浆强度越高则粘结力越大。此外，砖石表面状态、清洁程度、湿润情况及施工养护条件也对粘结力有一定的影响。

2.4 耐久性

砌筑砂浆经常受环境水的作用，故除强度外，还应考虑抗渗、抗冻、抗侵蚀等性能。提高砂浆的耐久性，主要是为了提高其密实度。

3. 材料的技术要求

砂浆的组成材料除了不含粗集料外，基本上与混凝土的组成材料要求相同，但也有其差异之处。

3.1 水泥

砌筑砂浆用水泥的强度等级应根据砂浆要求进行选择。M15 及以下强度等级的砂浆宜选用 32.5 级通用硅酸盐水泥或砌筑水泥；M15 以上强度的砌筑砂浆宜选用 42.5 级通用硅酸盐水泥。

3.2 掺合料

为提高砂浆的和易性，除水泥外，还掺加各种掺合料(如石灰膏、黏土和粉煤灰等)作为结合料。粉煤灰的品质指标和磨细生石灰的品质指标应符合国标《用于水泥和混凝土中的粉煤灰》(GB/T 1596—2017)及《建筑生石灰》(JC/T 479—2013)的要求。

3.3 砂

砌筑砂浆用砂宜选用中砂，并应符合《普通混凝土用砂、石质量及检验方法标准》(JGT 52—2006)的规定，且应全部通过 4.75 mm 的筛孔。

3.4 水

拌制砂浆用水应符合《混凝土用水标准》(JGJ 63—2006)的规定。

4. 材料的组成设计

4.1 水泥混合砂浆配合比计算

(1)计算设计试配强度 $f_{m,0}$。

$$f_{m,0} = kf_2 \tag{3-3-1}$$

式中 $f_{m,0}$——砂浆的试配强度，精确至 $0.1\mathrm{MPa}$；

f_2——砂浆抗压强度平均值，精确至 $0.1\mathrm{MPa}$；

k——系数，按表取值。

现场确定砌筑砂浆标准差的方法如下：

①当有统计资料时，按式(3-3-2)计算：

$$\sigma = \sqrt{\frac{\sum_{i=1}^{n} f_{m,i}^2 - n u_{fm}^2}{n-1}} \tag{3-3-2}$$

式中 $f_{m,i}$——统计周期内同一品种砂浆第 i 组试件的强度(MPa)；

μ_{fm}——统计周期内同一品种砂浆 n 组试件的强度平均值(MPa)；

n——统计周期内同一品种砂浆试件的总组数，$n \geqslant 25$。

②当不具有近期统计资料时，试件现场强度标准差 σ 可按表 3-3-3 取用。

表 3-3-3 试件现场强度标准差 σ 选用值

强度等度 施工水平	不同强度等级的砂浆强度标准差 σ/MPa							k
	M5	M7.5	M10	M15	M20	M25	M30	
优良	1.00	1.50	2.00	3.00	4.00	5.00	6.00	1.15
一般	1.25	1.88	2.50	3.75	5.00	6.25	7.50	1.20
较差	1.50	2.25	3.00	4.50	6.00	7.50	9.00	1.25

4.2 水泥砂浆配合比选用

每立方米水泥砂浆材料用量可按表 3-3-4 选用。

表 3-3-4 每立方米水泥砂浆材料用量

强度等级	水泥用量/kg	砂子用量/kg	用水量/kg
M5	200～230		
M7.5	230～260		
M10	260～290		
M15	290～330	砂子的堆积密度值	270～330
M20	340～400		
M25	360～410		
M30	430～480		

注：①M15 及 M15 以下强度等级水泥砂浆，水泥强度等级为 32.5 级；M15 以上强度等级水泥砂浆，水泥强度等级为 42.5 级；

②当采用细砂或粗砂时，用水量分别取上限或下限；

③当稠度小于 70 mm 时，用水量可小于下限；

④施工现场气候炎热或干燥季节，可酌量增加用水量；

⑤试配强度应按式(3-34)计算

4.3 配合比试配、调整与确定

(1)试配时应采用工程中实际使用的材料，按要求拌和。按计算或查表所得配合比进行试拌时，应测定其拌合物的稠度和分层度，当不能满足要求时，应调整材料用量，直到符合要求，然后确定为试配时的实际基准配合比。

(2)试配时至少应采用 3 个不同的配合比，其中一个为基准配合比，其他配合比的水泥用量应按基准配合比分别增加或减少 10%。在保证稠度、分层度合格的条件下，可将用水量或掺合料用量做相应调整。

(3)对 3 个不同的配合比进行调整后，按《建筑砂浆基本性能试验方法标准》(JGJ/T 70—2009)的规定成型试件，测定砂浆强度，并选定符合试配强度要求的且水泥用量最低的配合比作为砂浆配合比。

任务 3.4 砂浆的稠度试验

任务描述

本任务要求认真阅读《建筑砂浆基本性能试验方法标准》(JGJ/T 70—2009)、《公路工程质量检验评定标准 第一册 土建工程》(JTG F80/1—2017)等相关技术规范，查阅相关资料；学会测定砂浆的稠度。

学习目标

1. 掌握砂浆的稠度检测目的、检测方法、检测步骤及检测原理；
2. 掌握砂浆的稠度检测相关的技术规范；
3. 掌握各种检测仪器的性能及应用方法；
4. 能够完成试验的数据处理；
5. 能用定量的方法科学地评定砂浆的质量。

工作准备

1. 阅读工作任务书，熟悉即将要学习的主要内容；

2. 收集并阅读《建筑砂浆基本性能试验方法标准》(JGJ/T 70—2009)、《公路工程质量检验评定标准 第一册 土建工程》(JTG F80/1—2017)等相关技术规范，查阅相关资料。在线了解道路工程建设中对砂浆的稠度试验检测的要求。

引导问题 1：砂浆的稠度试验的目的是什么？主要的试验仪器有哪些？

_____

_____

_____

引导问题 2：砂浆的稠度仪包括哪几部分？

_____

_____

_____

引导问题 3：砂浆的稠度试验步骤有哪些？

_____

_____

_____

_____

引导问题 4：砂浆的稠度计算公式是什么？

_____

_____

_____

_____

引导问题 5：砂浆的稠度的试验中应注意哪些事项？

_____

_____

_____

_____

任务反馈

教师对学生工作过程与工作结果进行评价，并将评价结果填入表 3-4-1 中。

表 3-4-1　教师综合评价表

班级：	姓名：	学号：		
任务 3.4	砂浆的稠度试验			
评价项目		评价标准	分值/分	得分/分
考勤（10%）		无无故缺勤、迟到、早退现象	10	
工作过程（60%）	检测目的	正确表述道路工程中砂浆的稠度检测目的	5	
	仪器使用	能独立、正确使用砂浆的稠度检测中的相关仪器	10	
	检测方法及步骤	正确阐述砂浆的稠度的检测方法及检测步骤	10	
	试验报告的完成	按要求完成试验报告的填写，正确处理试验数据	10	
	劳动纪律	遵守试验室的管理条例	5	
	工作态度	态度端正、工作认真、主动，按时完成学生工作活页	5	
	团队意识	与小组成员能有效地合作交流、协调工作	5	
	职业素质	把党的二十大思想融入实践，按要求完成学习任务，及时并准确	5	
	创新意识	通过阅读《建筑砂浆基本性能试验方法标准》(JGJ/T 70—2009)、《公路工程质量检验评定标准 第一册 土建工程》(JTG F80/1—2017)等相关技术规范，查阅相关资料，能更好地理解道路工程中砂浆的稠度检测内容	5	
项目成果（30%）	工作完整	按时完成实训任务	5	
	工作规范	操作符合规范要求	10	
	回答问题	依据规范准确回答	10	
	成果展示	用语规范、表达准确	5	
小计			100	
综合评分				

T0587—2020 水泥砂浆拌和及稠度试验方法

1. 目的、适用范围和引用标准

本方法规定了水泥砂浆拌和及稠度的试验方法。

本方法适用于水泥砂浆及指定采用本方法的其他材料，稠度试验适用于稠度小于 120 mm 的砂浆。

引用标准：

《公路工程集料试验规程》(JTG E42—2005)；

《试验用砂浆搅拌机》(JG/T 3033—1996)。

2. 仪具与材料

(1)砂浆搅拌机：应符合《试验用砂浆搅拌机》(JG/T 3033—1996)的规定。

(2)砂浆稠度仪：由试锥、圆锥筒和支座 3 部分组成，如图 T0587-1 所示。试锥高度为 145 mm、锥底直径为 75 mm，试锥连同滑杆的质量应为 300 g±2 g；圆锥筒为钢板制成的密闭圆锥，筒高为 180 mm，锥筒上口内径为 150 mm，体积约为 1 060 mL；支座分底座、支架及刻度盘 3 个部分，由铸铁、钢及其他金属制成。

(3)钢制捣棒：直径为 10 mm、长为 350 mm，端部为半球形。

(4)秒表等辅助工具。

3. 试验准备

(1)试验室内温度应控制在 20 ℃±5 ℃，相对湿度不小于 50%。砂浆拌合用原材料应放置试验室内至少 24 h。

(2)砂应过 9.5 mm 的方孔筛，4.75 mm 筛上分计筛余不超过 10%，且砂料应翻拌均匀；水泥及掺合料不允许有结块，使用前应用 0.9 mm 过筛。

(3)砂料应为干燥状态，含水率不超过 0.2%，含水率按《公路工程集料试验规程》(JTG E42—2005)的规定进行测定。

(4)材料用量以质量计。称量精度：水泥及掺合料、水和外加剂为 ±0.5%；砂为 ±1%。

4. 砂浆拌和

将砂浆搅拌锅清洗干净，并保持锅内润湿；按照配合比，先拌制不少于 30% 容量同配比砂浆，使搅拌机内壁挂浆，将剩余料卸出。

将称好的砂料、水、水泥及外掺料等依次倒入机内，立即开动搅拌机，搅拌时间不应少于 120 s。掺有掺合料和外加剂的砂浆，其搅拌时间不应少于 180 s。一次拌合量不宜少于搅拌机容量的 30%，不宜大于搅拌机容量的 70%。

5. 试验步骤

(1)应按本试验方法 4 制备砂浆。

(2)将圆锥筒和试锥表面用湿布擦干净，并用少量润滑油轻擦滑杆，然后将滑杆上多余的油用吸油纸擦净，使滑杆能自由滑动。

(3)将砂浆拌合物一次装入圆锥筒，使砂浆表面低于圆锥筒口 10 mm 左右，用捣棒自圆锥筒中心向边缘插捣 25 次，然后用木锤在圆锥筒周围距离大致相等的 4 个不同部位轻轻敲击 5～6 次，使砂浆表面平整，随后将圆锥筒置于砂浆稠度仪的底座上。

（4）调节试锥滑杆的固定螺钉，缓慢向下移动滑杆，当试锥尖端与砂浆表面刚接触时，拧紧固定螺钉，使齿条测杆下端刚接触滑杆上端，读出刻度盘上的读数 H_0（精确至 1 mm）。

（5）拧开固定螺钉，同时计时，10 s 后立即拧紧固定螺钉，将齿条测杆下端接触滑杆上端，从刻度盘上读数 H_1、H_0 和 H_1 的差值，即为砂浆的稠度值，精确至 1 mm。

（6）圆锥筒内的砂浆只允许测定一次稠度，重复测定时，应重新取样。

6. 结果处理

以两次平行试验测值的算术平均值作为试验结果，精确至 1 mm；如两次测值之差大于 10 mm，则重新进行试验。

砂浆的稠度试验相关图片

微课：砂浆的稠度试验

任务 3.5　砂浆的保水率试验

任务描述

本任务要求认真阅读《建筑砂浆基本性能试验方法标准》（JGJ/T 70—2009）、《公路工程质量检验评定标准 第一册 土建工程》（JTG F80/1—2017）等相关技术规范，查阅相关资料；学会测定砂浆的保水率。

学习目标

1. 掌握砂浆保水率试验的检测目的、检测方法、检测步骤及检测原理；
2. 掌握砂浆保水率试验检测相关的技术规范；
3. 掌握各种检测仪器的性能及应用方法；
4. 能够完成试验的数据处理；
5. 能用定量的方法科学地评定砂浆的质量。

工作准备

1. 阅读工作任务书，熟悉即将要学习的主要内容；
2. 收集并阅读《建筑砂浆基本性能试验方法标准》（JGJ/T 70—2009）、《公路工程质量检验评定标准 第一册 土建工程》（JTG F80/1—2017）等相关技术规范，查阅相关资料。在线了解道路工程建设中对砂浆保水率试验试验检测的要求。

引导问题 1：砂浆保水率试验的目的是什么？主要的试验仪器有哪些？

_____

_____

_____

_____

_____

引导问题 2：砂浆保水率试验计算公式是什么？

_____

_____

_____

_____

_____

引导问题 3：砂浆保水率试验的步骤有哪些？

_____

_____

_____

_____

_____

引导问题 4：砂浆保水率试验中应注意哪些事项？

_____

_____

_____

_____

_____

⚙ 任务反馈

教师对学生工作过程与工作结果进行评价，并将评价结果填入表 3-5-1 中。

表 3-5-1　教师综合评价表

班级：		姓名：	学号：	
任务 3.5		砂浆保水率试验		
评价项目		评价标准	分值/分	得分/分
考勤(10%)		无无故缺勤、迟到、早退现象	10	
工作过程（60%）	检测目的	正确表述道路工程中砂浆保水率试验检测目的	5	
	仪器使用	能独立、正确使用砂浆保水率试验检测中的相关仪器	10	
	检测方法及步骤	正确阐述砂浆保水率试验的检测方法及检测步骤	10	
	试验报告的完成	按要求完成试验报告的填写，正确处理试验数据	10	
	劳动纪律	遵守试验室的管理条例	5	
	工作态度	态度端正、工作认真、主动，按时完成学生工作活页	5	
	团队意识	与小组成员能有效地合作交流、协调工作	5	
	职业素质	把党的二十大思想融入实践，按要求完成学习任务，及时并准确	5	
	创新意识	通过阅读《建筑砂浆基本性能试验方法标准》(JGJ/T 70—2009)、《公路工程质量检验评定标准 第一册 土建工程》(JTG F80/1—2017)等相关技术规范，查阅相关资料，能更好地理解道路工程中砂浆保水率试验检测内容	5	
项目成果（30%）	工作完整	按时完成实训任务	5	
	工作规范	操作符合规范要求	10	
	回答问题	依据规范准确回答	10	
	成果展示	用语规范、表达准确	5	
小计			100	
综合评分				

T0591—2020 水泥砂浆保水性试验方法

1. 目的、适用范围和引用标准

本方法规定了水泥砂浆保水性的试验方法。

本方法适用于测定水泥砂浆及指定采用本方法测定的其他材料。

引用标准：

《化学分析滤纸》(GB/T 1914—2017)；

《水泥砂浆拌和及稠度试验方法》(T0587—2020)。

2. 仪具与材料

(1)金属或硬塑料圆环试模：内径 100 mm、内部高度 25 mm。

(2)可密封的取样容器：应清洁、干燥。

(3)2 kg 的重物。

(4)金属滤网：网格尺寸 45 μm，圆形，直径为 100 mm±1 mm。

(5)医用棉纱：尺寸为 110 mm×110 mm，宜选用纱线稀疏、厚度较薄的棉纱。

(6)超白滤纸：应符合《化学分析滤纸》(GB/T 1914—2017)中速定性滤纸的要求，直径 110 mm，密度 200 g/m²。

(7)两片金属或玻璃的方形或圆形不透水片，边长或直径应大于 110 mm。

(8)天平：量程为 200 g，感量为 0.1 g；量程为 2 000 g，感量为 1 g。

(9)烘箱。

3. 试验步骤

3.1 砂浆含水率试验步骤

称取 100 g±10 g 砂浆拌合物试样，记为 m_1，置于一干燥并已称重的盘中，在 105 ℃±5 ℃的烘箱中烘干至恒重，称取质量为 m_2。

3.2 砂浆保水率试验步骤

(1)称量底部不透水片与干燥试模质量 m_3 和 15 片中速定性滤纸质量 m_4。

(2)将砂浆拌合物一次性装入试模，并用抹刀插捣数次，当填充砂浆略高于试模边缘时，用抹刀以 45°一次性将试模表面多余的砂浆刮去，然后用抹刀以较平的角度在试模表面反方向将砂浆刮平。

(3)抹掉试模边的砂浆，称量试模、底部不透水片与砂浆总质量 m_5。

(4)用两片医用棉纱覆盖在砂浆表面，再在棉纱表面放上 15 片滤纸，用底部不透水片盖在滤纸表面，以 2 kg 的重物压住不透水片。

(5)静置 2 min 后移走重物及不透水片，取出滤纸(不包括棉纱)迅速称量滤纸，称取质量为 m_6。

结果按式(T0591-1)计算：

$$W = \left[1 - \frac{(m_6 - m_4)}{\alpha \times (m_5 - m_3)} \right] \times 100 \qquad (T0591\text{-}1)$$

式中 W——保水率(%);

　　m_3——底部不透水片与干燥试模质量(g);

　　m_4——15 片滤纸吸水前的质量(g);

　　m_5——试模、底部不透水片与砂浆的总质量(g);

　　m_6——15 片滤纸吸水后的质量(g);

　　α——砂浆含水率(%)。

计算结果精确至 0.1%。

砂浆含水率,按式(T0591-2)计算:

$$\alpha = [(m_1 - m_2)/m_1] \times 100\% \tag{T0591-2}$$

式中 α——砂浆含水率(%);

　　m_1——砂浆拌合物试样的总质量(g);

　　m_2——烘干砂浆拌合物试样的总质量(g)。

计算结果精确至 0.1%。

以两次平行试验结果的算术平均值作为试验结果,若两次试验结果中有一个超出平均值的 5%,则重新进行试验。

任务 3.6　砂浆的抗压强度试验

任务描述

本任务要求认真阅读《建筑砂浆基本性能试验方法标准》(JGJ/T 70—2009)、《公路工程质量检验评定标准 第一册 土建工程》(JTG F80/1—2017)等相关技术规范,查阅相关资料;学会测定砂浆的抗压强度。

学习目标

1. 掌握砂浆的抗压强度检测目的、检测方法、检测步骤及检测原理;
2. 掌握砂浆的抗压强度检测相关的技术规范;
3. 掌握各种检测仪器的性能及应用方法;
4. 能够完成试验的数据处理;
5. 能用定量的方法科学地评定砂浆的质量。

工作准备

1. 阅读工作任务书,熟悉即将要学习的主要内容;
2. 收集并阅读《建筑砂浆基本性能试验方法标准》(JGJ/T 70—2009)、《公路工程质量检验评定标准 第一册 土建工程》(JTG F80/1—2017)等相关技术规范,查阅相关资料。在线了解道路工程建设中对砂浆的抗压强度试验检测的要求。

引导问题 1：砂浆的抗压强度试验的目的是什么？主要的试验仪器有哪些？

_____

_____

_____

引导问题 2：砂浆的抗压强度试件养护条件如何？

_____

_____

_____

引导问题 3：砂浆的抗压强度的试验中应注意哪些事项？

_____

_____

_____

_____

引导问题 4：砂浆的抗压强度计算公式是什么？

_____

_____

_____

_____

引导问题 5：砂浆的抗压强度的试验步骤中关键词有哪些？

_____

_____

_____

_____

任务反馈

教师对学生工作过程与工作结果进行评价，并将评价结果填入表3-6-1中。

表 3-6-1　教师综合评价表

班级：		姓名：	学号：	
任务 3.6		砂浆的抗压强度试验		
评价项目		评价标准	分值/分	得分/分
考勤(10%)		无无故缺勤、迟到、早退现象	10	
工作过程（60%）	检测目的	正确表述道路工程中砂浆的抗压强度检测目的	5	
	仪器使用	能独立、正确使用砂浆的抗压强度检测中的相关仪器	10	
	检测方法及步骤	正确阐述砂浆的抗压强度的检测方法及检测步骤	10	
	试验报告的完成	按要求完成试验报告的填写，正确处理试验数据	10	
	劳动纪律	遵守试验室的管理条例	5	
	工作态度	态度端正、工作认真、主动，按时完成学生工作活页	5	
	团队意识	与小组成员能有效地合作交流、协调工作	5	
	职业素质	把党的二十大思想融入实践，按要求完成学习任务，及时并准确	5	
	创新意识	通过阅读《建筑砂浆基本性能试验方法标准》(JGJ/T 70—2009)、《公路工程质量检验评定标准 第一册 土建工程》(JTG F80/1—2017)等相关技术规范，查阅相关资料，能更好地理解道路工程中砂浆的抗压强度检测内容	5	
项目成果（30%）	工作完整	按时完成实训任务	5	
	工作规范	操作符合规范要求	10	
	回答问题	依据规范准确回答	10	
	成果展示	用语规范、表达准确	5	
小计			100	
综合评分				

T0570—2005 水泥砂浆立方体抗压强度试验方法

1. 目的和适用范围、引用标准

本方法规定了测定水泥砂浆抗压强度的试验方法。

本方法适用于各类水泥砂浆的 70.7 mm×70.7 mm×70.7 mm 立方体试件。

引用标准：

《液压式万能试验机》(GB/T 3159—2008)

《混凝土试模》(JG/T 237)；

《水泥混凝土立方体劈裂抗拉强度试验方法》(T0560—2005)。

2. 仪具与材料

(1)试模：70.7 mm×70.7 mm×70.7 mm 立方体(有底试模)，具有足够的刚度并拆装方便；试模的内表面应机械加工，其不平度为每 100 mm 不超过 0.05 mm，组装后各相邻面的不垂直度不超过±0.5°。

(2)钢制捣棒：直径为 10 mm、长为 350 mm，端部为半球形。

(3)压力试验机：应符合《液压式万能试验机》(GB/T 3159—2008)的规定。

(4)垫板：试验机上、下压板及试件之间可垫以钢垫板，垫板的尺寸应大于试件的承压面，其不平度为每 100 mm 不超过 0.02 mm。

(5)钢尺：量程为 500 mm，分度值为 1 mm。

3. 试件制备及养护

(1)制作砌筑砂浆试件时，试模内壁事先涂刷薄层机油或脱模剂。

(2)向试模内一次注满砂浆，用捣棒均匀由外向里按螺旋方向插捣 25 次，为了防止低稠度砂浆插捣后可能留下孔洞，允许用油灰刀沿模壁插数次，使砂浆高出试模顶面 6～8 mm。

(3)当砂浆表面开始出现麻斑状态时(15～30 min)，将高出部分的砂浆沿试模顶面 削去抹平。

(4)试件制作后应在温度为 20 ℃±5 ℃、湿度大于 50% 的环境下，停置一昼夜(24 h±2 h)；当气温较低时，可适当延长时间，但不应超过两昼夜。应对试件进行编号后拆模。试件拆模后，应在标准养护条件下继续养护至 28 d，然后进行试压。

(5)标准养护的条件：

①水泥混合砂浆：标准养护的条件为温度 20 ℃±2 ℃、相对湿度 60%～80%。

②水泥砂浆和微沫砂浆：标准养护的条件为温度 20 ℃±2 ℃、相对湿度 90% 以上。

③养护期间，试件彼此间隔 10 mm 以上。

4. 试验步骤

(1)试件从养护地点取出后，应尽快进行试验，以免试件内部的温度、湿度发生显著变化。先将试件擦拭干净，检查其外观，并测量尺寸，精确至 1 mm。如果实测尺寸与公称尺寸之差不超过 1 mm，按公称尺寸进行计算。

(2)将试件安放在试验机的下压板正中间，试件的承压面应与成型时的顶面垂直，试件中心应与试验机下压板(或下垫板)中心对准。

(3)开动试验机,当上压板与试件(或下垫板)接近时,如有明显偏斜,应调整球座,使接触面均匀受压。

(4)承压试验应连续而均匀加荷,加荷速度为 0.3~0.5 MPa/s(砂浆强度不大于 5 MPa 时,取下限为宜),当试件接近破坏而开始迅速变形时,停止调整试验机油门,直至试件破坏,然后记录破坏荷载。

5. 结果计算

(1)砂浆立方体抗压强度,按式(T0570-1)计算:

$$f_{m,cu} = \frac{F_u}{A} \tag{T0570-1}$$

式中 $f_{m,cu}$——砂浆立方体抗压强度(MPa);

F_u——破坏荷载(N);

A——试件承压面积(mm^2)。

计算结果精确至 0.1 MPa。

(2)以 3 个试件的算术平均值作为该组试件的抗压强度,结果精确至 0.1 MPa。当 3 个试件的最大值或最小值与中间值的差超过中间值的 15% 时,以中间值为该组试件的抗压强度;当两个测试值与中间值的差值均超过中间值的 15% 时,该组试验结果无效。

微课:砂浆的
抗压强度试验

砂浆抗压强度试验记录表

水泥品种强度等级				试验日期		
砂浆配合比	水泥/(kg·m^{-3})			砂/(kg·m^{-3})	水/(kg·m^{-3})	外掺料/(kg·m^{-3})
试件龄期/d	试件编号	破坏荷载/N	受压面积/mm^2	抗压强度/MPa	平均值/MPa	

参考文献

[1]中华人民共和国交通运输部.JTG 3430—2020公路土工试验规程[S].北京：人民交通出版社，2020.

[2]中华人民共和国交通运输部.JTG B01—2014公路工程技术标准[S].北京：人民交通出版社，2014.

[3]中华人民共和国交通运输部.JTG F80/1—2017公路工程质量检验评定标准 第一册 土建工程[S].北京：人民交通出版社，2017.

[4]中华人民共和国交通运输部.JTG E42—2005公路工程集料试验规程[S].北京：人民交通出版社，2005.

[5]中华人民共和国交通运输部.JTG E20—2011公路工程沥青及沥青混合料试验规程[S].北京：人民交通出版社，2011.

[6]中华人民共和国运输部.JTG F40—2004公路沥青路面施工技术规范[S].北京：人民交通出版社，2004.

[7]中华人民共和国交通运输部.JTG 3420—2020公路工程水泥及水泥混凝土试验规程[S].北京：人民交通出版社，2020.

[8]中华人民共和国国家市场监督管理总局，中国国家标准化管理委员会.GB/T 28900—2022钢筋混凝土用钢材试验方法[S].北京：人民交通出版社，2022.

[9]姜志青.道路建筑材料[M].6版.北京：人民交通出版社，2021.

[10]王元纲，李洁，周文娟.土木工程材料[M].2版.北京：人民交通出版社，2018.

[11]刘存柱，张丽，王加弟.道路建筑材料[M].北京：人民交通出版社，2021.

[12]刘存柱.道路工程材料试验检测[M].北京：中国电力出版社，2014.